本书受到国家社科基金重大项目"包容性绿色增长的理论与实践研究"中国社会科学院登峰战略优势学科（产业经济学）研究资助。

Study on
National Development and Investment Potentials
Based on the Relative Advancement of Human Capital
INVESTMENT

# 基于人力资本相对超前投资的
# 国家发展潜力与投资潜力研究

秦　宇◎著

经济管理出版社
ECONOMY & MANAGEMENT PUBLISHING HOUSE

**图书在版编目（CIP）数据**

基于人力资本相对超前投资的国家发展潜力与投资潜力研究/秦宇著 . —北京：经济管理
出版社，2022.5

ISBN 978-7-5096-8422-1

Ⅰ.①基…　Ⅱ.①秦…　Ⅲ.①人力资本—资本投资—研究—世界　Ⅳ.①F249.1

中国版本图书馆 CIP 数据核字（2022）第 078977 号

责任编辑：许　艳
责任印制：黄章平
责任校对：蔡晓臻

出版发行：经济管理出版社
　　　　　（北京市海淀区北蜂窝 8 号中雅大厦 A 座 11 层　100038）
网　　　址：www. E-mp. com. cn
电　　　话：（010）51915602
印　　　刷：唐山玺诚印务有限公司
经　　　销：新华书店
开　　　本：720mm×1000mm/16
印　　　张：13
字　　　数：226 千字
版　　　次：2022 年 5 月第 1 版　　2022 年 5 月第 1 次印刷
书　　　号：ISBN 978-7-5096-8422-1
定　　　价：88.00 元

# 前　言

经济转型时期的中国发展不平衡和社会不公平问题开始凸显，引发了人们对社会公平问题的广泛关注。中国政府提出"以人为本"的发展理念，不断加强对社会公平和人的发展的关注。人力资本相对超前投资既是"中国奇迹"背后的深层因素，也是经济发展新阶段推动中国实现新旧动能转换，成功跨越"中等收入陷阱"的重要保障。同时，中国这一更加注重人力资本相对超前投资的发展模式为全球后发国家实现后发赶超与兑现后发潜力提供了新的解决思路，为世界均衡发展和推动人类公平贡献了东方智慧。

基于此，本书以人力资本相对超前投资指数（HCRAI）这一能够更加公平且客观地衡量各国对人本关怀和社会公平关注程度的相对指标为基础，重新评价包括中国在内的世界各国人力资本相对超前投资程度，既是对"中国奇迹"背后深层次原因的探讨，也是对现有关于人类发展与社会能力评价体系的改进。本书主要研究结论如下：

第一，相对指标能够更客观地衡量国家对人的关怀程度。现有衡量公平与人类发展的指标均选用绝对值进行衡量，但这种衡量体系并不能真正体现该国对人力资本投入的重视程度。绝对指标更利于发达经济体的评价，由于长期的经济积累和社会能力建设，发达国家人口的受教育程度和人口寿命显然要比发展中国家好，但这并不表明发展中国家就不重视人本关怀和人力资本投入。而本书提出的HCRAI是一个相对指标，是在考虑各经济体经济发展阶段差异的基础上，将各经济体置于同一衡量标准下，测度其对人民关怀的程度。如果发展中国家将其有限的资源更多地投入人力资本发展中，那么可以认为该国更加注重人力资本投资；如果这一重视程度超过其经济发展阶段人力资本投资应有的平均水平，那么可以认为该国的人力资本投资是相对超前的。

第二，人力资本相对超前投资的测算对世界各国人本关怀程度提出了新的结论。通过相对指标的测算，中国的人本关怀和社会公平程度要优于多数西方主要经济体，这一结论有力地回击了西方世界对中国人权问题的指责。与HDI的测算结果不同，全球主要发达经济体在本书HCRAI指数排位中名次并不一定靠前，欧美国家HCRAI得分排名普遍靠后，与其领先于世界的人口健康及教育水平相比，这些国家对人本关怀和社会公平的重视程度以及对人力资本的投入比重并不领先于世界。而相较于西方资本主义经济强国，受到社会主义影响的国家排名普遍较高，这些发现也印证了社会主义制度和资本主义制度发展方向的差异。

第三，"中国奇迹"的背后是人力资本的相对超前投资。改革开放之前的30年，中国在人民健康及教育水平方面的努力为改革开放的成功积累了巨大的人力资本。与西方先物质积累后人类发展的道路不同，中国在有限的资源约束和财政资金限制下，将更多的资源用于推动最广大人民对于生存权和发展权诉求的实现。以1980年为转折点，中国HCRAI指数排名开始下滑，我国在注重效率优先的过程中对人本的关怀逐步弱化，丧失了人力资本投入的相对超前地位。随之而来的是我国社会公平程度的下降和人民对于充分且平等发展的需求，我国的发展模式也随着社会矛盾的日益凸显逐步发生转变，更加注重人本和可持续发展。

第四，人力资本相对超前投资不足制约后发国家发展。真正实现跨越式发展和后发赶超的后发国家屈指可数，究其原因是国家的发展成果未能由人民享有，资源的非公平配置导致了阶层的固化以及整体人口素质提升缓慢，国家持续的经济增长缺少高质量的人力资本支持。后发国家与发达经济体之间巨大的发展差距为其实现赶超提供了巨大的后发潜力，但这一潜力在人力资本水平较低的情况下难以有效转变为国家的发展能力，其实现后发赶超的社会能力不足，未能兑现后发潜力。后发国家应加大人力资本相对超前投资力度，使本国人民能够享受到发展带来的健康与教育水平的提升，为本国实现持续的、包容性的增长提供人力资本支持。

第五，"一带一路"机遇与挑战并存。"一带一路"沿线国家具备两大发展优势：一是该区域以发展中国家为主，发展差距为其实现后发赶超提供了广阔空间；二是该区域人口基数大，若能有效提升人口质量，则市场潜力巨大。但"一带一路"沿线国家中不乏政局不稳、冲突不断、社会问题频发地区，该区域人的生存权与发展权均难以保证，人力资本投资远落后于其经济发展阶段应有的水平，难以兑现其潜在的发展空间，市场环境难以满足，投资潜力难以优化，成为

"一带一路"建设的重要挑战。中国提出的"一带一路"倡议既为沿线各国实现全新的跨区域合作及后发赶超提供了机遇与全新思路，也为中国各地区改善自身开放格局、扩大对外投资及吸引外商投资提供了新的契机。中国"以人为本"的发展理念及人力资本相对超前投资的发展模式可以供沿线各国参考与借鉴，为地区繁荣与后发国家赶超提供全新的思路。

　　本书的创新包括以下内容：一是从人力资本相对超前投资的视角去探讨长期影响一个经济体增长最本质的因素。二是在此基础上构建 HCRAI 这一相对指标，并对世界各国进行重新评价，探讨中国实现可持续发展的原因，为后发地区实现后发赶超与可持续发展提供参考，为投资国选择投资区位提供判断依据。

# 目　录

# 第一章　绪论

## 第一节　从速度向公平的转变

中华人民共和国成立以来的 70 余年，是中国工业化道路不断探索与经济社会水平持续发展的 70 余年，中国从一个贫穷落后的半殖民地半封建农业国家发展为世界第二大经济体。70 余年间，中国经历了改革开放前的经济波动增长时期以及改革开放后制度红利释放带来的 40 年高速及中高速经济稳定增长时期。截至 2017 年，中国国内生产总值（GDP）由 1952 年的 679.1 亿元增长到 827121.7 亿元，成为世界第二大经济体；人均国内生产总值（人均 GDP）由 1952 年的 119 元增长到 59660 元（8836 美元），进入中高收入国家行列（见图 1-1）[①]。中国经济"增长奇迹"的背后是"中国模式"和"中国道路"的支撑，是中国特色社会主义发展理念的不断探索与发展。在发展中国家工业化进程普遍难以为继的背景下，中国用 40 年时间完成了西方国家 250 年才完成的工业化进程，快速实现了工业化（周文和冯文韬，2018）。

纵观新中国 70 余年的发展历程，以 1978 年党的十一届三中全会提出实行改革开放战略为节点，中国的经济社会发展进程可以分为两大阶段：一是传统计划经济体制下的发展道路探索时期，该阶段奠定了我国的工业基础，形成了比较全面的社会经济体系；二是改革开放以后的中国特色社会主义道路发展时期，该阶

---

[①]　该统计值为人民币现价及美元现价数值。

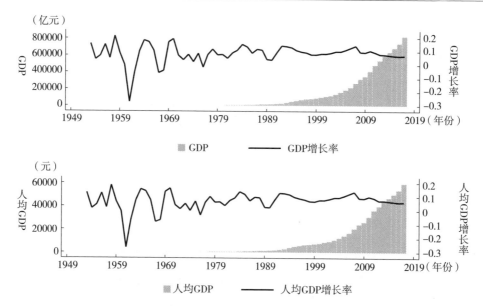

图 1-1 1952~2017 年中国 GDP、人均 GDP 及增长率

资料来源：根据历年《中国统计年鉴》整理而得。

段实现了中国经济社会从农业大国向工业大国的转变（陈佳贵和黄群慧，2005）。因此，现有研究更多地将中国的发展奇迹归结为改革开放释放出的制度红利所带来的经济高速、持续增长。归纳起来主要有五种代表性观点：一是制度红利的释放，改革开放带来的市场经济体制改革为中国经济发展提供了良好的外部环境，随着市场化改革的深入，制约资源配置的桎梏被消除，市场在资源配置中的高效率推动了经济社会的快速发展（张维迎，2010；周其仁，2010；吴敬琏，2012；韦森，2012）。二是经济增长要素的有效利用，主要是投资的拉动和人口红利的带动，资本和劳动的有效供给推动了中国经济社会的快速发展（蔡昉，2005；张军，2013）。三是改革开放带来的收入快速提升刺激了需求，内需的不断扩大推动了产业结构的升级与城镇化，从而实现了经济社会的快速发展（林毅夫，2012；刘瑞祥和安同良，2011）。四是经济体制转型、政府大力推动经济增长、对外开放、中国特有的商业文化等快速发展成为推动改革开放后经济社会高速发展的重要因素（谢识予，2000；叶飞文，2003；张五常，2009；韦森，2015）。五是改革开放前30年的经济道路探索、重工业建设和基础设施投资为改革开放后经济高速增长奠定了坚实的基础，没有改革开放前30年的积累，也就没有改革开放40年的中国奇迹（唐静和李鹏，2014；靳卫敏，2015；傅义强和王苑青，

2016；李玲和江宇，2017）。

总体而言，中国自改革开放起持续了 40 年的高速及中高速增长，作为一个超过 14 亿人口的大国，如此成就令世人瞩目，堪称"中国奇迹"。但仅将中国快速发展的原因归结为改革开放 40 年带来的制度变革、经济结构升级、资源配置效率提升是不全面的，正如上文所述，改革开放前 30 年的积累对"中国奇迹"的缔造同样具有重要意义，前后 70 年一脉相承。改革开放以来对效率的过度追求可能并不能为中国带来更长久的发展动能。在耀眼经济数据的背后是伴随高速经济增长而越发凸显的社会问题。2008 年世界经济危机之后，国内外局势风云突变，经济逐渐步入转型新阶段，发展不平衡和社会不公平问题开始凸显，引发了人们对于社会公平问题的广泛关注，贪污腐败、贫富不均、阶层固化等问题不仅关系社会的长治久安，更关乎人的长期发展。

诸多问题加上中国人均 GDP 水平，让人不得不将现阶段的中国与"中等收入陷阱"相联系，国内外学术界也对中国能否跨越中等收入陷阱展开激烈讨论与深入研究。经济危机使全球经济进入一轮深度调整期，中国经济也受其影响，逐渐步入转型新阶段。经济增速由高速转为中高速，出口下滑、资本回报率下降、产能过剩，投资潜力和空间缩小，经济进入增长速度换挡期、结构调整阵痛期、前期刺激政策消化期"三期叠加"阶段，传统的速度至上的发展理念所带来的社会问题和对人权的忽视已经引起越来越广泛的关注。面对严峻的经济发展形势，中国政府做出有效应对，调整经济发展方式，实行稳增长、调结构、促改革、惠民生的措施，经济增速放缓的同时是经济质量和效益的提升。近年来，我国提出"以人为本"的发展理念，不断加强对社会公平和人的发展的关注，实现人的全面发展是社会主义发展观的核心要义，经济发展是人的发展的前提和基础，而人的发展则是经济发展的根本目的（张小媚，2010）。

这一经济发展思路的转变是将自改革开放以来的快速物质投入与资本积累的发展方式向更加注重人的关怀和人力资本投入的发展方式转变。中国能够在不足70 年的时间内从积贫积弱的落后国家发展为世界第二大经济体，同时保持了 40 年的高速及中高速增长并非偶然，而是源于我国长期对人的发展的关注。当下我国得以实现经济发展平稳转型、推动经济结构升级，也主要依赖于"以人为本"的发展理念。所谓对人的关注，就是在特定发展阶段下，将更多的资源投入对人的关怀和发展中，即更加注重以生存权和发展权为基础的人力资本投入。中国领先于世界的长期快速发展源于其相对超前的人力资本投入。

但是现有关于社会公平和人类发展的衡量指标并未注意到中国在人力资本投入中的相对超前，而是以绝对数值进行衡量。这种衡量体系并不能真正体现中国对人力资本投入的重视程度，更难以判断其对人的发展的关注水平，反而更像是人力资本投入绝对值的代理变量。这样的测量方法存在一定偏差：绝对指标更利于发达经济体的评价，由于长期的经济积累和社会体制建设，发达国家人口的受教育程度和人口寿命显然要比发展时间较短的发展中国家好，但这并不表明发展中国家就一定不重视人文关怀，也不能表明发展中国家较发达国家不重视人力资本投资。现行测算体系与本书提出的人力资本相对超前投资的概念具有显著差异，本书关注的是国家对于人力资本投资的重视程度，而不仅是人力资本积累的绝对数值。人力资本相对超前投资是一个相对指标，而人力资本却未能很好地涵盖这一概念。如果欠发达经济体将其有限的资源更多地投入人力资本中，那么可以认为该国更加注重人力资本投资；如果这一重视程度超过其经济发展阶段人力资本投资所应有之平均水平，那么可以认为该国的人力资本投资是相对超前的。

因此，本书试图构建基于"人力资本相对超前投资"的相对指标，将中国与世界各国的人力资本相对超前投资程度进行比较，得出中国人力资本投资程度的真实评价：一是分析中国是否有跨越"中等收入陷阱"、保持经济持续稳定增长的动力；二是考察中国是否真如西方国家指责所言，对于人的关注不够，不重视人的发展；三是从历史的角度看随着发展策略的改变，中国人力资本相对超前投资的变化，为我国"以人为本"的发展策略提供参考，并作为转型发展阶段新动力的思考。

同时，基于人力资本相对超前投资的概念，将中国的发展经验推广至世界，将这一相对指标扩展到国家发展潜力测算以衡量后发国家所具备的发展潜力，并借助中国发展经验实现后发潜力向后发能力的转变。在此基础上测算国家投资潜力并应用于中国"一带一路"倡议建设中，衡量"一带一路"沿线国家的投资潜力，以及如何通过加强对人力资本的超前投资实现"一带一路"沿线国家的共同繁荣。

## 第二节　研究内容与结构安排

本书拟在现有衡量社会公平及人类发展的绝对指标体系的基础之上构建更加

能够衡量国家对人的发展的重视程度及公平程度的相对指标——人力资本相对超前投资指数，并以此为基础重新测定世界各国发展进程中对本国民众的关怀程度，从而避免有利于发达国家的绝对指标测度体系。同时，以此为基础探讨70年发展奇迹背后的中国道路，并将这一发展理念推广到全球，为后发国家及地区将发展潜力转变为发展能力提供有别于西方发展模式的另一种思考。在中国政府提出"一带一路"倡议的背景下，结合中国持续增长的经验，拟构建以人力资本超前投资为基础的国家投资潜力评价指标，用以衡量"一带一路"沿线国家的发展潜力及投资潜力，并探讨"一带一路"沿线国家实现持续增长的经济发展路径。具体研究思路如下：

第一，研究背景及理论基础。阐述本书研究的背景、意义以及重点、难点和创新。梳理"社会公平程度的测算体系""人类发展指标构建""投资潜力及其影响因素""国家发展潜力"等相关理论，分析现有研究体系及测算指标在衡量国家对公平和人本关注程度时的局限性，为本书人力资本相对超前投资指数的建立提供理论依据。梳理"非洲国家脱贫及发展道路"及"中国与'一带一路'沿线国家投资"等相关理论，为人力资本相对超前投资指数在后发国家发展潜力测算以及"一带一路"沿线国家投资潜力测算中的应用提供理论支撑。

第二，人力资本相对超前投资指数（HCRAI）的理论构建。对现有衡量人类发展和社会公平的绝对指标评价体系进行反思与改进，探索能够更加体现公平和对人的关怀程度的以相对指标为核心的衡量体系，构建以出生时预期寿命（Life expectancy at birth）及从小学到大学预期受教育年限（School life expectancy, primary to tertiary）为核心维度的人力资本相对超前投资指数。

第三，对人本关怀的重新测度。依托本书构建的相对衡量指标——人力资本相对超前投资指数，对包括中国在内的世界各国人本关怀程度进行重新测度，横向比较各国对人力资本投资的相对超前程度，纵向分析中国70年来在人力资本投资中的相对超前对中国经济实现持续增长的重要意义。

第四，人力资本相对超前投资指数的推广与应用。将本书构建的人力资本相对超前投资指数应用于后发国家（以非洲地区国家为代表），分析后发国家对于本国人民的关注程度，并探讨其如何实现国家发展潜力向发展能力的转变，为后发地区实现可持续发展提供参考。在我国提出"一带一路"倡议的背景下探讨"一带一路"沿线国家的发展潜力，并结合该国市场规模、经济水平等指标衡量其所具备的投资潜力，为中国寻求更加可持续的合作伙伴与更加稳定的投资市场提供参考。

本书逻辑结构框架如图 1-2 所示。

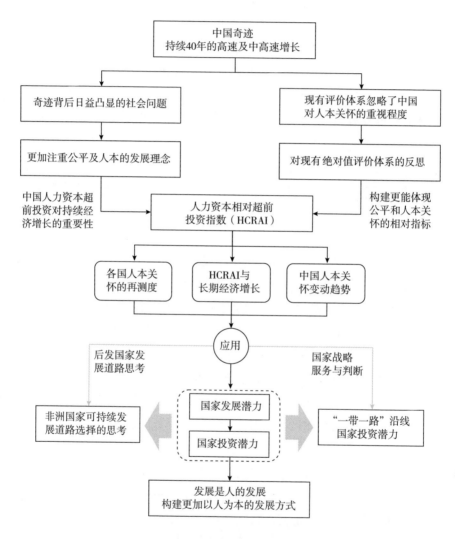

图 1-2　本书的逻辑结构框架

本书具体章节安排如下：

第一章为绪论。介绍有关人力资本相对超前投资与中国发展道路探索的研究背景与选题意义，阐述本书研究思路、基本内容和结构、研究方法；介绍本书研究重点与难点、创新与不足。

第二章为国家发展潜力影响因素及理论回顾。主要从人力资本投资、人类发展指数及社会公平的测算体系、投资潜力及其影响因素、后发国家发展优势、中国与"一带一路"沿线国家投资等方面梳理了现有文献的研究内容与结论。并根据已有文献得出现有关于公平和人本测算体系研究的不足之处，以及由此造成的对应用研究的影响，进一步说明本书研究的创新与意义。

第三章为人力资本相对超前投资指数。基于人类两大基本权利——生存权与发展权，构建以健康与教育为基础的人力资本相对超前投资指数（HCRAI）这一相对指标，并对世界各国 HCRAI 得分进行测度与比较，分析各国在人本发展方面的重视程度。同时，深入探讨中国 HCRAI 得分变化趋势及其原因，以及 HCRAI 与长期经济增长。

第四章为从人力资本相对超前投资到投资潜力。结合后发优势理论及投资理论，构建国家发展潜力指数及国家投资潜力指数。将人力资本相对超前投资指数与经济发展差距相结合，测算各国发展潜力指数。重点考察后发国家所具备的发展潜力，分析其发展潜力不足的原因，并结合人力资本相对超前投资的理念提出更加注重人本关怀的发展道路，为后发国家将后发潜力转变为后发能力提供借鉴。

第五章为非洲国家可持续发展道路选择的思考。探讨中国的发展方式对于后发国家的启示，着重以非洲国家为样本，探讨后发地区人力资本相对超前投资水平，以及在注重人本关怀的前提下其所具备的发展潜力。为后发地区——尤其是非洲地区实现发展潜力向发展能力转变提供"东方智慧"。探讨以西方国家为代表的更加注重效率的发展模式之外的另一条更加注重公平与人本的发展模式，实现后发地区的可持续发展与赶超。

第六章为"一带一路"沿线国家投资潜力及中国投资选择。紧扣"一带一路"倡议，围绕人力资本相对超前投资这一更加注重人本关怀的发展理念，将人力资本超前投资指数与经济发展差距相结合，测算"一带一路"沿线国家发展潜力指数。重新审视"一带一路"沿线国家发展潜力，从而为中国与沿线国家开展合作提供依据。在此基础上，纳入经济水平、人口规模等相关指标，测算"一带一路"沿线国家投资潜力指数，并以人力资本超前投资水平为核心，重点考察各国在吸引外资过程中制度软环境所存在的问题，并就如何建立对外资具有吸引力的经济、社会制度提出相应政策建议。

第七章为各国人力资本相对超前投资的重新审视与发展中国家的发展对策。

总结人力资本相对超前投资指数作为相对指标在测度人本关怀程度中的优越性，分析得出中国 70 年发展历程背后的相对超前人力资本投资逻辑以及各国实现可持续发展所应建立的更加注重公平与人本关怀的发展模式。从加强医疗服务供给、提升全民教育水平、注重人力资本相对超前投资、选择自身道路、加强"一带一路"合作等维度提出国家兑现发展潜力和投资潜力的路径，为后发国家实现发展潜力向发展能力转变提供道路借鉴，为中国"一带一路"倡议的有效实施提供理论参考，并提出相应政策建议。

本书主要研究方法如下：

第一，文献分析法。文献分析法主要指收集、鉴别、整理文献，并通过对文献的研究，形成对事实和理论科学的认识方法。国内外在人力资本投资、社会公平测算以及国家发展潜力和投资潜力等问题的认识方面已经有了大量的研究文献。通过对这些文献的阅读与整理，掌握已有的研究内容，在此基础上进行归纳总结，了解目前学术研究前沿以及研究的现状与不足，以便提出具有创新意义的理论成果。

第二，实地调研法。实地调研法主要包括问卷调查和访谈两种形式，其中问卷调查包括实地发放问卷及网络问卷两种形式。根据本书所涉人力资本相对超前投资问题，结合前期研究基础，就"人力资本相对超前投资"及"'一带一路'与开放新格局"等主题展开调研。并通过网络调查系统发放相关网络问卷，了解一手资料，既能保证本书研究成果具有普遍意义，又能够得到较有深度的结果。

第三，综合分析法。运用各种统计综合指标来反映和研究社会经济现象总体的一般特征和数量关系。本书借助世界银行的世界发展指标（WDI）数据库、可持续治理指标（SGI）数据库、联合国开发计划署《人类发展报告》数据库、联合国教科文组织 UIS 数据库、《"一带一路"大数据报告》等相关数据库，建立以人力资本相对超前投资为核心的相对指标评价体系，对包含非洲地区及"一带一路"沿线国家在内的世界各国人力资本相对超前投资状况、发展潜力以及投资潜力进行综合分析，并通过该指数验证各地区人力资本相对超前投资带来的经济增长动力。

第四，计量分析法。计量分析法是现代经济学研究常用的分析方法，通过使用数据，借助一定的计量方法，对变量之间的关系特别是因果关系进行考察，从而提出具有实际证据支持的理论成果。本书在进行人力资本超前投资与地区经济发展等相关内容研究时拟采用多元线性回归分析、固定效应面板模型等方法。

本书技术路线按照"现状分析—指标构建—数据验证—实践应用—政策建议"的逻辑思路展开，具体技术路线如图 1-3 所示。

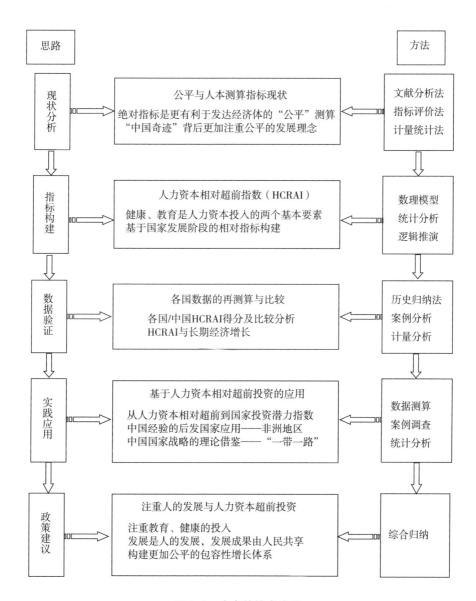

图 1-3　本书的技术路线

## 第三节　研究重点

　　本书研究重点主要有两个：一是相对指标体系的理论构建，构建基于国家发展阶段的衡量人力资本投资程度的相对指标体系，依托健康、教育两大核心要素建立衡量国家对人本关注程度的最简便测算指数——人力资本相对超前投资指数，以及由此推算出的国家发展潜力指数（DPI）及国家投资潜力指数（IPI）。二是相对指标的实践应用，基于人力资本相对超前投资测算各国在人本关怀及公平方面的倾注程度，进而测算后发国家的发展潜力和"一带一路"沿线国家的投资潜力。这既是中国发展经验的探讨与推广，也为中国国家战略提供了理论支持。

　　本书研究难点主要有三个：首先，构建合理的发展潜力及投资潜力指数具有较大的挑战性。本书着重从人力资本相对超前投资的视角切入，探讨国家更加注重公平和人本关怀的发展道路带来的发展及投资潜力，但是决定国家发展潜力及投资潜力的因素很多，如何构建更具说服力的指标仍需探讨。其次，指标计算中的数据处理问题。这主要包括两个方面：一是统一国内指标与国际指标具有较大难度。在指标应用中——尤其是测算"一带一路"沿线地区投资潜力时，国内省份和国外经济体使用的统计数据不同，会造成数据使用存在不统一的情况，有效处理并统一数据成为测算可信度的关键。二是如何有效衡量国内区域间的人口流动问题，人力资本是长期投资的结果，而长期人力资本投资与实际地区经济增长难免受到人口流动的影响，处理流动人口对指标测算的影响具有较大难度，但这一限制主要体现在国内区域比较中，对跨国比较的影响相对有限。最后，计量分析的有偏性及内生性需要进一步处理。

## 第四节　创新与不足

　　本书试图探讨"中国奇迹"背后的发展逻辑，并建立相对指标衡量中国及世界各国对人本的关注程度及对公平发展的倾注程度，从而以人力资本相对超前投资的视角探讨中国的发展模式，并以此为基础探讨世界各国发展进程中效率与公平的博弈，分析后发国家的发展潜力以及"一带一路"沿线国家的投资潜力，具体创新点如下：

**一、观点与视角的创新**

本书试图建立一个逻辑自洽的分析体系，为解释"中国奇迹"的原因提供一个新的视角。本书主要从长期经济增长视角考虑，长期中影响一个经济体增长的最本质因素有两个：一是人的因素，即人力资本的提升，尤其是医疗及教育水平的提升带来的人的生存权和发展权的保证与提升，这能够为国家（或地区）实现长期经济增长提供有效保障；二是公平的、以人为本的发展方式。更加注重公平和以人为本的发展方式会让更广大民众享有发展成果，并带来人力资本的普遍提升，将更多的发展资源投入人的发展，即本书所说的人力资本相对超前投资，能带来人力资本的相对快速提升，从而有助于经济长期增长。本书在更加注重公平的发展方式的基础上提出劳动升级——人力资本相对超前投资，并建立能够衡量该发展方式的相对指标——人力资本相对超前投资指数（HCRAI），以及以 HCRAI 为基础的国家发展潜力指数及投资潜力指数。本书认为，更加注重公平及人本发展的国家更具有兑现发展潜力的能力，也更具备投资的价值，并将此思路应用于后发国家发展潜力的探讨与"一带一路"沿线国家投资潜力的判断中。

**二、方法上的创新**

第一，基于问卷调查构建衡量人力资本相对超前投资的指标体系。尽管现有文献已展开人类发展及社会公平的评估，但指标的建立依赖于以往的经济理论，对现实经济与变化考量不足。本书将在原有研究的基础上，结合问卷调查，构建能够衡量公平及人本发展理念的相对概念指标体系。一方面通过针对中国经济学家的问卷调查确定监测体系指标，另一方面可以通过 AHP 技术将对经济学家的定性调查结果转换为定量的指标权重。

第二，将不同教育年限所对应的人力资本进行非线性的量化。目前特征值法是人力资本测度的常用方式，而教育年限法又是其中常用的方法。但在对教育年限进行加权时往往假设不同教育年限对产出的影响呈线性变化。本书结合大规模样本调查的数据，将不同教育年限对应的人力资本进行非线性的量化，从而能够更准确地测量人力资本及其对经济增长的作用。

### 三、学术价值上的创新

第一，本书提出了人力资本相对超前投资这一相对指标概念。该指标与传统的人力资本绝对指标不同，不是衡量一国人力资本绝对值对经济增长的贡献，而是在测算时考虑国家发展阶段，将出生时预期寿命和预期受教育年限两个指标与人均 GDP 进行回归，拟合出预测的预期寿命和预期受教育年限，从而以实际值和拟合值的差值作为人力资本相对超前投资程度的两个重要指标进行测算，如此处理可以比较各国在不同发展阶段下，对本国人民生存权和发展权的关怀程度，具有相对指标的特性，即以关怀程度的相对值测算，与现有关于公平和对人的关怀的绝对值测算指标不同。

第二，在简单比较经济指标之外，一个纳入衡量公平和人本的核算方法，能够客观地衡量各国对人力资本发展的重视程度。人力资本投资超过该国发展阶段所应具备的水平越多，说明该国人力资本投资越超前，也越能体现其对人民生存权和发展权的关注。本书的研究为分析中国实现可持续发展的原因提供了理论支持，为后发地区实现后发赶超与可持续发展提供了参考，为投资国选择投资区位提供了判断依据。按照本书的测算体系，具有更为超前的人力资本投资的国家，不仅具备较强的经济发展潜力，而且具备更加"以人为本"的发展方式，而好的制度又能使经济增长潜力转变为增长动力，为该国提供更为稳定的经济增长动能，而后发国家在努力实现持续增长的过程中，更应该注重对人的关注。

### 四、不足之处

限于数据可获得性及指标可计算性，本书仍存在一些不足之处，具体如下：

第一，本书希望构建一个便于横向、纵向比较且数据可得的相对指标评价体系，同时，考虑到健康及教育是人类发展的核心权利，因此指标构建基于健康及教育两个基本要素，并以此为基础构建国家发展及投资潜力指标。但是，国家发展与投资潜力的维度较多，现有指标体系尚不足以全面反映国家的发展潜力与投资潜力全貌。但本书重点关注的是国家在人本关怀与公平发展中的努力程度以及由此具备的长期、稳定发展的可能性，故而将重心突出，对指标进行简化，另外，将更多的变量纳入指标中难以避免重复测算的问题，因而本书希望用最简洁的指标构建方法突出所研究的核心问题。在此思路下，本书指标体系在测算发展潜力及投资潜力时丢失了一部分指标信息，如何有效弥补指标信息缺失，并权衡指标计算便捷性与全面性将是下一步研究中有待改进之处。

第二，数据（尤其早期数据）的获得难度较大，对本书指标构建及验证构成了一定的挑战，因此，本书指标计算及实证检验中存在一定的取舍问题：首先，鉴于数据的可获得性，人力资本相对超前投资对经济增长的衡量暂时采用截面数据的回归，虽然回归过程中进行了一定的内生性处理，但遗漏变量及测量误差问题依然存在，内生性难以完全克服，回归系数可能存在一定的偏误。但本书需要验证的是人力资本相对超前投资与长期经济增长的相关性问题，系数取值并非本书研究重点，故而该问题在一定程度上对本书结论并不构成影响。且本书测算结论也已经过稳健性测算，具备一定可信度。下一阶段，如何通过有效回归验证人力资本相对超前投资与长期经济增长之间的因果关系将成为研究需要改进之处。其次，教育与健康的衡量变量在不同层级数据库中存在差别。在本书测算"一带一路"沿线国家及地区发展潜力和投资潜力的过程中，沿线国家与中国沿线省份的变量取值难以统一，故而可能存在排名上的波动，因此本书做了较为全面的稳健性测算，以期在一定范围内克服数据可获得性上的误差，经测算，国内外数据的不一致性对本书结论并未构成实质性影响，但如何寻求不同层级区域的比较将是下一阶段研究有待完善之处。

# 第二章 国家发展潜力影响因素及理论回顾

改革开放以来，中国始终强调和坚持将发展生产力作为社会主义建设的根本任务，从而实现了持续40年的高速及中高速增长。但是，在实现经济快速增长和积累的同时，片面强调经济增长的发展观认为，发展就是经济的快速运行，就是国内生产总值（GDP）的高速增长，却忽视了社会中人民对于公平发展的诉求，不符合人民群众对美好生活的需要和高质量发展的要求，也与社会主义共同富裕的价值理念存在偏差。进入21世纪，片面注重效率的发展方式带来了社会不公平与发展不均衡等问题，贪污腐败、贫富不均、阶层固化等问题不仅关系到社会的长治久安，更关乎人的长期发展。科学发展观不否认经济增长，它所强调的是，经济发展、GDP增长，归根结底都是为了满足广大人民群众的物质文化需要，保证人的全面发展。人是发展的根本目的。党的十六届三中全会明确提出了"以人为本"的发展理念，国内外关于公平发展和人类可持续发展的研究成为21世纪发展研究的主题。

本章将从社会公平的测算体系，人类发展指数，国家发展潜力、投资潜力及其影响因素，后发国家发展优势，中国与"一带一路"沿线国家投资等方面对已有文献展开评述，并提出现有研究的不足及进一步研究方向，从而为后续研究提供一定的理论参考及经验借鉴。

# 第一节　社会发展及其评价体系

## 一、"人本"与"和谐"社会的发展

无论是在西方还是在中国，对于社会发展的关注都由来已久，西方如毕达哥拉斯的"整个天是一个和谐，一个数目"、柏拉图的"理想国"、莫尔的"乌托邦"以及傅立叶的"法郎吉"等；中国的"天人合一""爱无差等"理念也随着文化的传承源远流长。

社会学是现代科学中最早关注"人本"与"和谐"社会构建的学科，随着理论研究的不断推进，其已经形成了一整套关于"社会整合""社会均衡论""社会体系"的理念，在这套理论体系中，社会是一个自我平衡的系统，一旦社会系统的某些部分遭到内部或者外部的冲击而产生失衡时，其他部分会对冲击形成整合与弥补，减少冲击对社会造成的影响，并使社会系统重新回到均衡状态，即所谓和谐的状态。

美国心理学家约翰·斯塔希·亚当斯在19世纪60年代提出了社会比较理论，通过研究知觉与人的主观动机之间的关系探讨了公平的范畴，即"什么样的分配方法被认为是公平的"以及"假如分配是不公平的，人们会有什么样的反应"。在此基础上，以约翰·罗尔斯和罗伯特·诺齐克为代表的社会公正理论奠定了西方对社会公平问题研究的基础。罗尔斯的正义理论指出，社会利益包含自由、社会地位和财富三个层面。人的发展和社会公平与否是评判社会制度是否公正的核心指标，公正的社会制度，其制度安排与调整均应重视人的发展，强调社会的公平，起点公平对社会公平具有重要的意义，能够从制度安排的源头杜绝社会的不公平现象（罗尔斯，2008）。诺齐克提出的自由主义观也强调人本与平等是社会发展的前提，而社会的发展是全面而公平的发展，不是一部分人的发展，另一部分人的权利以及对于自由的追求不应被损害，公平的社会应保护全体人民对于权利的诉求，并维护全体人民的利益。

约翰·罗默（John Romer）最早用经济学的理论去解释公平分配问题，开启了经济学对社会公平问题的探索，提出了以机会平等理论为核心的社会正义理论，并尝试性地提出了减少社会不平等的方案，他认为"资源平等包含福利平等"，社会的公平发展必须包含无形资产的公平配置（Martijn et al.，2003；Anton et al.，2005）。Jilian Jimenz 则指出，经济政策——尤其是解决社会不平等、贫穷与歧视等的经济政策——对于解决社会公平问题至关重要，经济学对于经济政策如何影响社会公平的探讨，也弥补了社会学中对这一领域研究的忽视（Brendan et al.，2003；Carlson，2004）。

进入 21 世纪，中国强调以人为本的可持续发展理念，学术界围绕构建和谐社会与以人为本的主题展开了丰富的研究。牟永福和胡鸣铎（2006）从社会学的视角探讨了和谐社会的内涵及其基本特征，指出和谐社会是理性、价值、制度三个维度的和谐，并提出发展指标、道德指标、政策指标三个子指标体系来对和谐社会的构建进行评价。其中，发展指标注重人的发展，强调"以人为本"的发展理念以及建立和谐的人际关系；道德指标是为追求公正、自由、民主的价值观，平衡各群体、各阶层的权益；政策指标的核心是建立能够促使社会政策得以有效执行的运行机制，从而使社会可持续、公正和稳定地运行。梅松和齐心（2006）指出，人本与和谐的社会是要处理好人与人之间的关系、组织或群体之间的关系、人与组织或群体之间的关系以及人与自然之间的关系。吴忠民（2005）认为，和谐社会是建立在公正的基础上的，社会成员间存在和谐的互动关系，能够保证整个社会安全而健康地发展。张兆奇（2004）在人与人之间和谐的基础上，将自然的和谐以及人与自然和谐相处纳入社会主义"和谐社会"的范畴。

转型时期的中国，发展方式发生了深刻转变，更加注重人本的发展理念成为学界关注的重点。要保证人的发展，就要营造公平的发展环境和合理的社会运行机制，既要深化存量管理，建立现有资源的公平分配和调节、补偿机制（屠春友，2005；张兆奇，2004），又要强化增量建设，创造更多的就业机会和建立公平的就业体系，提升社会保障的供给水平，并建立起覆盖广泛的社会保障网络（屠春友，2005；林斐，2004；肖文涛，2005）。此外，在发展的基础上，强调民主决策的重要性，让更多的人参与发展、让发展成果惠及更广大人民（张兆奇，2004），落实科学发展观，坚持五个统筹，尤其是要强调人与自然和谐共融，构建可持续的经济发展体系以及社会与自然和谐互动关系，实现经济、社会、人口、资源、环境的均衡和协调发展（危敬祥，2005；尹保华，2004）。

**二、社会指标综合评价体系**

伴随社会问题研究的不断深入，从 20 世纪 60 年代中期起，各国根据自身发展目标，提出了不同的社会指标综合评价体系，以期对社会发展水平进行直观的、整体性的评价。其中，将人的生命周期与社会统计有机结合的联合国社会和人口统计体系（SSDS），以测定个人或群体在需求、利益关系和对其有决定意义的因素之间的联系及个人行为和社会积极性之间相互反馈为目的的 T. B. 奥西波夫社会指标评价体系，由美国发展经济学家阿德曼（Aardman）和莫里斯（Motris）提出的制度和结构评价指标体系等具有较强的代表性并被广泛使用。

在国外研究中，社会指标的构建很早就已经关注到"人"，尤其重视特殊群体和弱势群体。宾夕法尼亚大学理查德·爱兹的研究考虑到教育、健康状况、妇女状况、国防、经济、人口、地理、政治参与、文化多元性和福利 10 个社会发展维度，并提出了由 45 个子指标构成的社会进步指数（Index of Social Progress，ISP）。联合国开发计划署（The United Nations Development Programme，UNDP）提出的人类发展指数（Human Development Index，HDI）由健康（出生时预期寿命）、教育（成人识字率与毛入学率分别占 2/3 和 1/3 权重）、生活水平（人均GDP）三项指标各占 1/3 权重构成，是国际研究中被广泛使用的评价各国人类发展、削减贫困、性别平等、社会发展与经济发展水平的跨国衡量指标。美国海外发展委员会提出的物质生活质量指数（Physical Quality of Life Index，PQLI）由识字率指数、婴儿死亡率指数和一岁时预期寿命指数加权平均而得，主要用于衡量一个国家贫困居民的生活质量，以及最贫困国家在改善民众基本生活标准中所取得的成就。美国社会卫生组织（American Social Health Association）提出的 ASHA指数则重点关注发展中国家的社会发展问题，由社会就业率、识字率、平均预期寿命、人均国民生产总值增长率、人口出生率和婴儿死亡率六个指标综合计算而得，用以衡量发展中国家人民的生活质量和社会的发展水平。美国学者R. J. Estes（1984）提出的社会进步指数（Index of Social Progress，ISP）则从教育、健康状况、政治参与、妇女地位、经济、人口等 10 个维度选取经济社会领域的 36 项指标，衡量一个国家或地区社会发展水平和社会进步状况。Amal Kanti Ray（2008）认为，PQLI 及 HDI 等指标只是从某一关注点切入去构建衡量社会发展水平的评价体系，每一个体系都有自身的侧重点，因而衡量结果存在一定的主观偏误，由此他于 2008 年提出了社会发展指标（Social Development Index，SDI）来多维度、全方位地衡量各国社会发展水平，替代之前的测算体系。

自 20 世纪 80 年代起，我国诸多研究机构和政府部门相继提出了社会发展水平的测度体系。1983 年，国家统计局提出了社会统计指标体系，指标体系涵盖中国经济社会发展的 13 个大类、73 个中类，共涉及 1100 多个指标，从教育、健康、经济发展、居民生活、环境等多个维度衡量中国经济社会发展水平。1987年，中国社会科学院聚焦于经济社会发展领域，结合中国具体国情提出了社会发展综合评价体系，从社会秩序、生活质量、人口素质、社会结构、经济发展总水平五个维度共选取 28 项指标对中国各省份或地级以上城市的经济社会发展进行了综合测度。1991 年，国家统计局联合国家计委、财政部、教育部、卫生部等12 个部门提出了小康社会综合评价指标体系，分别从生活环境、精神生活、人口物质文化、物质生活、经济水平五个维度提出了 16 个监测指标，用以衡量中国各地区小康社会建设水平和完成情况。2007 年，国家统计局统计科学研究所对其制定的全面建设小康社会统计监测指标体系进行了修订，从资源环境、文化教育、民主法制、生活品质、社会进步、经济增长六个大类选取 23 项指标对中国各地区小康社会建设水平进行了重新测度。2014 年，国家统计局结合我国地区经济社会发展的新变化与新问题，发布了 2000~2013 年《地区发展与民生指数（DLI）统计监测结果》，从科技创新、生态建设、社会和谐、民生改善、经济增长等方面全方位监测了全国各地区在提升创新水平、保护生态环境、构建和谐社会、改善民生福祉、推动经济增长等领域的成绩，拓展了社会发展指标体系的内涵（丁赛，2014）。

更多的学者结合地区发展特点，通过对全国层面指标的研究构建指标评价体系评价某一地区社会发展状况的水平。柳雯雯（2005）构建了福建省城市社会发展指标体系，运用因子分析与聚类分析测度了福建省 23 个城市的社会发展水平。张德存（2005）通过构建和谐社会评价指标体系对我国各地区社会公平进行了测度，该指标体系选取东西部地区收入差距、最富有和最贫穷的 20% 人口所占有的财富比例、城乡居民人均收入差距、不同职业群体人数及收入情况、贫困人口数及救助情况五个维度来度量我国和谐发展的主要之意。王军凤（2007）所构建的和谐社会评价指标体系则从城乡收入差距、社会保障覆盖率、基尼系数、贫困发生率及救助情况、地区经济发展差异以及义务教育普及率六个维度切入，并以此对全国各地区和谐社会水平进行了测度。王鸿诗等（2010）则从收入分配公平、文化教育卫生公平和社会保障住房公平三个维度选取 14 个二级指标构建了和谐社会背景下公平与效率评价指标体系对各地区和谐社会建设进行了评价。申丽娟和吴江（2009）构建了重庆市城乡社会统筹评价指标体系对重庆市经济社会发展进行了测度。孙泼泼（2009）建立了广州市经济社会发展指标体系，采用主成分分析法对 2001~2007 年广州市的 14 个经济统计数据进行了时间序列分析。赵紫燕等（2016）基于"创新、协调、绿色、开放、共享"新发展理念，以问卷调查的形式构建了全面小康指数体系，对我国各地区全面建设小康社会水平进行了评价。武萌和贾培佩（2013）则选用城乡人均收入差异、高中生性别比、城镇失业率来衡量和谐社会水平，并构建了和谐社会评价体系。

## 第二节　人类发展指数

自 1990 年起，联合国开发计划署持续发布《人类发展报告》，同时公布人类发展指标（HDI）用以衡量世界各国在健康、教育、体面水平三个维度所达到的人类发展水平，该指标也成为全球层面被广泛使用的衡量社会和人的发展的跨国指标。围绕人类发展指标，学者们展开了一系列的理论与应用研究，涉及人类发展指标的应用、人类发展指标设计方法、维度选取、指标权重、指标改进与构建等领域。

### 一、HDI 提出与指标权重

自 1990 年起，联合国开发计划署开始持续发布《人类发展报告》，并提出了人类发展水平的指标体系——人类发展指标（HDI）。其核心指标包括健康、教育以及获得体面的生活。同时，纳入扩大人民的选择、资源获取、资源保护、个人安全和男女平等等指标，构建了发展中国家的人类贫困指数（HPI-1）、部分 OECD 国家的人类贫困指数（HPI-2）、性别发展指数（GDI）和性别赋予尺度（GEM）。自提出以来，人类发展指标得到普遍认可，并被广泛应用。

人类发展指标由健康（出生时预期寿命）、教育（成人识字率与毛入学率分别占 2/3 和 1/3 权重）、生活水平（人均国内生产总值）三项指标各占 1/3 权重构成，即用三者算术平均值构建的人类发展指标来衡量一个国家在人类发展中这三个方面所取得的成就。健康、教育、生活水平三项指标的权重各占 1/3。而在衡量人类发展中，三者的重要程度会随着该国发展阶段和人类发展水平的差异而不同。因此，不少学者针对人类发展指标三个维度的权重分配都提出了改进意见。Noorbakhsh 认为，三项指标权重各占 1/3 是被构建者主观赋予的，忽略了不同发展国家因为发展阶段差异而存在的客观发展差异问题，分项指标相互影响的固定比重是对发展不协调与不平衡的忽视，应该通过主成分分析法对三项指标进行客观赋权。由此，Noorbakhash（1998）及 Lai（2001，2003）通过用主成分分析法估计了人类发展指数各分项指标的最优线性组合，并得到三项指标的相对权重。De Vires（2001）同意 Noorbakhash 的观点，认为人类发展指数等权重的分配方式缺乏经济学理论依据以及真实数据的实证检验，且未能考虑三个指标之间可能存在的相关性，在实际应用中难免存在度量偏差的问题。Booysen（2002）、Hopkins（2002）等也对该指标的权重分配进行了讨论。

## 二、HDI 指标设计方法

针对人类发展指标设计和实际应用中所存在的问题与不足，许多学者都根据自身研究范畴提出了相应的改进方案。Noorbakhash（2002）认为，现有人类发展指标更有利于发达国家的评价，而发展中国家人类发展所关注的领域与发达国家有所不同，从而提出了适用于发展中国家的人类发展指标。Lai（2001）以国家人口作为权重，通过主成分分析法对人类发展指数三项指标进行客观赋权，同时消除了各国人口差异对人类发展指数造成的影响，并运用调整后的人类发展指数测度了 1999 年中国各省人类发展水平。他指出，客观赋权法能够使权重分配更为清晰及科学，测算结果也更具客观性与说服力，而原指标等权分配则过于主观。Kelley（1991）、Carlucci 和 Pisani（1995）、Lind（1992，1993）等也对人类发展指标的维度选取和权重分配进行了相应的修改与完善。

## 三、HDI 的评价及改进

针对人类发展指标的局限性，学者相继提出了改进方案。Kelley（1991）认为，收入水平是改善人民教育和医疗水平的基础，赋予了人民更多的选择权，应被赋予更高的权重。Dasgupta 和 Weale（1992）认为，现有人类发展指数只是从经济社会发展的维度去衡量人类发展水平，而忽略了民主、政治、自由及福利等维度之于人类发展的重要性。Srinivasan（1994）指出，人类发展指数的数据选取具有较强局限性、等权重指标分配过于主观、计量存在错误等问题，测算结果可能存在一定的偏差。Carlucci 和 Pisani（1995）认为，健康、教育以及生活水平三维度的四项指标不能完整地表述人类发展的内涵，应该构建更加综合性的评价体系。而 Streeten（1996）则直接指出，人类发展的内涵比任何指标所代表的内容都要丰富，很难用几个指标进行衡量。Hicks（1997）指出，现有人类发展指数只是将一国作为整体进行测算并进行跨国比较，而未能考虑到国家内部各地区间发展不平衡所导致的人类发展水平的差异，在人类发展指数的基础上应考虑国家内部地区发展不平衡因素和性别不平等因素指标。与 Hicks 相似，Sagar 和 Najam（1998）认为，国家内部分配不均衡问题是影响人类发展水平的重要变量，用人均 GDP 去衡量生活水平不能体现出国家内部的收入不平衡问题，也不能体现人类发展水平的公平维度。Foster 等（2005）也讨论了分配不平等与人类发展的关系，将分配公平维度纳入人类发展指数，从而提出了新的测算标准。Noorbakhsh（1998）指出，人类发展指数各指标间存在一定的相关性，简单地用算术平均值来构建各指标权重关系使各指标之间存在相互替代关系，而现实中指标间是无法相互替代的，因而现有指标的构建缺乏理论依据。基于此，Sagar 和 Najam（1998）曾提议使用几何平均法替代算术平均法来重新构建人类发展指标，而 Despotis（2005）则将数据包络分析法引入人类发展指标的测算，并对亚太地区国家进行了重新测算。Qizilbash（2001）在人类发展指数中加入了环境发展维度的指标，Fukuda-Parr（2008）则讨论了人权与人类发展指数的关系。

人类发展指标自构建以来，本身也是一个不断完善和补充的过程。1995 年，考虑到性别平等问题，联合国开发计划署构建了性别发展指数（GDI）、性别赋权指数（GEM），1997 年，针对贫困这一人类发展的巨大挑战，构建了人类贫困指数（HPI），而针对国家发展阶段不同，又将人类贫困指数一分为二，其一是适用于发展中国家的人类贫困指数（HPI-1），其二是适用于 OECD 国家的人类贫困指数（HPI-2）。

中国学者结合我国发展特征和发展中国家人类发展所关注的重点领域也对人类发展指数做了不同维度的改进。构建方法上，王学义（2006）结合人口现代化理论构建了考量人口现代化水平的国际可比较性和区域可比较性的指标体系。张战仁和吴玉鸣（2007）利用基于因子分析法构建的区域 HDI 测算了我国 2004 年各地区人类发展水平，发现基于因子分析法构建的区域 HDI 比传统方法更适合分析和度量我国的区域人类发展状况。指标选取上，中国学者在现有指标体系下分别引入各种因素：引入生态因素，以考察人类发展与环境保护的关系（李晶，2017；郑宗生等，2006；李红，2007；田辉等，2007；汪毅霖和蒋北，2009；范定祥和欧绍华，2012；龚琪等，2012；李晓西等，2014；张杰，2014；林勇斌，2016）。引入政治文明，以考察其对人类发展的影响（汪毅霖，2009）。引入收入分配因素，考察分配公平问题对于人类发展的重要性（郑宗生等，2006）。引入脱贫和公平因素，考察我国脱贫扶贫工作对于人类发展水平提升的贡献（周恭伟，2011）。引入不平等因素，考察国家内部区域间的不平衡问题对人类发展水平的影响（邱风和王利芳，2009；周恭伟，2011；李晶和李晓颖，2012；陆康强，2012；李俞，2013；吴艳华，2014）。

### 四、HDI 的中国应用

进入 21 世纪，中国提出了以人为本的发展理念，人的发展也成为学术界探讨的重要问题，而人类发展指标作为被广泛使用的度量人类发展水平的指标，也被国内学者广泛应用于对中国以人为本发展理念的测度中。杨永恒等（2005）运用主成分分析法替代传统的人类发展指数编制方法分析了 1990 年以来中国人类发展水平，发现中国在经济、教育、健康三个领域都有突出的发展，但是地区间的经济发展不平衡问题成为影响中国整体人类发展水平的重要"瓶颈"。霍景东和夏杰长（2005）实证考察了 1990~2002 年中国公共支出与人类发展水平的关系，指出公共教育和公共医疗卫生支出对我国人类发展提升具有显著的促进作用。谷民崇（2013）以辽宁省为研究样本，也证明了公共服务支出对人类发展水平的正向推动作用，且其贡献度高于经济性支出。刘渝琳和赵钰（2007）将人类发展指数与人口素质指数相结合，并根据我国国情进行了改进，构建了适用于我国地区间比较的中国人口素质指数。彭军超等（2007）将人类发展指数应用于云南省各地区人类发展水平的比较与测度中，发现云南省各地市的人类发展水平较不平衡。田辉等（2008）计算了 1994~2007 年中国 31 个省份的人类发展水平，并依托人类发展水平探讨了中国未来可持续发展能力。胡英（2010）通过比较分析我国改革开放 30 年平均预期寿命与发达国家的差距的变化，发现我国的平均预期寿命增长幅度高于联合国平均水平，既呈现出同发达国家差距缩小的趋势，也呈现出国内城乡差距缩小的态势。黄维德和柯迪（2011）在人类发展指数中纳入就业与社会保障维度，测算了跨国的体面劳动指数，测算结果显示，劳动体面程度同经济发展水平高度相关，我国劳动体面水平有待提升。黄晨熹（2011）通过研究人口受教育状况发现，我国人口平均受教育年限逐步提高，教育基尼系数及性别间的教育差距逐步缩小，但城乡差距继续扩大。

# 第三节　发展潜力

Stewart 于 1947 年基于经济地理学的视角提出了经济潜力指数，开启了发展经济学的研究领域。之后学者运用经济潜力指数对地区人口分布、产业集聚、区位优势等进行了测度与探讨，进而分析各区域的经济发展潜力（Harris，1954；Clark，1966；Rich，1978）。近年来，发展潜力的概念被广泛应用于国家及地区间经济发展水平的研究，并取得了丰硕的研究成果。

## 一、发展潜力内涵

Gerschenkron（1962）指出，发展潜力是之于相对落后阶段而言的，此时经济体资源利用与开发处于起步或尚未起步阶段，劳动力成本较低，从而具备了发展的条件。Keeble 等（1982）则指出，经济体要具备较高的发展潜力不仅要有好的自身禀赋，也要善于利用周边环境以及相邻经济体的发展与影响，充分利用后发优势。伴随"新贸易理论"的发展，发展潜力开始具有明确的经济理论基础，并被纳入主流经济分析框架。

Krugman（1992）依据 Harris（1954）的研究成果，认为发展潜力即为市场潜力，其源于工业化所带来的规模经济以及由此带来的运输成本的下降。具有规模效益和运输成本优势的工厂在为消费者提供产品的过程中就具备了市场潜力。之后，Hanson（1998）以及 Head 和 Mayer（2004）基于实证数据对 Krugman 的理论进行了验证。梅尔兹利金娜等扩展了 Krugman 的理论，他们认为发展潜力不仅是市场潜力，还包括生产潜力和金融潜力。

国内学者对于发展潜力的研究起步较晚，应用型的研究成果并不多。李善同等（2003）探讨了未来 50 年中国经济增长潜力，认为在保证生产率、资本和劳动力供给数量和质量的前提下，中国未来 50 年仍然具有较强的经济增长潜力。陈石俊等（2003）指出，经济发展潜力是指短缺要素得到正常利用时的产出能力。它有两个基本要点，即"短缺"要素和"正常"利用。魏立桥（2004）认为，经济发展的潜力在于其经济运行面与前沿面的差异区间。上海财经大学区域经济研究中心（2007）指出，地区经济发展潜力是指某一地区经济、社会、生态环境以及制度等要素充分利用和有效支配条件下能够实现的经济发展的最大限度。

## 二、发展潜力影响因素分析

现有研究从不同的视角，对不同区域、国家发展潜力的影响因素进行了探讨。2004 年，美国高盛公司从崛起的地缘优势、丰富的自然资源、军事力量、经济结构的调整改造、人口数量持续下降等社会因素以及自然因素、安全因素、经济因素等方面全方位评估了俄罗斯的发展潜力，认为俄罗斯发展潜力巨大。Andrzej Cielik 和 Michael Ryan（2004）认为，地区经济潜力不仅受地区内部要素的影响，而且会受到外部经济体资本注入的冲击，日本资本流入欧盟及中东欧国家提升了地区的经济发展潜力。汉堡世界经济研究所和德国裕宝银行 2007 年的研究报告认为，影响德国各州未来发展潜力的主要因素包括人口、教育、创新能力和公共投入能力等，而核心因素是就业发展、经济增长与财政负债。世界经济论坛（2008）认为，自然资源、基础设施建设、市场开发、石油矿产开发、旅游开发、农业发展、金融业体系建设等因素将成为影响非洲未来发展潜力的主要因素。Tony Barber（2010）指出，欧洲未来的经济增长潜力在于全球化市场的构建、技术创新、教育水平的提高与劳动力素质的提升、经济增长的绿色化以及清理公共财政，其中最核心的影响因素是符合政治意愿，而国际环境变化对欧洲未来发展潜力的影响十分有限。Dale 和 Khuong（2010）认为，影响工业化经济体和发展中的亚洲国家的发展潜力的主要因素是信息技术的持续投资、创新与应用。

改革开放以来，经济建设成为我国发展的工作重心，尤其是进入 21 世纪后，我国经济发展迎来了又一个高速发展周期，哪些因素会影响中国持续发展以及中国如何保证当前的发展潜力成为学术界探讨的重要内容。郑立新（2009）认为，加快推进农村工业化、城市化建设是支撑中国经济持续稳定增长的重要保障。胡乃武等（2010）认为，如果能够持续提升中国城镇化率、不断优化产业结构、促进区域间协调发展、维持现有人口红利、提高技术创新能力、扶持发展民营经济、建设更加公平的收入分配机制以及大力深化制度改革，那么中国在未来一段时期内仍然有较大的经济增长潜力。马骏（2010）基于供求理论指出，劳动力、房地产、出口、城镇化、生产率和资金成本六大要素是提升中国经济增长潜力的重要因素。李稻葵（2011）则认为，城市化、基础设施建设以及消费是保证未来 5~10 年维持中国经济增长潜力处于较高水平的主要原因。

### 三、国家及地区发展潜力

Bruce（2006）通过对美国城市经济发展潜力的研究指出，发展创新部门、帮助和扶持低收入劳动者、改善基础设施建设、建设选择型社区、加大教育投入和提升人力资本水平、加快信息的流通与完善市场建设是提升城市发展潜力的关键因素。Carsten（2008）认为，中国能够实现持续的经济增长，主要依赖于丰富的劳动力资源，既包括固有的巨大劳动力基数，也包括自改革开放以来快速提升的劳动力素质，2015 年之前，可观的人口红利使中国具备了保持目前经济增速的发展潜力。Hamish（2010）和 Phelps（2010）认为，中国改革开放以来快速的经济发展所带动的创新数量与科技实力的提升，使中国得以拥有巨大的发展潜力。

中国学者对于发展潜力的研究主要集中在两个方面：一是对中国贸易伙伴国的研究，二是对中国各地区，尤其是中西部地区的研究。在贸易伙伴国研究方面，张忠（2001）指出，哈萨克斯坦具有石油、天然气、煤等能源储备的天然禀赋，同时在畜牧产品和粮食生产中具有比较优势，如果哈萨克斯坦能够快速融入世界经济体系，其将在 21 世纪中叶拥有巨大的发展潜力。袁晓龙（2003）基于需求潜力及主要生产要素成本和供给等维度对美国、日本、俄罗斯、中国四国的经济增长潜力进行了比较分析，认为中国和俄罗斯在生产要素成本和供给领域具有较强优势，但收益能力却落后于美国和日本，通过综合得分测算，四国经济增长时期高速增长潜力排序为俄罗斯、中国、美国、日本。贾海涛（2004）认为，政治制度的相对稳定、法律体系的相对完善、社会秩序的总体安定、丰富的自然资源和人力资源储备以及对教育，尤其是高等教育的持续投入与关注是印度兑现发展潜力的重要保障。王宗光（2007）从民主政治与金融体系、经济结构及产业结构、传统制度对现代化的适应性、世界经济一体化、技术创新等经济发展的因素对中印两国经济发展潜力进行了比较，认为两国总体发展潜力巨大。

在中国各地区发展潜力研究方面，张李节（2005）认为，要兑现中国经济发展潜力，则需要做到发挥大国经济优势来推动我国经济持续稳定增长，转换二元经济结构以推动工业化和城市化的发展，实现区域经济协调发展，转变经济增长方式四个方面。袁富华（2004）提出了"重农固本、制造立国"的发展战略，并指出随着中国人口红利的逐渐消失，中国要想保持现有发展潜力不能只依靠劳动力投入，而是应该通过强化创新投入、提升人力资本水平来实现内生增长要素的升级。孔令宽（2008）指出，我国不断深化的制度改革能够有效激发我国经济活力，若能有效解决制度改革进程中存在的问题，中国的发展潜力则将进一步提升。陈宗胜等（2005）认为，各地区间工业基础、金融网络、人才、资源等方面的内生禀赋差异决定了地区间增长潜力的差异。白津夫（2006）认为，我国中部地区具有明显的后发赶超优势，而做好新农村建设、提升能源生产效率、协调城乡间发展以及紧抓发展机遇来构建区位优势是兑现中部地区后发优势的关键。韩立华等（2009）认为，扩大对外开放、协调区域发展、强化创新能力、保障政策扶持是黑龙江省兑现发展潜力的前提。张燕等（2009）研究了中国各地区发展潜力与资源环境承载力的空间关联关系，认为两者均表现出东高西低的集聚趋势，且资源环境承载力对低发展潜力地区所起的制约效应比高发展潜力地区要大得多。

## 四、发展潜力测算

Isard（1960）在"引力模型"的基础上加入了衡量次级区域的发展潜力因子并提出了潜力分析模型，该模型能够较好地通过经济变量（如人口）解释每个区域总体发展情况（如交通流）。在此基础上，Amano 和 Wirjanto（1998）构建的区域增长潜力模型将地区商品需求量、SOC 库存量、产品生产区位因素、区域间平均单位运输成本、可联系地区数以及地区出口量等因素纳入考量范畴，从而能够较好地解释地区间资本效率差异，并证明地区间发展潜力的差异是投资差异的重要影响因素。Koyu 等（1969）在区域潜力模型的基础上，提出了优化潜力模型与平均潜力模型，并利用该模型测算了交通设施投资计划的区域增长潜力。Bussière 和 Schnatz（2006）采用引力模型对中国融入 WTO 贸易体系的程度进行了评估。Lenotief 等（1963）提出了区域间投入—产出分析潜力模型，从而能够测算及衡量各地区间商品和服务的流量差异，进而评价地区间的发展潜力差异。Władysław Welfe（2001）将技术引进及创新能力引入 Cobb-Douglas 生产函数，并利用扩展后的模型测算了 1966~1998 年波兰的潜在国内生产总值和全要素生产率。Lisa（1994）运用伪数据分析了热储利用系统的技术和经济潜力。John 等（2007）运用聚合计量过程仿真模型估算美国中部农业土壤中碳吸收的经济潜力，以此评估农业温室气体减排的经济潜力。Junichiro（2010）构建了潜在竞争力指标体系，该体系由教育、企业、金融、科技、基础设施五个维度构成。

国内研究常用的经济发展潜力评价方法包括：SWOT 分析方法、因子分析（陈民恳和郑如莹，2008）、主成分分析（陈钰芬，2001）、聚类分析（马仁锋等，2009）等多元统计分析方法；模糊综合评价（杨秀平，2008）、ANP（黄鲁成等，2007）、层次分析 C–D、生产函数与灰色预测（艾广乾和秦贞兰，2009）等评价方法。学者分别从经济、环境、健康、教育、社会公平、分配制度、基础设施等多个维度构建指标体系，评价了我国不同地区的发展潜力。

## 第四节　投资潜力及其影响因素

### 一、投资潜力影响因素分析

投资潜力主要分别针对母国和东道国而言。从母国角度来看，Hymer（1976）的垄断优势理论、Buckley 和 Casson（1976）的内部化理论、Dunning（1977）的国际生产折衷理论都认为，母国企业的全球竞争力是其开展全球投资业务的前提。20 世纪中后期，发展中国家快速崛起，成为新的投资热土，Louis（1983）的小规模生产技术理论和 Lall（1983）的技术地方化理论均是探讨发展中国家经济发展与投资问题的重要理论。

影响东道国投资潜力的因素相对较多。一是成本因素，Von Thunen（1826）和 Weber（1909）认为，东道国所具备的低廉的生产要素成本是其吸引跨国企业投资的重要因素。Caves（1971）进一步将企业在东道国的投资成本分为交易成本和信息成本，两者均是企业选择东道国的重要考量条件。二是东道国国家投资环境因素，既包括东道国的经济因素、政治因素和人力资本因素（Christaller，1972；鲁明泓，1999；江心英，2004），也包括制度因素（North，1992）。三是市场因素，如果具有较好的市场条件，那么企业投资更容易获取利润（Christaller，1972），企业更倾向于投资，进而形成产业集聚和规模效应，这两者对于外资也都有很大的吸引力（Krugman，1991；Porter，1991），从而进一步巩固东道国市场条件。四是货币因素，汇率决定了外资流向，货币的逐利性使其往往从货币强国向货币弱国流动，进而赚取资本利润（Aliber，1973）。五是两国间的比较优势，既包括两国间资源禀赋的相对优势，也包括国家之间需求规模差异（斋藤优，1995）。六是两国间的文化差异，企业往往容易在与母国文化距离相对较近的东道国投资，从而容易使东道国人民对本企业的品牌和产品产生认同感，投资风险也相对较小（谭晶荣和周英豪，2005）。七是东道国开放水平，全球化背景下，各国融入全球化市场成为趋势，更加开放和包容的市场也更容易赢得企业的投资（宋维佳，2008）。八是区位优势，区位优势亦可转化为成本优势和市场规模优势，是企业选择东道国的重要因素（李伟杰和余亮，2009）。

### 二、投资潜力实证验证

本书所讨论的投资潜力是指东道国对于外商投资的吸引能力和投资价值的提升能力。国内外学者对于东道国影响因素的研究主要集中在市场规模、劳动力成本、资源禀赋、科技水平、基础设施、双边贸易、政治环境等几个方面，但由于研究涉及的对象及方法均存在一定差异，所得到的研究结果也存在争议。

对于东道国市场规模，Cheng 和 Ma（2007）通过跨国面板数据的实证分析指出，东道国的市场规模以及与投资国的地理距离对外资流入具有显著的正向影响。王娟和方良静（2011）认为，中国企业对外投资区位选择的诸多影响因素中，市场规模对投资具有显著的吸引力，尤其是针对发展中国家的投资。但是，项本武（2009）以及张远鹏和杨勇（2010）研究认为，21世纪初期，由于国际竞争力相对不足，中国企业对外投资主要集中在市场规模较小的国家，因此，市场规模对中国企业的吸引力呈现负向影响。

从东道国的劳动力成本来看，Ross 和 Zimmermann（1995）认为，劳动力成本是外资企业在东道国生产经营的主要成本，丰富的劳动力储备和低廉的用工成本能够为企业节省大量的生产开支，从而提供利润空间，是投资国企业选择东道国的重要考量因素。杨成平（2009）实证检验了中国企业对外投资的区位选择因素，认为我国企业对外投资普遍选取劳动力成本低廉的地区，劳动力成本已经成为东道国吸引中国企业投资的重要因素。王丽（2014）以东盟国家为研究样本同样证实了劳动力成本与外资企业投资之间的负向相关性。但是，张燕和谢建国（2012）分析发现，东道国的人均收入和我国 OFDI 的数量并没有明显的作用关系，这也反映出随着我国企业国际竞争力的提升，寻求技术合作与创新能力提升逐步取代成本控制成为中国企业主要考虑的因素。

从东道国的资源禀赋来看，Pradhan（2011）研究发现，中国企业更愿意去资源相对丰富的国家开展投资，尤其是石油资源相对丰富的国家，东道国资源禀赋对中国企业具有较强的吸引力。王林（2012）也发现，我国企业的投资规模与东道国的石油储备量呈现出显著的正相关关系。宋维佳和许宏伟（2012）通过跨国面板数据分析发现，中国企业对外投资区位选择也存在要素驱动性，东道国要素禀赋与中国企业投资规模正相关。

东道国的科技水平也是影响对外投资的主要因素。蒋冠宏和蒋殿春（2012）基于投资引力模型考察了中国对95个东道国的投资情况，研究发现，中国在发展中国家和发达国家的投资动机存在差异，在发展中国家投资具有明显的技术输出动机。周昕和牛蕊（2012）证明，东道国技术水平越高，越容易吸引中国企业的投资。但是，杨平（2009）研究认为，中国企业对外投资过程中，东道国技术发展水平并没有扮演重要的角色。

基础设施建设水平也是吸引外国企业投资的重要影响因素。赵春明和吕洋（2011）通过可行的广义最小二乘法（FGLS）对我国对东盟直接投资的影响因素进行了计量分析，发现我国对东盟国家的直接投资规模与东道国的通信基础设施完善程度正相关，宋勇超（2013）利用2003～2010年中国对47个国家直接投资的数据进行实证检验，也发现东道国基础设施水平越完善，我国企业越愿意对其进行投资。

贸易国双边贸易量也会影响东道国投资吸引能力。王胜和田涛（2013）实证分析了2003～2011年我国对外投资的区位选择情况，发现与东道国经贸往来的稳定性是中国选择在资源丰裕类国家开展投资活动的重要考量依据。王鹏飞（2014）的结论与王胜和田涛（2013）研究结论一致，中国对外投资量与中国对该国出口量正相关。但是，周昕和牛蕊（2012）认为，对东道国的直接投资会带来两国贸易的挤出效应，企业通过在当地生产来减少双边贸易成本，并能获得更高的利润，因此更多的企业选择对东道国投资以替代双边贸易的形式，两者呈现负相关关系。

政治稳定是一国开展国际贸易、吸引外资的前提。郑磊（2011）构建了"政治稳定指数"以衡量东道国的政治环境质量，并证实了东道国的政治稳定性是中国企业投资需要重点考虑的因素，风险规避性使中国企业更倾向于投资政治稳定的地区和国家。张睿瞳（2011）研究认为，中国对外投资具有显著的风险规避倾向，东道国政治环境质量直接影响了中国对其投资规模。但是，李猛和于津平（2011）选取的74个中国贸易伙伴国的样本则集中于发展中国家，其实证结果表明东道国的政治质量与中国对外直接投资具有显著负相关关系。

<h1 style="text-align:center">第五节　后发国家发展优势</h1>

## 一、后发优势

美国经济学家 Gerschenkron 于 1962 年提出了后发优势理论，用以探讨后发经济体如何有效利用自身与发达经济体之间的差距来实现对发达经济体的追赶。Gerschenkron 认为，在经济增长过程中，对未来社会的整体发展具有重大影响力的主导因素是工业化进程中的差异特征。后发国家与先进地区之间的经济发展水平和经济发展阶段差距为后发国家更快实现对先进地区的追赶提供了后发优势。该理论的提出为后发国家实现自身发展和后发赶超提供了可供参考的理论研究和实践模式，并从事实表象的角度诠释了经济实力较为薄弱的国家和地区实现赶超的可能性与预见性。

通过对 Gerschenkron 后发优势理论的完善，Levy（1966）从现代化的角度对后发经济体在其现代化进程中具有的后发优势进行了总结，主要体现在以下三个方面：首先，后发经济体在实现自身发展和寻求发展模式的时候能够全面借鉴先进地区的发展经验和教训，更加系统、清晰地认识发展中所可能存在的挑战，从而选择一条更加适合自身发展模式的发展道路；其次，后发经济体不必从颠覆性的技术研发起步阶段开始探索，而是可以通过技术溢出与转让，从先发经济体中学习、引进和购买先进技术和设备，并运用先发经济体相对成熟的产业组织方式和经济发展规划开展生产活动，显著降低后发国家技术创新的周期和成本；最后，后发经济体可以完整且清晰地看见先进地区的发展进程，选择适合自身发展阶段的技术水平和制度安排，不必走完先进地区发展所需的各个阶段，从而能够实现跨越式发展。

1989 年 Abramovitz 提出了"追赶假说"，并用劳动生产率以及单位资本收入量等指标进行衡量，经济体经济发展的初始水平与其经济增长速度是反向相关的，即经济体的初始经济水平越低，其越具有后期追赶的可能性；反之亦然。然而现实中，初始经济水平落后地区与经济先进地区的差距往往并未缩小，反而呈现扩大趋势。为了解释这一矛盾，Abramovitz 指出，问题的关键在于"潜在性"

与"现实性"的区别。后发经济体的后发优势仅是其发展潜力，即追赶的可能性，而并非现实的追赶能力，要将潜力转变为现实能力，还需要满足三个制约条件：一是发达经济体与后发经济体技术层面的巨大"落差"为后发经济体迅速提高其劳动生产率进而实现高速发展提供了巨大的可能性；二是后发经济体应具有能够承接发达经济体技术转移的较高素质劳动力、较完善的工业化体系、合理的财政政策以及稳定的政治制度等"社会能力"，而这一"社会能力"较技术差距对后发经济体实现追赶更具有基础性和决定性的意义，因而具有较强"社会能力"的同时在技术上相对落后的后发经济体就比那些两者都落后的经济体更具有赶超发达经济体的可能；三是国际政治、经济秩序转变等重大历史事件突发有可能会改变后发经济体可能获得的技术、资本、制度等资源，进而可能为后发经济体的发展带来巨大障碍，当然也可能为后发经济体的发展带来难得的机会。

20世纪中后期，日本及东亚新兴经济体的快速崛起证实了后发优势理论的可行性与科学性。在全面分析和探讨日本如何利用后发优势实现快速发展并逐步失去后发优势的全过程后，日本学者南亮进提出了"最后一跃"理念，对后发优势理论提供了重要的补充和发展。所谓"最后一跃"就是后发经济体将后发追赶过程中的学习、模仿能力有效地转化为自主创新能力，使国家发展由跟随模仿型发展转变为自主创新型发展，弥补与发达经济体的"最后差距"。随着后发经济体与先进地区差距的不断缩小，其会逐步失去后发赶超优势。此时，该后发经济体如果不具备自主创新能力，则很难与先进地区就技术创新能力展开竞争，也不能有效利用技术差距所带来的后发优势，很可能再次拉大与先进地区的差距。

Brezis和Krugman（1993）提出了基于后发优势的技术发展"蛙跳"（Leap—frogging）式跨越模型。他们指出，后发经济体在具有一定基础研发能力的条件下，未必所有技术都需要从发达经济体承接，而是可以根据自身某些产业技术的优势，对尚未成熟的技术实现跨越式研发，从而实现对先进地区的赶超，进而打入国际市场与先进经济体进行竞争。Elkan（1996）建立了开放经济条件下技术转移、模仿以及创新的一般均衡模型，认为落后的经济体可以通过不断的技术学习和模仿来缩小自身与发达经济体之间的技术差距，但当后发经济体通过技术学习和模仿快速缩小与先进地区的技术差距后，其后发优势将逐步消失，此时，该经济体应将这种学习与模仿能力转变为自主创新能力。

## 二、后发优势类型

由于研究样本与涉及领域存在差异，目前研究成果中对后发优势的总结并未形成一致的划分。李清均（1997）认为，各地区后发优势禀赋存在差异，根据各自禀赋可归纳为资源型、联动型、机遇型、创新型和干预型五种类型。金明善和车维汉（2001）认为，后发优势可以分为选择的优势、途径的优势、精神的优势、学习的优势四个方面。简新华和许辉（2002）认为，发展中国家具备技术引进、制度创新、结构变动、规模扩张、人力资源等方面的后发优势，以上优势又受到经济知识化、信息化、全球化的影响。郭熙保和王松茂（2004）指出，我国在发展中拥有技术、资本、人力、制度和结构的后发优势。曾国安和王继翔（2003）认为，发展中国家在发展过程中可能拥有技术方面、经济方面和制度方面三大后发优势，其中，技术方面的后发优势主要是能够引进先进经济体的先进技术；经济方面的后发优势包括丰富的劳动力资源、通过吸引外国资源加快资本积累、横向国际分工为发展中国家参与国际竞争创造更多空间、参与到全球的工业化结构升级、吸引外资企业投资、学习和借鉴先进经济体发展模式；制度方面的后发优势主要是可以借鉴先进经济体的优秀制度。程洪（2003）提出，后发优势主要包括借鉴发达国家先进经验、直接利用前沿科学技术、后发国家国际地位改善、承接先进地区产业转移和利用外资、先进经济体带动等。曹亮（2007）指出，后发优势包括技术、资本、劳动、制度以及结构等方面的优势。昝凌宏（2010）认为，从生产要素的角度来看，后发优势总体可以分为资源型后发优势和知识型后发优势，其中，资源型后发优势包括自然资源型后发优势、劳动力资源型后发优势和资本密集型后发优势，知识型后发优势包括技术学习型后发优势和制度借鉴型后发优势。胡忠良和蒋茜（2014）认为，后发优势包括学习和借鉴先进经济体的制度安排、引进先进经济体的技术设备和资金、追赶状态下的全社会紧迫状态以及对未来认知更清晰与全面。黄少卿（2016）认为，自改革开放起，中国实现快速经济增长的后发优势主要包括三个方面：一是人口红利的释放；二是快速的资本积累提高了劳动生产率；三是持续推进的工业化、城镇化优化了经济结构。何雄浪和刘芝芝（2018）认为，我国少数民族地区在技术性、制度性、产业结构、市场敏感度、政策等方面具有制度优势。

### 三、后发优势实现条件

后发优势仅代表该经济体具备后发赶超的潜力，而非快速发展的能力，要想将潜力转化为能力，还应该具备以下五个方面的条件：一是要有一定的物质资本积累，这能够为后发经济体发挥后发优势、实现后发赶超提供物质基础。二是人力资本的持续提升，既包括劳动力数量的充沛和人口红利的兑现，又包括劳动力质量的提升和劳动者素质的提升，这能够为后发经济体发挥后发优势提供媒介。三是实现规模经济，通过规模化生产实现既定技术条件下的生产成本递减，这能够为吸引先进地区技术、设备、资金提供先决要素。四是具备良好的制度环境，既包括稳定的政治制度，又包括高效的市场环境，完善的制度安排能够推动经济稳定、高效率运行，为后发经济体兑现后发优势提供外在条件。五是要有强力有为的政府。有为政府既能使后发国家和地区在其发展过程中避免市场失灵带来的经济停滞，也为外商投资营造了良好稳定的投资环境，有为政府的适时、合理干预是对市场行为的有益补充，成功实现后发赶超，进而进入发达经济体的现有后发国家中，在其高速发展阶段，普遍存在单一强力有为政府的执政和干预。

Abramowitz（1986）指出，后发优势是可能存在的潜力，而非真正的发展实力，要将后发潜力兑现为发展能力还需要具备三个限制条件：一是后发地区技术水平与技术前沿面存在明显的差距。这一技术差距是后发国家模仿和学习的技术空间，后发国家从技术模仿和学习中获得经济发展所需的技术推动力，从而能够借助先进技术实现自身的跨越式发展。二是后发地区应具备后发赶超所需的社会能力。所谓社会能力，既包括人力资本水平的一定积累和劳动力素质的不断提升所形成的能够承接技术转移和外溢的人力资本社会积累，也包括稳定的政治环境、良好的商业氛围、完善的工业体系和持续的工业化进程以及健全的财贸金融体系，这些社会能力使后发地区能够将承接先进技术的潜力转变为模仿、学习并消化、吸收先进技术的能力，是地区实现后发赶超的前提条件。三是历史、现实及国际环境带来的后发机遇。重大历史事件的出现、国际经济秩序的调整等，既可能为后发经济体创造难得的历史机遇期，也可能会阻碍甚至破坏后发经济体后发赶超的进程。

南亮进（1992）认为，日本 20 世纪五六十年代的高速增长就很好地利用了其后发优势，并把握住了历史机遇期。彼时的日本，在经历了战争的影响后，已经与技术前沿国家存在明显的技术差距；同时，经过战后的持续建设与努力，已经具备了丰富的人力资源和一定的人力资本积累，具备了现代化经营的组织能力与机制，初步形成了具有较强竞争力的信息产业和装备制造业，从而拥有了Abramowitz 所说的很强的消化和掌握现代技术的"社会能力"，这样的社会能力为日本发挥后发优势、实现经济赶超提供了必要的先决条件，也是日本发挥后发优势、实现经济追赶的必要条件。彼时正逢东亚经济崛起，日本国内强有力的政府推动，促使日本抓住了这次历史发展机遇，使日本成功地将后发潜力转变为现实追赶能力。但是南亮进指出，随着日本经济快速发展，其技术水平与技术前沿面差距逐步消失，日本却没有能够实现"最后一跃"，即没有将技术的模仿与学习能力转变为技术创新能力，失去了与技术先进地区的竞争优势，从而始终难以消除与先行国的"最后差距"。

陈秀山和王舒勃（2002）认为，后发优势的兑现应具备四个条件：一是稳定的政权结构和政策环境，稳定的政权结构和政策环境不仅能够为地区经济发展提供良好的营商环境、降低企业经营的成本，而且能够显著降低外商投资所面临的不确定性风险，只有政治与政策稳定，地区才具备吸引和利用先进技术的外部环境。二是良好的制度环境。高效的制度安排能促进经济的发展和市场机制的稳定运行，而攫取式的制度安排不仅增加了企业的运营成本，也给经济运行带来了巨大的不确定性，使地区缺乏后发赶超的社会能力。三是有利的外部环境。有利的外部环境既可以为地区经济发展提供稳定的资金、技术、人力、政策支持，也可以通过与周边地区的合作提升地区社会能力，将后发潜力在短期内转变为赶超能力。四是完善的基础设施。完善的基础设施既包括交通、通信、水利等经济类基础设施，其为地区承接产业、技术、资金、人口转移提供了必要的硬件条件，也包括教育、卫生、文化等软件设施，其有利于地区不断提升人力资本水平，为后发赶超创造社会能力。

李云智（2021）认为，新常态下，我国要想继续发挥好、利用好后发优势实现经济的持续稳定增长，应该在以下三个方面持续发力：一是要提升技术的自主创新能力，将技术模仿转变为技术创造。新发展格局下，中国经济体量、科技实力均有了显著的提升，与技术前沿面的差距逐渐缩小，可供利用的技术空间不断缩小。此外，随着中国的崛起，中西方面临直接的技术竞争，模仿或者购买技术的可能性不断降低，需要我们通过提升自主创新能力为经济发展提供持续动力。二是持续提升劳动力素质，转变数量型人口红利为质量型人口红利。随着中国人口老龄化趋势的加重和人口增长持续放缓，中国劳动力供给红利的拐点已经到来，我国应做好人才队伍建设，通过劳动力质量的提升弥补劳动力数量的下滑。三是发展创新型经济，将资源依赖型发展转变为技术创新型发展。这一发展模式的转变既是经济发展新动能转变的客观要求，也是环境保护的内在要求，传统的资源消耗型经济已经不能为中国提供持续的要素供给，而创新型发展模式则为中国可持续发展提供了新的路径。

## 第六节　"一带一路"倡议及投资区位选择

### 一、"一带一路"倡议

"一带一路"倡议着力于亚欧非三大陆和邻近海洋之间的互联互通，秉承共商、共享、共建原则，构建沿线各国开放合作、互利互惠、共同安全的利益共同体、命运共同体和责任共同体。力图达到沿线各国政策沟通、设施联通、贸易畅通、资金融通、民心相通的合作目标，倡议的提出对中国以及沿线各国的政治、经济、文化都将产生深远影响。Brant（2015）认为，"一带一路"倡议不仅能够推动中国经济的全球化发展，更能带动沿线国家的共同繁荣，是互惠互利、共同发展的好机会，各国应秉承开放包容的态度，精诚合作，而不应该用狭隘的民粹主义思想看待这一倡议。Swaine（2015）认为，"一带一路"倡议是一次难得的检验中国对外投资政策执行效果的自然实验，进而可以检验中国作为世界大国是否拥有相适应的国际话语权。Wang 等（2015）和 Weien Liang（2015）认为，"一带一路"倡议的提出是为了促进沿线各国经贸合作与实现共同繁荣，应该得到世界各国的支持与合作。在全球化进程产生波折之时，"一带一路"倡议的提出能够有效推动全球化的发展，改善全球贸易格局与地缘经济关系，提升全球贸易规模。梁星韵（2015）以及彭凯和段元萍（2015）指出，"一带一路"倡议的提出深化了我国与沿线国家的经贸合作与产能对接，有利于我国优势产业（如制造业）走向国际化，更有利于我国与沿线各国加强产能合作，能够有效带动我国企业"走出去"参与国际合作，提升中国在沿线国家直接投资规模，开创我国对外直接投资的新时代。林跃勤（2015）和罗莉（2015）指出，"一带一路"倡议能够显著改变我国中西部地区的区位禀赋，并改善各地区的对外开放格局，有利于我国实现区域间协调发展，缩小中西部地区发展差距，推动中国经济平稳快速发展。

"一带一路"倡议的提出不仅对中国发展具有深远意义，也为沿线各国带来了很大的发展机遇，通过开放合作、互联互通建设，沿线各国将在政治、经济、文化等方面展开深入的合作。Swane（2015）认为，中国的"一带一路"倡议在诸多领域都为沿线国家提供了相当多的机遇和挑战，而不仅是作为一种手段来提升自身在亚欧大陆的影响力。Daily（2015）认为，中国的"一带一路"倡议将在很大程度上推进沿线各国民用航空事业的技术进步。Miner（2016）则认为，在"一带一路"倡议的建设实施进程中，在参考沿线国家的意见和吸取历史教训的前提下，将会出现众多国家积极踊跃参与的方式，并非中国单独获益，而是会为全世界带来进步和发展的机遇。Hofman（2015）指出，"一带一路"倡议的深入推进，不仅有利于中国经济的持续发展，更会促进沿线各国甚至全球的经济增长。尤其是"一带一路"沿线各国多为发展中国家，"一带一路"倡议的实施将明显改善当地的基础设施条件，为当地人民提供更多的就业机会并提高收入水平，从而有效改善当地人民的生活水平。与此同时，"一带一路"倡议的提出将有利于中国对沿线国家的直接投资，不仅是投资份额的提升，而且包括更为稳定、安全的供应链保证，以确保中国对沿线国家所需的能源及原材料供给。吴志成和董柞壮（2015）表示，"一带一路"倡议加深了中国与沿线国家的合作，作为沿线国家，既可以在合作中借鉴中国发展经验，学习中国模式，又可以有效利用中国改革开放以来的资本和技术积累，通过中国企业投资，带动当地发展和实现技术水平提升。另外，以互利互惠为原则的中国企业对外投资行为，不仅能够带动当地经济发展，更能提升沿线各国基础设施建设水平，提供更多就业岗位，解决沿线国家国内就业问题，填补其商品、技术、资本缺口。"一带一路"倡议的实施能够促进世界各国与我国的经济贸易合作发展，实现互惠共赢的新局面。

## 二、"一带一路"区位选择因素

"一带一路"倡议在为中国企业对外直接投资创造机遇和提供重要平台的同时，也让中国"走出去"的企业直面跨区域合作带来的重大挑战。沿线各国和地区的政治、文化、经济、社会等均存在较大差异，我国企业"走出去"将面临诸多挑战与不确定性，投资产业链短、行业集中、区域发展不平衡等给我国企业带来了不小的困扰。此外，"一带一路"沿线大部分国家的文化及制度与西方国家更为接近，欧、美、日等大国已在当地经营多年，中国对沿线国家的直接投资对西方国家在当地的利益造成了不可回避的挤出压力，西方国家为保护本国在东道国的既得利益，会通过经济或者非经济手段对我国企业对外直接投资设置壁垒或通过舆论给我国企业海外经营造成负面影响。此外，"一带一路"沿线国家不乏政局动荡、战争频发、贫穷落后地区，政治不稳定和社会治安不力给我国直接投资带来了巨大的安全隐患和不确定风险（廉薇，2014）。何茂春等（2015）指出，由于文化和制度的长期差异，"一带一路"沿线国家的企业管理制度与我国的企业管理制度普遍存在较大差异，中国企业管理制度容易引起当地人的反感，从而给我国企业在当地投资与经营带来了较大压力。刁春和（2015）、裴长洪（2016）认为，不少"一带一路"沿线国家安全问题给我国企业对外直接投资带来了较大的风险，其中既包括以恐怖主义为代表的新型安全威胁，也包括毒品、非法移民等传统安全问题，安全保障将成为我国企业投资"一带一路"沿线国家需要面临的重大挑战。同时，"一带一路"沿线国家大多数为发展中国家，国内各类问题严重，民生问题得不到解决，国家治理能力不足，同时，经济发展又比较落后，这一系列问题无疑对我国对外直接投资产生了诸多不利影响（王亚鹏，2015）。廉颖婷（2016）指出，"一带一路"沿线国家通信基础设施普遍十分落后，与信息化时代企业对通信时效性、准确性的要求差距巨大，这将对中国企业下一步的投资决策产生重大影响。

## 第七节　现有研究评述

已有研究对公平、人本和社会发展的评价体系构建，国家发展和投资潜力，后发国家发展和"一带一路"倡议已有较为全面且深入的探讨，但依然存在有待完善之处，具体如下：

第一，现有衡量社会发展、公平及人本的评价指标都是基于绝对值进行计算的，对发达国家更为有利，而发展中国家因绝对积累量有限，在评价体系中处于劣势。但是，公平和人本是相对概念，衡量一国社会发展程度更应该注重公平及相对值的概念，这也是本书构建人力资本相对超前投资指数的初衷所在。

尤其是对人力资本这一重要经济增长推动因素，现行的人力资本测算方法未能涵盖对于人力资本投入重视程度的相对概念，无论是基于收入法、成本法测算的人力资本水平还是以平均教育年限、非文盲率等指标作为代理变量来表示的人力资本都只是存量的概念。绝对值的呈现难以反映出对人力资本投入的重视程度，即难以体现出对人的关怀概念。因此，更多的关于人的关怀的评价体系被越来越广泛地应用于国家发展评价中。由 SGI（可持续治理指标）项目公布的 The Bertelsmann Stiftung on Social Justice（BS）数据库[1]是国际上广泛使用的衡量一国对人关怀程度的评价体系，该指标体系从五个维度（预防贫困、教育公平、劳动市场包容性、社会凝聚力和公平、代际公平）衡量各国对人的关怀程度，并计算相应得分。现有跨国比较文献多依赖于该指标对各国人类发展程度进行测算。[2] Heba E. Helmy 对 Bertelsmann 的数据进行了提炼与修改，测算了 40 个发展中国家的公平系数，虽然他们将数据进行了标准化处理，同时选取比例数据（单位多为%），但并未考虑该国的发展水平（没有与该国 GDP 相联系），故而仍然是绝对指标。Tridico（2012）在分析新型转型经济体的经济增长问题时考虑到不均衡因素，并用教育（Literacy）、公共投资（Public expenditure）和健康（Life expectancy）来衡量。与 Tridico 的研究相似，联合国开发计划署的人类发展指标（HDI）是另一个被广泛采纳的衡量一国人类发展水平的国际指标，指标由健康长寿（出生时预期寿命）、知识（成人识字率与毛入学率分别占 2/3 和 1/3 权重）、体面生活（人均 GDP）三项指标各占 1/3 权重构成，虽然该指标考虑了国家发展程度（人均 GDP），但却是将国家发展程度作为一个维度加权而构成人类发展指数，仍然是将各次级指标绝对数值加权构成的绝对指标。[3] 遗憾的是，在衡量一国人口发展水平时，现有指标都选用了绝对数值进行衡量。但这种衡量体系并不能真正体现该国对人力资本投入的重视程度，更难以说是对人的发展的关注水平，反而更像是人力资本投入绝对值的代理变量。这样的测量方法存在一定偏差：绝对指标更利于发达经济体的评价，由于长期的经济积累和社会体制建

　　① SGI 数据库，http：//www. sgi-network. org。

　　② Kauder B. ，Potrafke N. Globalization and Social Justice in OECD Countries［J］. Review of World Economics，2015，151（2）：353-376. Merkel Wolfgang，Heiko Giebler. Measuring Social Justice and Sustainable Governance in the OECD［J］. Academy of Sciences of the Czech Republic，2009，87（4）：187-215. Bertelsmann Stiftung. Social Justice in the OECD-How Do Member States Compare? Sustainable Governance Indicators 2011［EB/OL］. https：//www. sgi-network. org/docs/publications/SGl11_Social_Justice_OECD. pdf，2001.

　　③ 可参见历年《人类发展报告》。

设，发达国家人口的受教育程度和人口寿命显然要比发展时间较短的欠发达地区好，但这并不表明欠发达地区就一定不重视人文关怀，也不能表明欠发达地区较发达地区不重视人力资本投入。① 现行测算体系与本书提出的人力资本相对超前投资的概念具有显著差异，本书关注的是国家对于人力资本投入的重视程度，而不仅仅是人力资本积累的绝对数值。人力资本相对超前投资是一个相对指标，而人力资本却未能很好地涵盖这一概念。如果欠发达经济体将其有限的资源更多地投入人力资本中，那么可以认为该国更加注重人力资本投资，如果这一重视程度超过其经济发展阶段人力资本投资应有的平均水平，那么可以认为该国的人力资本投资是超前的。

第二，已有关于国家发展潜力及投资潜力的研究较少关注"人"的因素。此处的"人"既是人力资本的提升（对此因素已有较为深入的研究），更是人对发展的获得感以及自身生存权、发展权的全面保障和提升。发展的核心是人的发展，发展成果应由人民共享。而人的发展离不开社会对人的全面关注和公平社会体系的构建，正如 Abramovitz（1986）所指出的，国家后发潜力的兑现需要"社会能力"的保证，而社会能力包含社会公平性及对社会群体的普遍关注和公平发展。现有研究更多地从经济、资源、制度、区位、人口等指标来衡量发展及投资潜力，对人的因素的考虑尚显不足，尤其是对公平的衡量因素考虑不足，因此，本书依托人力资本相对超前投资指数这一相对值指标，构建国家发展潜力及投资潜力指数，希望能够更多地从人本关怀和公平的视角审视后发国家所具备的发展潜力以及"一带一路"沿线国家的投资潜力。

第三，已有研究中，从人本视角考虑的指标体系的应用十分有限。后发国家发展潜力的相关研究中，更多地关注经济因素，而将该指标应用于非洲的研究则更为鲜见。非洲作为当今经济发展最为活跃的地区，经济社会发展都得到了长足的进步，对非洲的研究，能够更多地衡量后发国家的发展状况，而从人力资本相对超前投资这一注重人本关怀的视角去关注非洲的发展潜力，不仅是对后发地区发展模式的全新探讨，也是中国发展模式的国际推广。同理，现有文献在研究中国"一带一路"投资区域选择时也普遍注重经济实力、政治稳定性、人口因素、市场规模、区域优势等因素，却忽略了其社会背后更为深刻的人本因素。"一带一路"沿线国家涉及较多政治敏感地区，国家的社会稳定性是我国对外投资重点

① 本书的"一国"不仅包括一国政府，而且包括该国的民众及企业等各类社会组织。

考虑要素，现有文献对 OFDI 投资风险研究很多，但都没有探究地区安定背后的深层次因素——人的生存和发展的保障。本书基于人力资本相对超前投资指数构建的国际投资潜力指数更多地衡量了人的因素，从制度背后衡量地区投资潜力，为中国"一带一路"倡议服务。

# 第三章 人力资本相对超前投资指数

所谓"人力资本相对超前投资",即是超越该国发展阶段所应有的人力资本投入水平。① 要实现相对超前的人力资本投入,社会发展成果应惠及更加广泛的民众,在承认社会成员对社会贡献存在差异的前提下,应充分尊重弱势群体成员的基本需求,从而使绝大多数社会成员可以公正地享有生存权和发展权这两大基本权利。换句话说,就是将更大比重的有限资源投入人力资本发展中,体现为社会对最广泛民众的更多关怀。

可见,人力资本投资的超前与否是一个与本国国情高度相关的概念,并非一国人口寿命越长、受教育年限越多,该国就一定重视人力资本投入,而应与该国的发展阶段相结合;可以说最能衡量一国是否坚持相对超前的人力资本投资的是该国对普通大众人本关怀所作的努力程度,这也正符合了中国传统智慧"百善孝为先,论心不论迹,论迹寒门无孝子"。通俗地说,所切"蛋糕"的比例——而不是所切"蛋糕"的大小——更好地衡量了一国人力资本超前投资程度,若国家将更多的精力投入到对人的关怀上,则该国较其他国家而言,具有更多的社会公平感和对人的关注程度,也就有了相对超前的人力资本投资。

本章试图构建相对指标,基于经济发展水平,从对人力资本的重视程度和对人的关怀角度测量一个国家的人力资本相对超前投资水平。将中国与世界各国的人力资本相对超前投资程度进行比较,得出中国人本关怀程度的真实评判。一是分析中国是否有跨越"中等收入陷阱"、保持经济稳定增长的动力;

---

① 本书提出的"人力资本相对超前投资"为相对概念,所谓"相对超前",就是相较于该国所处经济发展阶段的国家平均水平而言,其人力资本投入是高于这一平均水平的。同理,如果该国人力资本投入水平低于其经济发展阶段平均投入水平,那么投入是滞后的。具体概念界定及测算将在本章第二节中做具体阐述。

二是考察中国是否真如西方国家指责所言，对于人的关注不够，不重视人的发展；三是从历史的角度看待中国人力资本相对超前投资随着发展策略的改变所出现的变化，为我国"以人为本"的发展策略提供参考，作为转型发展阶段新动力的思考。

## 第一节　健康、教育是人力资本投资的两个基本要素

自 1990 年起，联合国开发计划署开始发布人类发展报告，从第一份报告关注人类发展选择权开始，每年会有一个突出的主题，到 1997 年，《人类发展报告》（以下简称《报告》）始终将注意力放在贫困问题上，这里的贫困不仅是收入低下，而是广义的贫困，包括人权不被尊重，基本生活条件（水、食品、空气等）不被保障，医疗、教育等生存发展要求不被重视。1998 年，《报告》在对消费权的关注中，着重讨论了基础教育、医疗保障、住房就业等对最低消费以及其对人权发展的影响（李伟峰，2003）。从 2000 年关注人权，到 2001 年关注科技进步对于人类生活的影响，2002 年关注深化民主，[①] 再到近年来，2013 年《报告》放眼全球，关注多元世界的共同进步，该报告承袭了前期报告的一个重要成果，即经济增长并非人类进步的全部，不是衡量一国进步与发展的唯一指标，而应该将关注重心放在对教育、健康、生存技能等方面的扶贫和对人权及自由的提升，只有这样才能保证人类持续进步，这也是世界均衡发展（共同富裕）的保证。2014 年《报告》关注人类生存的脆弱性，尤其是贫困人群的脆弱性，对人类生存空间、生活保证、生命周期、工作压力、社会抗逆力等方面进行了脆弱性评价。而 2015 年《报告》进一步提出各国应为所有人提供平等的工作，重视劳动者的健康、教育、工作能力等人力资本的培养。

综观 20 余年的《人类发展报告》，联合国对于人类关怀和社会发展的关注，虽然每年各有重心，但是其中两点却是不可或缺的：一是对人的生存权利的关注，包括水、空气、土地、基础设施、医疗条件等人类健康基本的保障，本书用预期寿命来测量该维度，预期寿命集中体现了社会对当代人最重要的生存权利的

---

① 受篇幅所限，各年报告内容不再一一赘述。

关注。二是对人力资本获取权利的关注，包括人的平等受教育权、劳动技能的获取以及社会尊严与自由权利的保证，这些权利都可以直接或间接地从教育水平中获取。本书用预期受教育年限来测量人力资本提升，而预期受教育年限也反映了社会对人的长远发展的关注。

　　之所以选择这两个指标，不仅是因为健康、医疗保障权和受教育权是人类发展的基本生存权利，更是衡量社会对人的关怀以及体现国家对人力资本投资关注程度的重要指标。发展不再被简单地归结为经济增长，而是更应该注重人的发展以及发展成果的普遍分享，即人力资本的有效提升以及由此带来社会效益溢出的公平分享。强调发展是"以人民为中心"的发展，社会高效而有质量的发展是人类发展的前提保障；充足的营养、完善的医疗延长了人们的预期寿命，公平地享有教育资源和机会增加了人们受教育年限，进而为个人带来体面的生活和应对各种风险的能力，人力资本普遍提升，并由此带来社会效益的全面发展，这不仅是发展的应有之义，也是人的发展权利（肖巍和钱箭星，2015）。

　　健康是人类发展的前提，更是人类实现自身社会价值、追求社会地位的必要人力资本要素。随着经济的增长，当个人物质资本积累到一定水平之后，更倾向于关注自身健康资本（刘长生和简玉峰，2011）。享有公平的医疗保障，不仅关乎个人的发展，也是涉及全社会和谐发展的重大问题。一个社会具有较长的人口预期寿命，往往意味着这个社会具有较为稳定的社会制度和较为完善的灾害防御体系，同时也说明该社会为其社会成员提供了先进的医疗服务水平，包括发达的医疗技术和健全的医疗保障（张启良，2015）。这样的社会往往更关注其社会成员的发展，保证人人平等地享有幸福且有尊严的生活。

　　从受教育程度来看，一般认为，劳动者从事劳动的复杂程度与其受教育的程度正相关，相应地，受教育程度较高的劳动者所获得报酬也要高于受教育程度相对低的劳动者（王秀刚和程静，2012），这又为劳动者带来了更广阔的发展空间和更完备的生存能力。而具备较高教育水平及生存能力的父母，往往又为子女提供了较优越的受教育环境和机会，进而提升了子女的发展空间（赵丽秋，2006）。此外，教育是工业化国家社会流动的主要通道，获得公平的受教育权利是人们争取自身权利的前提，通过自身努力而拥有尊严且体面的生活，一定人力资本投资得到相应回报是社会公平的体现。因此，个人的受教育年限可以作为教育投入成本，有效地衡量人力资本的投入产出比，受教育年限越长，自然应该获得更多的社会机会、更高的社会收入以及相应的社会地位，而具有越高社会经济地位的社会成员往往认为当前分配状况越具有公正性（李颖晖，2015）。教育的受重视程度可以突出地表现在个人受教育年限上（魏延志，2013）。一国预期受教育年限越长，相应地代表了该国越重视人民的教育水平，人们可以通过教育实现自身价值的提升，并得到相应的社会认可。

基于以上讨论，本书选择出生时预期寿命（Life expectancy at birth）及从小学至大学预期受教育年限（school life expectancy，primary to tertiary）两个维度来计算人力资本相对超前投资指数。[1][2][3]

## 第二节　人力资本相对超前投资指数构建

首先，构建人均 GDP 与预期寿命和预期受教育年限的回归关系，即以人均 GDP 为自变量，分别对预期寿命和预期受教育年限进行回归，并通过回归方程，得出预期寿命与预期受教育年限的拟合值。

考虑到预期寿命的增长会受到人类寿命极限的限制，随着人均 GDP 的增长，预期寿命的增长速度会逐步放缓（苟晓霞，2011）。例如，在人均 GDP 较低的社会，人均预期寿命也往往较低（如 40 岁），此时，通过发展经济将预期寿命提升 10 岁也许不是太难的事情，而随着经济增长，预期寿命必定会增长（如 70 岁），此时，提升同样数量的人均 GDP 就很难将预期寿命提升 10 岁。因此，在构建回归关系时，不能选择线性关系，考虑到预期寿命随人均 GDP 递增并且呈现出增速递减的增长趋势，本书选取对数形式的回归关系。预期受教育年限具有同样的特征。随着人均 GDP 增长，预期受教育年限的增长速率也会逐步放缓，针对这个特点，现有文献在教育水平和经济增长关系的实证分析中，也多采用对数形式的回归模型（陈永清和韦焕贤，2010；刘长生和简玉峰，2011）。因此，构建人均 GDP

---

① 世界银行，世界发展指数数据库：http：//data. worldbank. org/products/wdi。

② 联合国开发计划署人类发展报告数据库：http：//hdr. undp. org/en/data-explorer。

③ 联合国教科文组织 UIS 数据库：http：//data. uis. unesco. org/Index. aspx？DataSetCode＝EDULIT_DS&popupcustomise＝true&lang＝en。

的自然对数对预期寿命和预期受教育年限的回归模型如式 3-1 所示。[①] 图 3-1、图 3-2 分别是 2014 年世界各国人均 GDP 对预期寿命和预期受教育年限的散点图，从图中样本点分布特征也可以直观地看出，回归模型选取对数形式较为合适。[②]

$$\begin{cases} \text{expedu}_i = a + \beta \ln GDP_i + \varepsilon_i \\ \text{explife}_i = \varphi + \lambda \ln GDP_i + \mu_i \end{cases} \qquad (3-1)$$

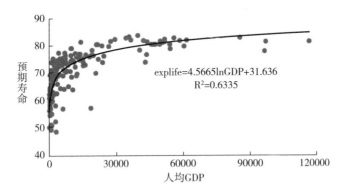

图 3-1　2014 年世界各国人均 GDP 对预期寿命样本分布及拟合结果

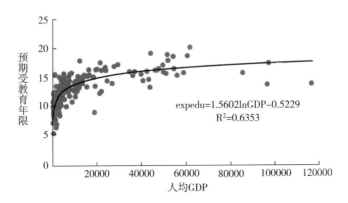

图 3-2　2014 年世界各国人均 GDP 对预期受教育年限样本分布及拟合结果

---

①　通过比较各非线性模型的拟合优度 $R^2$ 可知，对数函数模型的 $R^2$ 最高，说明该回归具有较强的拟合程度。而且更加重要的是，对数函数具有一阶导数大于零、二阶导数小于零的特点。这一方面能保证随着人均 GDP 的增长，人均预期寿命不断增长；另一方面也能保证随着人均 GDP 的增长，人均预期寿命增长速度越来越慢。

②　受篇幅所限，此处仅给出 2014 年数据散点图，其余测算年度样本分布呈同样趋势，不再列举。图中，最高四个样本点（由高到低）依次是卢森堡、挪威、卡塔尔、瑞士。剔除四个离散样本之后重新测算，其函数形式依然遵循对数形式（图 3-1、图 3-2 中 $R^2$ 分别变为 0.625、0.649），且其排名与未剔除离散样本时排名高度相似：相关性检验显示，相关系数为 0.998，P＝0.000，故而可以认为本书指标具有稳健性。

其中，$expedu_i$ 与 $explife_i$ 分别代表预期受教育年限与预期寿命，lnGDP 是人均 GDP 的自然对数值，i 代表国别。通过式（3−1）可以分别得到 $expedu_i$ 与 $explife_i$ 的拟合值 $E（expedu_i）$ 和 $E（explife_i）$，并用真实值与拟合值之差来衡量一国对于人力资本投资的相对超前程度，该国若更注重人力资本投资，更关注人的发展，其真实值会高于平均拟合值，差值为正且较大，反之则较小。而本书在计算人力资本相对超前投资指数（Human Capital Relatively Advanced Investment，HCRAI）时将预期受教育年限差值和预期寿命差值加权相加，但由于两个差值为不同概念的数据，不能直接进行合成，故先对两个差值进行标准化处理，即得到 $S[expedu-E（expedu_i）]$ 和 $S[explife-E（explife）]$，再对两个标准化数值加权相加，即可得各国 HCRAI 指数，考虑到生存是人的最基本权利，是对人的关怀的最基本考量，故而赋予其 70% 的权重，而受教育程度占 30% 权重，[1] HCRAI 指数计算公式如式（3−2）所示[2]：

$$HCRAI_i = 0.3S[expedu_i-E（expedu_i）]+0.7[explife_i-E（ecplife_i）]  \qquad (3-2)$$

值得注意的是，本指标与现有研究测算方法的不同在于构建了相对值代替绝对值，现有研究对于教育和健康的比较多基于绝对值进行分析，而本书是通过计算预期寿命/预期受教育年限与其人均 GDP 的拟合值差异的方法得到 HCRAI 指数的分项数据。简单来说，本书是将一国预期寿命/预期受教育年限与相同发展阶段国家（相同的人均 GDP 的国家）预期寿命均值进行比较。如此便可避免各国发展阶段的差异导致的个体异质性。例如，发达经济体经过长期的经济和社会发展，较新兴经济体具有更好的医疗、教育水平，单纯地比较人口预期寿命和预期受教育年限，其绝对值较欠发达地区有显著优势。然而，绝对数值的优势只能

---

① 本书同时按照健康和教育分别占 60% 和 40% 权重以及两者各占 50% 权重构建 HCRAI 指数，通过对比，我们认为：第一，中国排名出现先上升后下降的"U"形趋势并未改变；第二，中国排名领先于美、英等主要经济体的整体判断没有改变；第三，各权重计算 HCRAI 指数得分高度相关，以 2014 年为例，预期寿命和预期受教育年限分别按照 7∶3 权重与 6∶4 权重计算得分相关性系数为 0.993 和 0.971，且高度显著。因此，所得结论并非权重选定造成的偶然现象，HCRAI 指数计算具有一定的稳健性。

② 本书 HCRAI 指数构建过程中考虑到了比值法计算，其公式为 $HCRAI_i = 0.3\dfrac{expedu_i}{E（expedu_i）}+0.7\dfrac{explife_i}{E（explife_i）}$。之所以选择差值法而非比值法主要是因为，比值法可能会减小人均 GDP 最高的那部分发达国家的得分，从而不利于其排名，而差值法则可以有效避免该问题。同时本书测算了差值法和比值法两种方法计算所得的 HCRAI 指数的相关系数，其相关系数很高，以 2014 年为例，相关系数达到 0.977，且高度显著（P=0.000）这说明两种方法计算所得的 HCRAI 指数具有很高的相似度，从而说明本指标及研究结果具有稳健性，而非特定计算方法所致。

表明该国具有人力资本积累的绝对优势，却无法体现该国更加注重人力资本投资的意愿和倾向。本书的指标避免了"蛋糕"体量的直接比较，而更注重"蛋糕"的分配方式。也就是说，一个较小的经济体，尽管具有相对落后的医疗、教育绝对水平，但只要其对健康、教育的关注程度相对于自身经济发展体量具有较大的比重，就可以说明该社会制度更注重对人的关怀，人力资本投资相对超前。因此，本书 HCRAI 指数能够更准确地描述现阶段各国发展的理念是否更注重人力资本的积累，是否拥有更多人力资本投资的意愿。

本书 HCRAI 指数沿用现有研究做法使用预期寿命和预期受教育年限来分别衡量健康和教育水平，并以此代表社会成员在国家发展中享有的生存权和发展权；基于国家发展阶段对健康和教育指标进行处理，从而构成衡量一国民众在发展中分享程度的相对指标，用民众权益的实际改善这一"结果变量"衡量在该发展阶段下，该国民众在生存权和发展权两大基本权利方面能够更多地分享发展成果。即 HCRAI 指数越高说明在同一发展阶段该国普通民众享有的生存权和发展权越被重视，而这一指数的提高需要一国在经济发展的同时该社会中绝大多数人的预期寿命和预期受教育年限相应程度或更快程度地提升，发展成果为更多人共享，更加重视人的发展和对人力资本积累的相对超前投资。

## 第三节　各国 HCRAI 指数得分及比较分析

根据式（3-2）可以计算出世界各国 HCRAI 指数得分，并以此为依据分析各国对于人的关怀和人力资本投资的重视程度，具体得分如附表 1 所示。关于本书 HCRAI 指数计算结果，有两点需要说明：首先，本书数据是基于各国经济发展阶段计算的相对指标，但其得分与人均 GDP 不相关，相关性检验显示，HC-RAI 指数与人均 GDP 不存在相关性（$\rho = -0.066$，$P = 0.384$，以 2014 年为例）。可以认为，某些发达国家得分较低与其较高的人均 GDP 不相关。其次，考虑到本书 HCRAI 指数与人类发展指数 HDI 均选取了预期寿命和预期受教育年限作为核心指标，故本书分析了两者的相关程度，结果显示两个指标具有一定相关性（$\rho = -0.323$，$P = 0.000$，以 2014 年为例），这也从侧面印证了本书 HCRAI 指数构建具有一定科学性。同时，HCRAI 和 HDI 计算结果及各国排名相差较大，这也说明了 HCRAI 的贡献性。从附表 1 中数据及排名，本书提出的 HCRAI 指数对现有研究及国际时政具有以下几点重要贡献。图 3-3、图 3-4 分别给出 HCRAI 指数与人均 GDP 和 HDI 的关系。

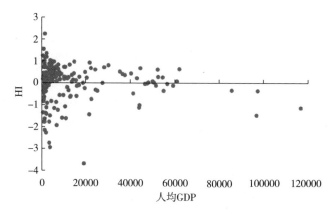

图 3-3　HCRAI 与人均 GDP 的关系

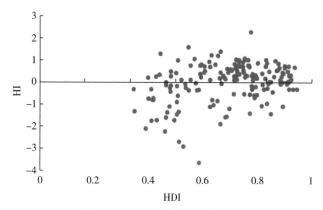

图 3-4　HCRAI 与 HDI 的关系

第一，2014 年中国 HCRAI 指数排名在 174 个国家中位列 62，其排名高于美国（128 位）、英国（107 位）、德国（102 位）、加拿大（101 位）、法国（81位）等西方主要发达国家。2016 年 3 月 10 日，美国等西方 12 国再次在联合国人权理事会以发表联合声明的方式对中国人权发难，而相关指责自 20 世纪 90 年代开始便屡见不鲜。[①] 本书 HCRAI 指数排名清楚地显示，中国在以健康、教育为核心的人力资本上的投资并不比西方国家差。相反，与西方国家相比，中国更加注

_____

① 中方严厉回击 12 国"人权声明"［N］．环球时报，2016-03-12（3）．

重对人的关怀。当然，正如前文所述，此处所指的更加注重人文关怀，并不是我国人口健康及教育水平的绝对高水平，仅以绝对数值相比，中国都低于西方发达国家，如表 3-1 所列 G20 成员国基本状况，我国人口预期寿命和预期受教育年限都低于西方发达经济体。但单纯以绝对值而不考虑一个国家的发展阶段来判断一个国家是否更加关注人力资本投资、是否有人文关怀是不全面的。鉴于中国所处发展阶段，针对其自身人均 GDP 而言，中国将有限资源投入人的发展的比重较大，而西方国家更注重追求经济效率的提升。从得分看，我国较西方国家更注重对人的生存和发展的关注，中国将更大比重的资源投入健康、教育事业，这也是本书 HCRAI 指数中国排名优于西方发达国家的主要原因。

### 表 3-1　G20 成员国 HCRAI 指数比较

| 国家 | 预期寿命（年） | 预期受教育年限（年） | 人均 GDP（美元） | HCRAI 指数 | 排名 |
|---|---|---|---|---|---|
| 阿根廷 | 76.3 | 17.9 | 12510 | 0.861 | 19 |
| 韩国 | 81.9 | 16.9 | 27970 | 0.735 | 30 |
| 澳大利亚 | 82.4 | 20.2 | 61925 | 0.661 | 39 |
| 意大利 | 83.1 | 16 | 34909 | 0.545 | 46 |
| 印度 | 68 | 11.7 | 1582 | 0.503 | 50 |
| 日本 | 83.5 | 15.3 | 36194 | 0.446 | 55 |
| 中国 | 75.8 | 13.1 | 7590 | 0.409 | 62 |
| 墨西哥 | 76.8 | 13.1 | 10017 | 0.297 | 72 |
| 土耳其 | 75.3 | 14.5 | 10515 | 0.289 | 75 |
| 法国 | 82.2 | 16 | 42733 | 0.239 | 81 |
| 巴西 | 74.5 | 15.2 | 11384 | 0.229 | 84 |
| 印度尼西亚 | 68.9 | 13 | 3492 | 0.139 | 92 |
| 加拿大 | 82 | 15.9 | 50235 | 0.048 | 101 |
| 德国 | 80.9 | 16.5 | 47822 | 0.045 | 102 |
| 英国 | 80.7 | 16.2 | 46332 | -0.006 | 107 |
| 沙特阿拉伯 | 74.3 | 16.3 | 24161 | -0.285 | 123 |
| 美国 | 79.1 | 16.5 | 54629 | -0.323 | 128 |
| 俄罗斯 | 70.1 | 14.7 | 12736 | -0.565 | 139 |
| 南非 | 57.4 | 13.6 | 6483 | -1.898 | 169 |

注：①该表包含国家为 G20 成员国（除欧盟）。②表中数据为 2014 年数据。

资料来源：联合国开发计划署 HDI 数据库以及世界银行 WDI 数据库。

第二，本指标并非绝对数值的排名，因此与人类发展指数排名具有较大的出入，全球主要发达经济体在本书 HCRAI 指数排名并不一定高。这与我们现有主观认识存在一定差别。如图 3-5 所示，目前世界上最富有国家（2014 年人均GDP 在 50000 美元以上）的 HCRAI 指数得分除了澳大利亚和冰岛，其余国家并没有其绝对值计算排名那样具有优势，包括斯堪的纳维亚国家（被公认为是高福利、高社会保障）在内的欧美国家得分都排在表 3-1 的后半部分。究其原因，这些国家虽然有发达的健康、教育体系，人口预期寿命和预期受教育年限远高于其他国家（这也是其在人类发展指数中排名靠前的主要原因），但是较其很高的人均 GDP 而言，这些国家对于人力资本的投入比重并不领先于世界。换句话说，这些国家以其较小的 GDP 比重投入便可以维持较高的人口寿命和教育年限，而更大的比重则用来追求经济效益。这类国家表现出来的领先于世界的预期寿命和预期受教育年限更大程度上是其较高的经济发展水平的成果。

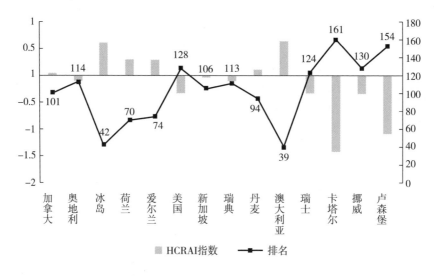

图 3-5　人均 GDP 在 50000 美元以上国家的 HCRAI 指数结果

与此相对应的是，世界主要石油输出国的 HCRAI 指数排名也相对靠后，如表 3-2 所示，除突尼斯、伊朗、厄瓜多尔、阿尔及利亚和埃及外，其余国家的排名都相对靠后，甚至排名末端。而与西方发达国家不同的是，主要石油输出国不仅 HCRAI 指数得分较低，而且绝对指标也不够好，预期寿命和预期受教育年限都远远落后于西方发达经济体。这也从侧面反映出这些国家的经济发展主要依赖于石油这样的自然禀赋，国家的富有并非真正的富有，而是对能源和资源的过度依赖。正是石油这一战略资源的支持，掩盖了这些国家人力资本发展相对滞后的问题，也为其长期经济发展埋下了隐患。

### 表3-2　世界主要石油输出国 HCRAI 指数排名

| 国家 | 预期寿命（年） | 预期受教育年限（年） | 人均 GDP（美元） | HCRAI 指数 | 排名 |
|---|---|---|---|---|---|
| 突尼斯 | 74.8 | 14.6 | 4421 | 1.018 | 9 |
| 伊朗 | 75.4 | 15.1 | 5443 | 1.000 | 13 |
| 厄瓜多尔 | 75.9 | 14.2 | 6346 | 0.775 | 25 |
| 阿尔及利亚 | 74.8 | 14 | 5484 | 0.720 | 32 |
| 埃及 | 71.1 | 13.5 | 3199 | 0.608 | 44 |
| 印度尼西亚 | 68.9 | 13 | 3492 | 0.139 | 92 |
| 利比亚 | 71.6 | 14 | 6573 | 0.116 | 93 |
| 沙特阿拉伯 | 74.3 | 16.3 | 24161 | −0.285 | 123 |
| 巴林 | 76.6 | 14.4 | 24855 | −0.323 | 129 |
| 伊拉克 | 69.4 | 10.1 | 6420 | −0.843 | 148 |
| 阿拉伯联合酋长国 | 77 | 13.3 | 43963 | −0.972 | 150 |
| 科威特 | 74.4 | 14.7 | 43594 | −1.080 | 152 |
| 卡塔尔 | 78.2 | 13.8 | 96732 | −1.430 | 161 |
| 加蓬 | 64.4 | 12.5 | 10772 | −1.582 | 164 |
| 尼日利亚 | 52.8 | 9 | 3203 | −2.696 | 172 |

注：①表中所列国家为石油输出国组织（欧佩克）成员国或前成员国。②表中所列数据为 2014 年数据及计算结果。

第三，中国 HCRAI 指数排名呈现"U"形趋势。[①] 如图 3-6 所示，中国在改革开放前，不断强化对人力资本投资的重视程度，虽受困于国家经济状况，但政府仍将有限的资源用于医疗和教育。中华人民共和国成立伊始，为缓解全国疾病丛生、缺医少药的严重局面，政府高度重视，迅速在全国建设公共卫生体系，形成了遍及全国的卫生防疫网络，有效缓解了地方疾病的发生，妇幼保健问题得到

---

①　在剔除人口至少为 500 万的国家之后，中国 HCRAI 指数排名的变化趋势与之前保持高度一致，仍呈"U"形。

了改善，城市卫生面貌得到了有效提升，城乡环境进一步优化（李玉荣，2011）。在农村普及合作医疗制度，设点到基层，有效预防农村疫情发生，农民得到初级卫生保健服务（曹普，2007）。同时，在边远及乡村地区实行赤脚医生制度，有效地解决了基层群众对医疗服务的迫切需求。联合国也大力赞扬中国这一出色的医疗制度，称其为"发展中国家解决卫生经费的唯一典范"，中华人民共和国成立初期人口寿命也大幅提升。中华人民共和国成立初期，百废待兴、教育优先，培养人才是重中之重。财政资金统收统支（杨会良，2006），虽然存在较大弊端，但也保证了教育资金投入的持续和到位。当时的教育主管部门提出"两条腿走路"，国家与群众办学并举，号召全民办学。在农村及偏远地区，出现了耕读小学、送教上门、巡回小学、马背小学、船上小学以及农业中学等诸多灵活办学形式，有力地促进了我国教育事业的发展（曲铁华和樊涛，2011），大幅提升了全民受教育水平，保障了人人享有受教育的权利。正因如此，在国家财政资金紧张、经济实力不足的局面下，中国人口预期寿命及预期受教育年限得到大幅度提升，HCRAI 指数排名不断攀升。

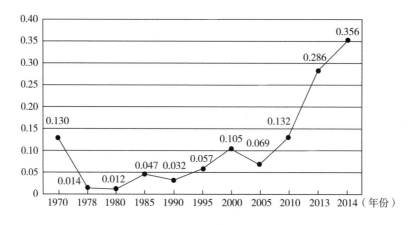

**图 3-6　中国 HCRAI 指数排名变化趋势**

以 1980 年为转折点，我国 HCRAI 指数排名开始下滑，尤其是近年来，下滑速度明显加快。不难看出，中国人力资本投入相对超前的程度从改革开放伊始领先于世界的地位逐步下降到世界中游水平，这一"U"形轨迹与我国改革开放前后所推行的经济政策高度吻合。随着改革开放的深入，国家将工作重心转移到经济建设上，实现了我国经济总量和综合国力的大幅度提升，科技、国防实力显著增强，人民生活实现了从温饱不足到总体小康的历史性跨越。一个人口大国，在如此短的时间内实现快速发展，确实令世人瞩目。然而，伴随中国经济飞速发展，会面临较之前更多的困难和问题。在面对改革开放所取得的诸多成就时，也必须重视发展为我国带来的种种失衡，环境恶化、贪污腐败、社会不公、资源禀赋不足、核心技术落后、贫富分化、社会诚信缺乏、政治体制改革滞后等（方松华和杨起予，2014）。正如本书 HCRAI 指数所显示的结果，我国在注重效率优先的过程中对人本的关怀正逐步弱化，丧失了人力资本投资的相对超前地位。从我国数据来看，预期受教育年限的全球优势逐步丧失是导致排名下降的主要原因。如图 3-7 所示，我国在改革开放前预期受教育年限的增长快于经济发展水平应有的速度；而改革开放之后则恰好相反，我国预期受教育年限的增长速度开始慢于中国经济发展应有的速度，甚至近年来我国预期受教育年限开始低于相同人均GDP 国家的水平。教育，尤其是初等与中等教育的投入不足导致我国 HCRAI 指数排名不断下滑。国家已经认识到过度注重发展速度、忽略人文关怀的增长方式的弊端，在 21 世纪之初便提出"以人为本"的发展理念，党的十八大报告中也强调更自觉地把以人为本作为核心立场，坚持以人民为中心的发展理念；以人为本也贯穿于"十三五"规划建议始末，始终将人本导向作为其第一理念，把人的发展作为经济社会发展的根本出发点和落脚点。

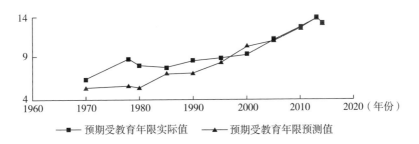

图 3-7　我国预期受教育年限实际值与预测值变化趋势

## 第四节　HCRAI 指数与长期经济增长

改革开放前 30 年，中国的人本关怀以及在人力资本投资中的努力使我国在有限的经济发展条件下，给予人的发展更多的关注和倾斜，而这一发展方式是否对改革开放后中国经济腾飞产生了影响呢？从附表1中可以看出，各国大致可以分为三个组别：①排名前端的国家，多是在20世纪80年代前经济较为落后或刚刚起步的国家，这些国家在之后10~30年中表现出领先于世界经济的增长速度，成为新兴经济体的主要构成；②以欧美发达经济体为主的国家组成1978年榜单的中间段，这些国家在当时已经具备了较强的经济实力，并在之后数十年中保持了平稳的发展进程；③排名末端的国家多是经济欠发达地区，通过我们的计算，很多国家在1980年后的20~30年的发展中出现了负增长现象。具体数据如表3-3所示。

表3-3　1978年各国HCRAI指数及未来30年增长率

| 国家 | 1978年HCRAI指数 | 未来10年增长率 | 未来20年增长率 | 未来30年增长率 | 国家 | 1978年HCRAI指数 | 未来10年增长率 | 未来20年增长率 | 未来30年增长率 |
|---|---|---|---|---|---|---|---|---|---|
| 中国 | 2.447 | 0.021 | 0.019 | 0.018 | 瑞典 | 0.090 | 0.021 | 0.019 | 0.018 |
| 汤加 | 2.146 | 0.024 | 0.028 | 0.021 | 挪威 | 0.075 | 0.024 | 0.028 | 0.021 |
| 古巴 | 1.383 | 0.023 | 0.023 | 0.016 | 丹麦 | 0.069 | 0.023 | 0.023 | 0.016 |
| 巴拿马 | 1.321 | 0.019 | 0.023 | 0.018 | 荷兰 | 0.068 | 0.019 | 0.023 | 0.018 |
| 菲律宾 | 1.180 | 0.030 | 0.024 | 0.020 | 芬兰 | 0.007 | 0.030 | 0.024 | 0.020 |
| 塞浦路斯 | 1.104 | 0.026 | 0.024 | 0.018 | 美国 | -0.068 | 0.026 | 0.024 | 0.018 |
| 马耳他 | 1.014 | 0.008 | 0.003 | -0.018 | 津巴布韦 | -0.081 | 0.008 | 0.003 | -0.018 |
| 泰国 | 0.973 | 0.021 | 0.019 | 0.014 | 法国 | -0.093 | 0.021 | 0.019 | 0.014 |
| 智利 | 0.968 | -0.019 | -0.009 | -0.001 | 委内瑞拉 | -0.167 | -0.019 | -0.009 | -0.001 |
| 约旦 | 0.915 | 0.021 | 0.020 | 0.017 | 比利时 | -0.191 | 0.021 | 0.020 | 0.017 |
| 毛里求斯 | 0.856 | | | | 乌干达 | -0.260 | | | |
| 哥伦比亚 | 0.769 | -0.023 | -0.016 | 0.005 | 赞比亚 | -0.268 | -0.023 | -0.016 | 0.005 |
| 印度尼西亚 | 0.746 | 0.022 | 0.013 | 0.010 | 伊拉克 | -0.273 | 0.022 | 0.013 | 0.010 |
| 阿根廷 | 0.728 | 0.026 | 0.026 | 0.026 | 尼泊尔 | -0.302 | 0.026 | 0.026 | 0.026 |
| 叙利亚 | 0.676 | -0.007 | 0.001 | 0.008 | 洪都拉斯 | -0.356 | -0.007 | 0.001 | 0.008 |
| 以色列 | 0.675 | 0.027 | 0.020 | 0.026 | 摩洛哥 | -0.379 | 0.027 | 0.020 | 0.026 |
| 葡萄牙 | 0.666 | -0.021 | -0.056 | -0.032 | 刚果（金） | -0.438 | -0.021 | -0.056 | -0.032 |
| 肯尼亚 | 0.632 | -0.017 | -0.014 | -0.007 | 中非共和国 | -0.471 | -0.017 | -0.014 | -0.007 |
| 埃及 | 0.627 | -0.016 | -0.011 | 0.010 | 卢旺达 | -0.505 | -0.016 | -0.011 | 0.010 |

续表

| 国家 | 1978年HCRAI指数 | 未来10年增长率 | 未来20年增长率 | 未来30年增长率 | 国家 | 1978年HCRAI指数 | 未来10年增长率 | 未来20年增长率 | 未来30年增长率 |
|---|---|---|---|---|---|---|---|---|---|
| 韩国 | 0.621 | -0.018 | 0.000 | 0.003 | 危地马拉 | -0.511 | -0.018 | 0.000 | 0.003 |
| 西班牙 | 0.574 | 0.050 | 0.043 | 0.033 | 卢森堡 | -0.598 | 0.050 | 0.043 | 0.033 |
| 莱索托 | 0.557 | -0.023 | -0.002 | 0.005 | 马拉维 | -0.603 | -0.023 | -0.002 | 0.005 |
| 墨西哥 | 0.483 | 0.034 | 0.027 | 0.026 | 土耳其 | -0.633 | 0.034 | 0.027 | 0.026 |
| 印度 | 0.398 | 0.002 | 0.008 | 0.007 | 贝宁 | -0.779 | 0.002 | 0.008 | 0.007 |
| 巴基斯坦 | 0.363 | | | | 科威特 | -0.830 | | | |
| 希腊 | 0.319 | -0.132 | -0.067 | -0.050 | 利比里亚 | -1.237 | -0.132 | -0.067 | -0.050 |
| 博茨瓦纳 | 0.291 | -0.005 | -0.001 | 0.004 | 塞内加尔 | -1.258 | -0.005 | -0.001 | 0.004 |
| 爱尔兰 | 0.290 | 0.010 | 0.018 | 0.021 | 布基纳法索 | -1.266 | 0.010 | 0.018 | 0.021 |
| 日本 | 0.273 | -0.039 | -0.022 | 0.006 | 尼日利亚 | -1.315 | -0.039 | -0.022 | 0.006 |
| 意大利 | 0.268 | -0.034 | -0.021 | -0.016 | 科特迪瓦 | -1.392 | -0.034 | -0.021 | -0.016 |
| 基里巴斯 | 0.264 | | | | 阿富汗 | -1.447 | | | |
| 英国 | 0.215 | -0.056 | -0.030 | -0.041 | 阿拉伯联合酋长国 | -1.515 | -0.056 | -0.030 | -0.041 |
| 冰岛 | 0.196 | -0.010 | -0.009 | -0.009 | 加蓬 | -1.535 | -0.010 | -0.009 | -0.009 |
| 所罗门群岛 | 0.182 | -0.017 | -0.023 | -0.006 | 塞拉利昂 | -1.583 | -0.017 | -0.023 | -0.006 |
| 多哥 | 0.161 | 0.008 | 0.011 | 0.016 | 马里 | -1.589 | 0.008 | 0.011 | 0.016 |
| 突尼斯 | 0.129 | 0.046 | 0.035 | 0.024 | 阿曼 | -1.783 | 0.046 | 0.035 | 0.024 |
| 萨尔瓦多 | 0.092 | -0.032 | -0.024 | -0.013 | 尼日尔 | -2.089 | -0.032 | -0.024 | -0.013 |

注：①增长率数据来源于世界银行的世界发展指数数据库。②增长率基期为1980年，未来10年增长率为1980~1990年增长率，以此类推。③各国增长率均以2010年为基期不变价美元计算。④表中国家排序按照1978年HCRAI指数得分由高到低进行。

## 一、模型建立及数据选取

鉴于以上发现以及对于中国改革开放30年经济成就成因的探索，本书检验了HCRAI指数对长期经济增长的贡献。建立模型如下：

$$\text{Growth}_{it} = \alpha + \beta_0 \text{HCRAI}_i + \beta_1 \text{Control}_i + \varepsilon \qquad (3-3)$$

其中，Growth代表增长率，HCRAI代表1978年各国HCRAI指数得分，Control 为控制变量。i 代表国家，t 代表时间，t = 10、20、30。[1] 控制变量选取参照 Summers 和 Heston（1988）以及 Barro 和 Sala-i-Martin（1992）关于跨国经济增长截面回归的研究，以政府实际投资和劳动力增长率为主要控制变量。其中，政府实际投资参照 Summers 和 Heston（1991）的研究，以 1978 年实际国内投资（私人投资加公共投资）与实际 GDP 之比衡量；劳动力增长率参照 Makiw 等（1992）的研究，以 1977~1978 年劳动人口（15~64 岁年龄人口）增长率衡量。参照 Makiw 等（1992）以及 Barro 和 Lee（2001）的研究将人力资本代入回归，以 Summers 和 Heston 所测算的佩恩表（PennWorld Table）中人力资本指数（Human Capital Index）1978 年数值衡量。参考 Barro 和 Sala-i-Martin（2010）以及 Acemoglu 和 Newman（2002）的研究，考虑国家政治形态对长期经济增长的影响，包括法治环境与民主程度。法治环境源自 Knack 和 Keefer 于 1995 年提出的《国家风险指南》（International Country Risk Guide），该数据包含政府稳定程度（Government Stability）、经济社会状况（Socioeconomic Conditions）、投资状况（Investment Profile）等 12 项指标，本书选取 1984 年的法律指标（Law and Order）衡量国家法治状况。民主变量选用 Freedom House 提供的主观量度，包括参政权（Political Rights）和公民自由权（Civil Liberties）两个维度，本书选取 1978 年两项指标的加权平均值衡量国家自由程度。[2] 参考 Barro 和 Sala-i-Martin（2010）的研究，选取 1978 年各国进出口总额与 GDP 之比衡量该国国际开放度，选取女性平均生育次数来反映一国生育率。

## 二、回归及结果分析

根据前文所选变量，HCRAI 指数对长期经济增长的回归结果如表 3-4 所示。

---

① 本书参考 Xavier Sala-i-Martin，Gernot 和 Ronald（2004）衡量长期经济增长时所选指标思路，选取 1980~1990 年、1980~2000 年及 1980~2010 年的人均 GDP 平均增长率作为衡量长期经济增长的被解释变量。同时参考 Barro 和 Sala-i-Martin（1992，2010）、Islam（1995）、Mankiw 等（1992）在关于面板数据经济增长问题中的指标选取方法，选用 1980~1990 年、1980~2000 年以及 1980~2010 年人均 GDP 增长率衡量长期经济增长，并进行稳健性检验。我们认为长期的经济增长具有一定的稳定性，即选取年均增长率和实际增长率对实证的结果并不产生严重影响，回归结果验证了本书在衡量长期经济增长时选取的变量具有一定的合理性。

② 由于该项指标最早统计年限为 1984 年，因此，本书选取 1984 年指标值来衡量 1978 年各国政治状况，由于法治变量具有明显的时间稳定性，因此，该做法也存在一定的合理性，这一做法也与 Barro 和 Sala-i-Martin（2010）的做法相同。

表 3-4  1978 年 HCRAI 指数得分对长期经济增长的回归结果

| 变量 | (1) | (2) | (3) | (4) | (5) | (6) |
|---|---|---|---|---|---|---|
| | 10 年增长率 | 20 年增长率 | 30 年增长率 | 10 年增长率 | 20 年增长率 | 30 年增长率 |
| HCRAI 指数得分 | 0.020*** | 0.017*** | 0.015*** | 0.009 | 0.009** | 0.007** |
| | (0.004) | (0.003) | (0.002) | (0.005) | (0.004) | (0.003) |
| 劳动力增长 | | | | 0.001 | 0.001 | 0.003 |
| | | | | (0.004) | (0.003) | (0.002) |
| 投资率 | | | | -0.072** | -0.029 | -0.014 |
| | | | | (0.033) | (0.025) | (0.019) |
| 法治水平 | | | | 0.005 | 0.003 | 0.003 |
| | | | | (0.004) | (0.003) | (0.002) |
| 民主程度 | | | | -0.025 | -0.009 | -0.005 |
| | | | | (0.022) | (0.016) | (0.013) |
| 国际开放度 | | | | 0.007 | 0.006 | 0.004 |
| | | | | (0.011) | (0.008) | (0.006) |
| 生育率 | | | | -0.009 | -0.008** | -0.009*** |
| | | | | (0.005) | (0.004) | (0.003) |
| 1978 年 GDP | | | | -0.040*** | -0.026** | -0.025*** |
| | | | | (0.014) | (0.011) | (0.008) |
| 人力资本 | | | | -0.012 | -0.011 | -0.011 |
| | | | | (0.012) | (0.009) | (0.007) |
| 常数项 | 0.011*** | 0.014*** | 0.015*** | 0.251*** | 0.171*** | 0.152*** |
| | (0.004) | (0.003) | (0.002) | (0.067) | (0.049) | (0.038) |
| 观测值 | 68 | 68 | 68 | 49 | 49 | 49 |
| $R^2$ | 0.242 | 0.308 | 0.345 | 0.451 | 0.498 | 0.604 |

注：①***、**、* 分别表示在 1%、5%、10% 显著性水平下通过检验。②括号内数字为标准差。

由表 3-4 结果可知，HCRAI 指数得分对长期经济增长具有正向促进作用，若一国的 HCRAI 指数得分越高，则该国具有相对超前的人力资本投资，即更多的对人的关注，维系长期经济增长的潜力较大。我们不难得出结论，人力资本的相对超前投资有利于一国经济的持续增长，一个真正可持续发展的社会应该注重人的全面发展。经济发展是人的发展的前提和基础，而人的发展则是经济发展的根本目的和有力保障（张小媚，2010）。在保证人的全面发展的基础之上，我们有理由相信，这样的社会具备持续发展的潜力。

在表 3-4 的控制变量中，投资率对未来 10 年的经济增长具有负向作用。这也从侧面验证了一次性投资对短期经济增长可能具有一定的拉动作用，但是对长期经济增长却可能起到负向作用（刘向农，2002）。从人口规模对经济增长的影响来看，以生育率衡量的人口增长状况对长期经济增长产生负向影响，负的回归结果表明，人口规模越大的国家，越不利于其经济增长。现阶段，学术界对于人口增长对经济增长的影响尚不存在统一观点，悲观派认为，由于过大的人口负担和过度占用资源，快速的人口增长是"贫困化的增长"（杜鹏等，2010）；乐观派认为，人口增长可以刺激需求和投资（桂世勋，2008），带来规模效应，为经济增长提供必要的人口红利，同时迫使技术和体制不断创新（左学金，2012）。此外，也有许多学者认为，人口增长对经济增长没有显著的作用（李建新，2009；杨菊华，2009）。考虑到本书只是选取了人口总体规模进行考察，没有引入人口结构及质量因素，故并不能得出人口增长对经济增长一定产生负向影响的结论，当然，这也并非本书的核心议题，这里我们只是指出，相较于人力资本相对超前投资对经济长期增长所起到的显著积极作用而言，人口负担可能会是一个不利于经济长期增长的因素。此外，初始经济发展程度对长期经济增长速率起到负向作用，这与 Barro 和 Sala-i-Martin（1991）以及 Makiw 等（1992）研究中所提出的条件收敛相符，他们认为，其他变量保持不变时，更高的经济增长对应于相对较低的初始经济水平。表 3-4 中其他控制变量并不显著，从其结果可知：①HCRAI 指数相较于国家环境变量（法治水平、民主程度和国际依存度）以及人力资本变量具有更为明显的长期经济增长拉动作用；②各控制变量与长期经济增长单独回归时均呈现显著作用，因此不能认为其对长期经济增长不具备影响力，只是相对而言，HCRAI 指数对长期经济增长具有更明显的作用；③由于数据的可获得性和工具变量选取的困难，本书的研究重心并不是讨论人力资本相对超前投资对经济增长的贡献究竟有多大，而是探讨相对超前的人力资本投资是否影响长期经济增长，如实证结果所示，人力资本超前投资的发展方式相较于单纯依靠物质积累、投资、外需拉动等发展方式对长期经济增长具有更显著的促进作用。这也从侧面印证了短期内依靠投资和出口拉动经济高速增长的方式很难持续，投资和出口依赖型经济需要向更科学、更合理的经济增长方式转变。

### 三、对中国持续发展的启示

通过分析可知，中国在改革开放前 HCRAI 指数的高得分和之后 30 年的经济腾飞不无关系，甚至可以认为，我国改革开放的高速增长的原因中有很重要的一部分原因应归于之前时期在人力资本超前投资方面所做的努力，前30年的人力资本积累为后30年的持续增长提供了物质和体制基础，也印证了两个30年的连贯性。值得指出的是，本书并不否认政府投资和外资在改革开放进程中所起到的作用。我国依靠政府的宏观调控，实现了工业化的快速发展，科技、国防、基础设施建设均取得了长足进步，通过对外开放战略，吸收国外先进技术并进行转化、创新，积极参与国际合作与竞争，这些都大大增强了我国的综合国力与国际竞争力。但是，随着我国经济的快速发展，高投资、高外向型经济增长方式带来的弊端不断显现，产能过剩、资源掠夺、核心技术不足、产业结构不合理、贫富差距拉大、社会矛盾凸显等，迫使我们去思考一种新的、可持续的发展模式。自21世纪以来，"以人为本"不断出现于各发展规划及政府工作报告中，对"人的发展"的关注不断提升，"人"是发展的核心载体，只有人的不断进步与发展，才会带来社会的稳定和财富的合理积累，发展不仅是经济的增长，更是文化、制度和社会的发展。这也是本书所要指出的：以人为本的发展方式，更注重对人的关注，保证人的公平权益和自由发展权利，是一个社会稳定、持续的发展方式。若想成功跨越"中等收入陷阱"，需要更加注重"以人为本"。

必须指出的是，相较于物质资本积累和效率提升，对人的关注和人力资本的超前投资是更加不易的发展道路，但却是行之有效的发展动力。不是任何一国政府都可以如中国政府般经年累月地实现人力资本相对超前投资，人们更容易因短期利益而摒弃较难实现的长期利益。中国的发展走出了一条与西方先物质积累后人类发展所不同的道路，人力资本的相对超前投资为改革开放腾飞释放了巨大动能，这也是中国得以保持长期经济增长的重要因素。

# 第五节　本章小结

通过构建以各国发展水平为参照的 HCRAI 指数，本章进行了纵向和横向的比较，以期得到各国人力资本相对超前投资程度的客观评价。通过本章研究，我们得出以下结论与政策建议：

第一，中国对人力资本投资的重视程度及对人的关怀程度并不弱于西方发达国家，甚至要远远高于以英国和美国为代表的发达经济体。任何社会都应遵循其发展规律，中国作为新兴发展中国家，其发展过程势必会面临许多社会问题，加之起步晚、时间短，我们在人力资本积累上与西方发达国家之间确实存在不小差距；但是，我国较西方国家更注重对人力资本的投入比重。虽然我国人口寿命和受教育年限不如发达经济体，但是我国的发展理念更加注重人，更加以人为本。西方国家的衡量标准恰恰忽略了相对比重，而夸大绝对数值的差距。我国应对这一偏颇的衡量标准（如 WHO 成员国卫生筹资和分配公平性排序①）做出回应，向世人展示一个较西方更和谐的社会形象。

第二，本章的结论印证了中国前后两个 30 年发展的连贯性。改革开放前 30 年为中国经济腾飞创造了良好的人力资本基础。中华人民共和国成立以来，国家在极其困难的情况下，对于教育和医疗条件的改善做出了不懈努力，对人的关怀水平不断提高，我国 HCRAI 指数稳步上升，至改革开放前夕已跃居世界前列。改革开放后 30 年中国取得的令世人瞩目的成绩，与前 30 年的积累密不可分。正像本章所印证的那样，人力资本相对超前程度，即本书 HCRAI 指数得分的高低对经济长期增长具有显著的正向影响。一个国家越关注人民的生存质量和发展空间，就越具备经济长期稳定增长的潜力。我国在 1980 年排名世界第一的 HCRAI 指数得分和之后 30 年的高速经济增长，很好地验证了"以人为本"发展思路对经济保持持续高速增长的重要性。我国改革开放前 30 年发展是后 30 年发展的重要基础，后 30 年快速增长是前 30 发展的有效延续。

第三，我国"U"形的 HCRAI 指数得分趋势与发展中不断涌现的经济、社会问题要求我们必须思考经济发展方式的转变。以效率优先和 GDP 标准为目标的发展模式虽然迅速提升了我国的经济总量，但是总量提升的背后却是质量的滞后。面对跨越"中等收入陷阱"的经济换挡期，寻找新的经济增长动力和可持续的经济增长方式迫在眉睫。而本章研究结果也表明，相对超前的人力资本投资对经济持续增长具有显著推动作用。国家也适时地提出了"以人为本"的发展理念，而"以人为本"中的"人"更应该指弱势群体和保证该群体的基本民生，保证人人享有平等权利和生存自由，维护社会公平正义与和谐稳定。

第四，作为经济增长的重要投入要素，人力资本的提升是实现我国供给侧改

---

① 2000 年，WHO 进行的成员国卫生筹资和分配公平性排序中，中国位列 191 个成员国的倒数第四，且近年来排名始终未有明显改善。

革的有效途径。而人力资本提升不仅指劳动力数量的增加，更是人口质量的提升。因此，我国下一步的发展应该更注重人口质量，即更加注重以人为本的发展思路。从本章结论可知，HCRAI 指数对经济长期增长具有正向推动作用，而预期寿命和预期受教育年限是 HCRAI 指数的核心指标。以人为本的发展理念要求我们注重人口健康水平和整体受教育水平。而中国之所以会出现"U"形的 HC-RAI 指数排名，主要是因为教育水平已经低于与我国人均 GDP 相近的国家的平均水平。因此，下一阶段我国的发展重心应该是提升教育水平和人口受教育年限。其中，尤以基础教育发展为重中之重。现阶段，我国义务教育存在较为突出的不公平、不均衡现象，地区之间、城乡之间、学校之间教育资源分配不均衡，导致弱势群体（以农村及偏远地区人群为主）不能享有公平的受教育权。此外，我国教育投入也严重不足，世界上已有 170 多个经济体实施了义务教育或免费教育，尽管经济实力有限，许多不富裕的国家也在积极推动免费教育。而中国作为第二大经济体，已经具备推广十二年义务教育的客观条件，且教育是提升人力资本和提高 HCRAI 指数的重要且有效途径，因此，在全国推广十二年义务教育应该被提上日程，这也是提升我国 HCRAI 指数，进而增强社会公平性和经济增长潜力的重要途径。

第五，考虑到 HCRAI 指数是长期经济增长的重要影响因素，我国在推进"一带一路"倡议时，应更加注重与 HCRAI 指数得分较高的"一带一路"沿线国家的关系，如尼泊尔、伊朗、塔吉克斯坦等国。这些国家虽然经济发展程度有限，但是人力资本投资相对超前，更加注重人的发展，具备社会进步、经济增长的潜力，与我国下一步以人为本的发展战略吻合，应该作为重点合作伙伴。

# 第四章　从人力资本相对超前投资到投资潜力

　　第三章对人力资本相对超前投资的概念、指标构建以及跨国测算进行了详细阐述。人力资本在经济增长理论中始终占有重要地位，古典经济增长理论中劳动作为重要的资源投入与资本和土地被共同列入增长模型，虽并未强调人力资本的重要性，但却强调技术对于经济增长的重要性，而技术取决于知识的增加与应用，因而教育对于经济增长具有举足轻重的作用（陈洪安和曾招荣，2009）。随着实践的发展，经济学家发现，经济要素投入率与经济增长率并非完全对应，对这一"余值"进行探讨的过程中产生了人力资本的概念，强调劳动力投入不仅是绝对数值的积累，更是劳动者素质的投入——基于教育水平和健康水平的劳动者素质（Romer，1986；Lucas，1988）。随后的研究中，学者对人力资本投入与经济增长的关系进行了长期的研究，但纵观经济增长发展历史，在分析人力资本投资对经济增长的影响时，普遍比较关注人力资本投资的绝对数量，而忽略了人力资本投资与经济发展阶段的相对关系。本章将基于该相对指标，结合后发优势理论及投资理论，构建国家发展潜力指数及国家投资潜力指数，以期能够从人力资本相对超前投资的视角去探讨国家发展的潜力以及其所具备的投资潜力。

# 第一节　国家发展潜力指数

## 一、国家发展潜力指数（DPI）构建

新经济增长理论（Romer，1986；Lucas，1988；Barro，1990；Aghion and Howitt，1992）认为，人力资本投入是经济增长的核心要素（Barro and Sala-i-Martin，1992；Barro，1997；Acemoglu and Johnson，2007；Madsen et al.，2012），而人力资本投入的核心要素又是健康和教育，其中健康作为人类发展权的保证尤为重要，良好的健康状况可以保证知识和技术的积累，带来更多的教育投入，进而带来收入的增加、就业率的提升以及经济的增长（Ngangueand and Manfred，2015）。与此同时，越来越多的学者认识到，效率优先、速度至上的发展理念带来的社会公平缺失和对人权的忽略已经影响到国家的可持续增长能力。单纯的经济增长也并非经济发展的完整之义，经济发展是人的发展的前提和基础，而人的发展则是经济发展的根本目的和有力保障（张小媚，2010），失去对人的关怀和对社会公平的关注，单纯的经济增长就失去了其应有之义。如始于20世纪90年代的中高速增长并未能改变非洲相对落后的整体面貌，一半左右的非洲民众仍然生活在贫困线以下，贫困人口不降反增，单纯的经济增长未能促进普通民众公平享有生存权和发展权的改善，经济增长带来的简单数字增加也未能惠及更广大非洲民众（张忠祥，2016）。

故本书认为，人力资本相对超前投资代表了国家对于民众的关怀程度，能够使本国民众更公平地享有较高质量的健康和教育服务，由此带来的人力资本质量的提升和涵盖更广泛民众的社会公平的改善为经济发展提供了潜在动力。

国家人均GDP与美国的差距是一国经济发展潜力的另一重要决定因素。后发优势理论认为，各国发展的起点不同，落后国家希望更快速发展的强烈愿望促使其在前人的基础上另辟蹊径和创造条件，选择更适合自身的发展方式，通过引进先进国家的技术、设备和资金实现更快的增长速度（Gerschenkron，1957）。Nelson和Phelps（1966）也证明，一个后进国家技术水平的提高能力同它与技术前沿地区的技术差距成正比，这一差距使后进国家技术进步速度常常高于先发

国。Levy（1966）从现代化的视角分析了后发国家与先发国家在经济发展前提条件上的异同，认为后发国家与先进国家的现代化进程面临着不同的发展条件，后发国家在现代化过程中不必照搬发达国家模式，必须考虑自身实际情况。Abramovitz（1986）的"追赶假说"认为，一国经济发展的初始水平与其经济增长速度呈反向关系，初始水平越落后，经济增长越快。趋同理论也认为，在资本边际报酬递减规律的作用下，欠发达国家的资本积累速度应该比发达国家的资本积累速度快，欠发达国家的经济增长速度应该大于发达国家的经济增长速度，从而最终会发生欠发达国家的人均收入水平向发达国家人均收入水平收敛的现象（Solow，1956；Barro and Sala-i-Martin，1991）。由此可知，暂时的落后也可以理解为发展的可能，以前人的发展为借鉴，借助已有技术水平和资源积累水平，选择正确的发展道路，即可能实现跨越式发展和后发追赶。

因此，本书测算的各国发展潜力指数为：

$$DPI_i = HCRAI_i + S(pGDP_{us} / pGPD_i) \tag{4-1}$$

其中，$pGDP_{us}$ 与 $pGPD_i$ 分别代表美国人均 GDP 及 i 国人均 GDP，两者比值标准化后与 HCRAI 指数共同构成发展潜力指数的两个维度。

需要说明的是，发展潜力并不意味着实际发展能力，本书为后发国家提供了一条发展思路，即通过加强对人的关怀，加大人力资本投入，实现人力资本快于经济发展阶段的相对超前投资，将现阶段巨大的经济发展差距转化为潜在的经济增长动力。发展潜力越大，说明：①本国具有较为超前的人力资本投资，更加关注人民的效用及社会的公平；②本国与美国存在较大的经济差距，如能实现稳定的超前人力资本投资，则其发展空间巨大。

## 二、各国 DPI 得分比较分析

根据式（4-1）可以计算出世界各国发展潜力指数（DPI）得分，并以此为依据分析各国在重视人本关怀和人力资本投入的前提下所具备的发展潜力，具体得分如附表 2 所示。关于本书 DPI 计算结果有两点需要说明：首先，本书国家发展潜力指数是人力资本相对超前指数（HCRAI）和人均 GDP 与美国差距加权而得的指标，指标继承了 HCRAI 相对指标的特性，通过衡量国家对人本关怀和社会发展的重视程度来反映国家所具备的发展潜力，通过计算亦可知，该指标与国家的积累与发达程度不相关，即并非一国现阶段积累越多其就具备越好的发展潜力，潜力在于对本国民众关怀的努力程度。其次，DPI 指数的核心指标来源于该国与美国人均 GDP 比值倒数，但其得分与人均 GDP 不相关，相关性检验显示，DPI 指数与人均 GDP 不存在相关性（$\rho = -0.042$，$P = 0.554$，以 2015 年为例）。可以认为，人均 GDP 与美国存在较大差距虽然是一国发展潜力的必要补充，但却不是其发展潜力较高的充分条件。从附表 2 中的数据及排名可以看出，本书提出的 DPI 指数对现有研究及国家间发展问题具有以下几点重要贡献：

第一，2015 年中国 PDI 得分在 185 个国家中居第 97 位，处于中游水平，但却好于日本（109 位）、法国（111 位）、英国（126 位）、加拿大（131 位）、德国（135 位），美国（156 位）等主要发达经济体，经济发展潜力较强。如表 4-1 所示，中国在 G20 国家中居第 7 位，前 6 位国家中，除去居首位的印度由经济水平的巨大差距带来了发展潜力的巨大优势外，其余各国 2015 年人力资本相对超前投资指数得分均优于中国，对人本关怀的重视带来了该国潜在的发展空间。尤其是澳大利亚，2015 年，其 HCRAI 得分在 185 个国家中居第 5 位，相对超前的人力资本投资使其在高水平发展阶段仍存在较大的发展潜力。相反，排名后几位的国家，HCRAI 得分及排名均不理想，在人均 GDP 达到一定水平之后，简单的资源投入型发展方式已经难以为其持续性发展提供空间，而对人本关怀力度的欠缺阻碍了其在进入较高水平发展之后实现进一步的增长。

表 4-1 G20 成员国国家发展潜力指数（PDI）比较

| 国家 | HCRAI | 人均 GDP 比值（标准差） | PDI | 排名 |
|---|---|---|---|---|
| 印度 | 0.329 | 0.275 | 0.604 | 39 |
| 澳大利亚 | 1.213 | -0.698 | 0.515 | 44 |
| 阿根廷 | 0.560 | -0.609 | -0.050 | 85 |
| 韩国 | 0.594 | -0.667 | -0.074 | 90 |
| 意大利 | 0.594 | -0.673 | -0.080 | 91 |
| 巴西 | 0.449 | -0.543 | -0.094 | 92 |
| 中国 | 0.360 | -0.527 | -0.168 | 97 |
| 墨西哥 | 0.336 | -0.554 | -0.218 | 101 |
| 日本 | 0.413 | -0.680 | -0.267 | 109 |
| 法国 | 0.403 | -0.683 | -0.280 | 111 |
| 印度尼西亚 | -0.048 | -0.244 | -0.293 | 114 |

| 国家 | HCRAI | 人均 GDP 比值（标准差） | PDI | 排名 |
|------|-------|------------------------|-----|------|
| 土耳其 | 0.261 | −0.580 | −0.319 | 116 |
| 英国 | 0.281 | −0.690 | −0.409 | 126 |
| 加拿大 | 0.223 | −0.690 | −0.467 | 131 |
| 德国 | 0.193 | −0.688 | −0.495 | 134 |
| 俄罗斯 | −0.184 | −0.555 | −0.738 | 147 |
| 美国 | −0.348 | −0.698 | −1.046 | 156 |
| 南非 | −1.308 | −0.447 | −1.754 | 174 |
| 沙特阿拉伯 | −1.117 | −0.649 | −1.766 | 175 |

注：①该表包含国家为 G20 成员国（除欧盟）。②表中数据为 2015 年数据。

资料来源：根据联合国开发计划署 HDI 数据库以及世界银行 WDI 数据库的数据计算而得。

第二，从附表 2 可知，国家发展潜力指数得分取决于人力资本相对超前投资及发展差距水平两部分得分，部分国家得分较高是因其更加重视人本关怀，这部分国家的 HCRAI 排名高于其 DPI 排名，具备发展潜力向发展能力转换的先决条件——人力资本的相对超前投资，本书称之为"潜力兑现国家"，HCRAI 排名高于 DPI 排名越多，我们有理由认为其兑现发展空间的潜力越大；反之，则越难以将发展空间转变为发展能力，这些国家为"潜力消耗国家"，该类国家的发展潜力得分较高更多地取决于其与发达经济体（本书以美国为基准）之间存在的巨大发展差距，该差距为这些国家提供了发展的潜在机遇，但是其兑现潜力的社会能力——人本关怀和公平正义的维护——尚待培育，现阶段难以实现真正的发展，巨大的发展潜力无法兑现。

表 4-2 为 2015 年国家发展潜力前 30 位国家的兑现能力，其中，"潜力兑现国家"9 个，"潜力消耗国家"21 个，足见国家发展潜力向发展能力过渡并非易事，多数国家具备发展的潜力空间，却没有将空间兑现的社会能力。纵观"潜力兑现九国"，以（前）社会主义国家为主，其更加注重社会公平的发展理念与西方更加注重效率的发展理念形成鲜明对比，人力资本的相对超前投资为这些国家提供了兑现发展潜力的可能。反观"潜力消耗国家"，包括布隆迪（−98）、马拉维（−38）、马达加斯加（−17）、尼日尔（−146）、中非共和国（−165）、多哥（−92）、刚果（金）（−123）等 16 个撒哈拉以南非洲国家，以及阿富汗（−78）、

柬埔寨（-14）等政治、经济环境不稳定国家，这些国家处于最为贫穷的阶段，且发展乏力。与发达经济体之间存在的巨大发展差距成为其可能的后发优势与赶超空间，如果能够寻求有效的发展路径，那么其发展潜力巨大。但遗憾的是，这些国家并未能够为本国人民提供更好的生存与发展空间，人力资本投资相对滞后，如尼日尔、中非共和国、莫桑比克、布基纳法索、乌干达、比绍等国，2015年 HCRAI 指数得分均位于榜单后 1/3 部分。对人本关怀程度的不足直接影响了这些国家的发展，巨大发展空间无法兑现。这些国家下一阶段的发展应该更加注重人的发展，为自身将发展潜力转变为发展能力提供高质量的人力资本资源。

表 4-2　2015 年国家发展潜力前 30 位国家的兑现能力

| 国家 | HCRAI | HCRAI 排名 | PDI | PDI 排名 | 兑现能力 |
|---|---|---|---|---|---|
| 塞拉利昂 | 2.644 | 1 | 4.677 | 3 | 2 |
| 尼泊尔 | 1.183 | 7 | 2.610 | 7 | 0 |
| 吉尔吉斯斯坦 | 1.156 | 8 | 1.864 | 14 | 6 |
| 塞内加尔 | 1.030 | 12 | 1.659 | 17 | 5 |
| 孟加拉国 | 0.956 | 15 | 1.558 | 18 | 3 |
| 圣多美和普林西比 | 1.210 | 6 | 1.480 | 20 | 14 |
| 越南 | 1.269 | 4 | 1.322 | 24 | 20 |
| 尼加拉瓜 | 1.037 | 11 | 1.086 | 28 | 17 |
| 乌克兰 | 1.053 | 10 | 1.083 | 29 | 19 |
| 阿尔巴尼亚 | 1.368 | 3 | 1.048 | 30 | 27 |
| 斯洛文尼亚 | 2.415 | 2 | 5.048 | 1 | -1 |
| 布隆迪 | 0.133 | 100 | 4.692 | 2 | -98 |
| 马拉维 | 0.569 | 42 | 4.278 | 4 | -38 |
| 马达加斯加 | 0.839 | 22 | 4.113 | 5 | -17 |
| 尼日尔 | -0.701 | 152 | 3.007 | 6 | -146 |
| 中非共和国 | -1.471 | 173 | 2.420 | 8 | -165 |
| 多哥 | 0.124 | 101 | 2.252 | 9 | -92 |
| 阿富汗 | 0.211 | 88 | 2.210 | 10 | -78 |
| 刚果（金） | -0.323 | 134 | 2.183 | 11 | -123 |
| 卢旺达 | 0.574 | 41 | 2.107 | 12 | -29 |

续表

| 国家 | HCRAI | HCRAI 排名 | PDI | PDI 排名 | 兑现能力 |
|------|-------|-----------|-----|---------|---------|
| 塔吉克斯坦 | 0.988 | 14 | 2.012 | 13 | −1 |
| 埃塞俄比亚 | 0.055 | 106 | 1.821 | 15 | −91 |
| 莫桑比克 | −0.552 | 144 | 1.766 | 16 | −128 |
| 布基纳法索 | −0.557 | 145 | 1.512 | 19 | −126 |
| 乌干达 | −0.255 | 130 | 1.401 | 21 | −109 |
| 比绍 | −0.605 | 147 | 1.386 | 22 | −125 |
| 利比里亚 | −0.169 | 123 | 1.383 | 23 | −100 |
| 贝宁 | −0.015 | 116 | 1.310 | 25 | −91 |
| 柬埔寨 | 0.578 | 40 | 1.234 | 26 | −14 |
| 冈比亚 | −0.429 | 138 | 1.126 | 27 | −111 |

注：①该表包含国家为国家发展潜力得分前 30 位国家。②表中"兑现能力"是 PDI 排名与 HCRAI 排名差值。

资料来源：根据联合国开发计划署 HDI 数据库以及世界银行 WDI 数据库的数据计算而得。

第三，如图 4-1 所示，中国发展潜力指数随人力资本相对超前投资水平变动而变动，且呈 "U" 形变动趋势。改革开放前，中国 HCRAI 得分改善先于 DPI 改善，人力资本相对超前投资推动了中国发展潜力的提升，这也印证了中国前 30 年的积累为中国持续地将发展潜力转变为发展能力提供了人力资本的储备。随着改革开放的深入与中国经济发展水平的快速提升，中国 DPI 得分下降趋势逐步快于 HCRAI，这主要源于中国经济水平的快速提升导致的中国与美国人均 GDP 差距缩小，发展差距给中国带来的后发空间被逐步蚕食。与此同时，HCRAI 得分下降也表明，中国在改革开放过程中注重提升效率的同时也相对忽视了对人本的关怀和社会公平体系的建设。与中国经济同步快速增长的是社会公平程度的下降和个体间获得差异的扩大，民众平等的生存权和发展权未能被高度重视，经济增长至上的理念使中国在发展空间逐步缩小的过程中发展能力受到挑战。传统的发展模式已经不足以支撑中国经济下一个 40 年的持续发展。"以人为本"的发展理念及"绿色发展""科学发展"被提上日程，在发展差距逐步缩小的过程中，将发展潜力兑换成发展能力更需要人力资本相对超前投资。

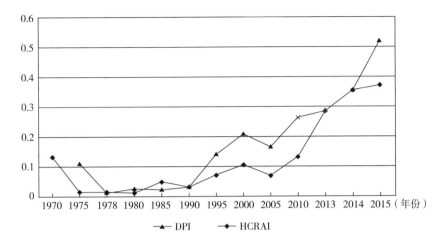

图 4-1　1970~2015 年中国 HCRAI 及 DPI 变动趋势

# 第二节　国家投资潜力指数

## 一、国家投资潜力指数（IPI）构建

东道国吸引国际投资与其自身所具备的发展优势紧密相关，而这种发展优势主要表现在两个方面：一是以资源和劳动力为表征的比较优势，即现阶段的发展状况及能力；二是以市场规模为特征的潜在优势（冯伟等，2011）。前者可以归结为现有的国家投资潜力。一国投资潜力与该国人力资本成正比，并非所有国家都可以承接投资国投资并进行有效吸收，这需要东道国具备一定的人力资本水平，从而胜任投资项目的生产和转化（Bagchi-Sen and Wheeler，1989）。Stewart（2000）认为，人类发展水平较高的国家一般具有较强的创新能力，这是吸引外资的重要资源。因此，本书测算的以人力资本超前投资为基础的发展潜力指数对投资潜力评估具有重要意义。

投资理论指出，东道国吸引投资的能力与经济发展程度密切相关。伴随着国家经济实力的增强，当地产业规模效益、劳动力供给能力及劳动力整体素质、东道国治理能力、基础设施建设情况（Coughlin et al.，1991）和政府招商引资力度（Ohmae，1995；Dunning，1998）以及经济的发展水平（Bagchi‐Sen and Wheeler，1989）都会有明显的改善，这些因素都是国际投资选择投资目的地的重要影响因素（Vanhonacker and Pan，1997）。其中，Dunning（1998）指出，一个地区能否持续吸引外商投资，关键在于该地区的经济发展水平、经济发展活力等。他提出了国际投资阶段理论，并将国家投资状况按照经济发展水平分为五个阶段，对相对落后的国家而言，有效提升经济水平是吸引国际投资的重要途径。由此可见，国家经济实力决定了该国吸引投资的整体潜力。

以市场规模为特征的潜在优势则说明市场规模是吸引投资的重要影响因素。现有研究指出，跨国企业往往选择市场规模较大的国家或地区进行投资（Helpman，1984；Hortsmann and Markusen，1992；Chadee，2003；Majocchi and Strange，2007；徐康宁和陈健，2008；何兴强和王利霞，2008）。市场规模又可能受到以下因素的影响：一是家庭自给程度，自给程度越高，社会分工越少，市场规模越难以实现；二是人口数量，大规模的人口是市场规模化生产的前提，许多国家的市场规模有限都是受人口规模的拖累（Lewis，1984）。由此可见，人口规模即是潜在的规模，具有较大人口基数的国家往往会被认为具有巨大市场潜力而被作为投资重点区域。与此同时，人口数量的优势也往往意味着丰富的劳动力供给，其所蕴含的劳动力成本优势也是国际投资的重要影响因素（Helpman，1984；Hortsmann and Markusen，1992；David，2003；陈平和欧燕，2011；明洁和陈妹妹，2013）。故而东道国人口数量被认为是潜在的投资潜力所在。

由此本书认为，国家投资潜力应以国家长期、稳定的发展能力为基础，以国家所处经济阶段为现实吸引力，以人口规模为潜在市场，包括国家现阶段和潜在的投资潜力，各国投资潜力指数公式为：

$$\text{IPI}_{\text{Ni}} = \left( \frac{\text{DPI}_i - \text{DPI}_{\min}}{\text{DPI}_{\max} - \text{DPI}_{\min}} + 1 \right) \times \left( \frac{\text{GDP}_i - \text{GDP}_{\min}}{\text{GDP}_{\max} - \text{GDP}_{\min}} + 1 \right) \qquad (4-2)$$

$$\text{IPI}_{\text{Fi}} = \left( \frac{\text{DPI}_i - \text{DPI}_{\min}}{\text{DPI}_{\max} - \text{DPI}_{\min}} + 1 \right) \times \left( \frac{\text{POP}_i - \text{POP}_{\min}}{\text{POP}_{\max} - \text{POP}_{\min}} + 1 \right) \qquad (4-3)$$

其中，DPI 为本书所测算的发展潜力指数，$\text{GDP}_i$、$\text{GDP}_{\max}$ 和 $\text{GDP}_{\min}$ 分别为 i 国 GDP 值、样本国家中 GDP 最高和最低国家的 GDP 值。同理，POP 代表总人口。式（4-2）从经济发展规模维度考察各国现阶段投资潜力，式（4-3）则以人口规模反映市场潜力，从而衡量潜在的国家投资潜力。①

## 二、各国 IPI 得分比较分析

根据式（4-1）可以计算出世界各国现阶段投资潜力指数（IPI$_N$）以及潜在投资潜力指数（IPI$_F$）得分，分析比较各国在注重人本关怀和社会公平的社会能力基础之上，结合本国现阶段发展水平和潜在市场规模可能具备的投资潜力。具体得分如附表3及附表4所示。对于本书国家投资潜力指数（IPI），有两点需要说明：首先，与国家发展潜力指数（DPI）相同，IPI 同样是指在本国政府注重人力资本相对超前投资的前提下，结合本国发展现状及人口规模所可能具备的现阶段投资潜力及潜在的投资潜力，这一潜力仍是可能性而非现实投资吸引能力。其中，前者是与该国 GDP 结合，构建现阶段投资潜力，本书认为，投资潜力源于人力资本相对超前投资（社会能力构建）、本国现阶段经济水平与发达经济体差距（国家发展空间）以及国家现阶段经济发展水平（国家现实投资吸引力）三个主要因素。而后者与该国人口规模结合，在注重前两个因素的条件下，同时考虑国家人口规模所具备的市场潜力，而将人口规模转变为市场规模需要人力资本相对超前投资的实现及国家发展潜力的兑现。其次，各国现阶段投资潜力指数（IPI$_N$）以及潜在投资潜力（IPI$_F$）虽然分别基于各国 GDP 及人口计算合成而得，但两者具有较高的相关性，各年 IPI$_N$ 与 IPI$_F$ 相关系数均在 0.7 以上（P＝0.000）。可以认为，具有较高现阶段投资潜力的国家在一定程度上也具有较高潜在投资潜力，其原因在于具有较高发展水平的国家往往也具备了较好的人口发展基础，以 2015 年数据为例，各国 GDP 与总人口相关性达到 0.553（P＝0.000），即存在较高相关性，这也说明本书所构建的 IPI$_N$ 与 IPI$_F$ 存在一定的科学性且相互验证。从附表3及附表4中的数据及排名可以看出，本书提出的 IPI$_N$ 与 IPI$_F$ 对现有研究及各国选择投资目的地与寻求潜在投资机遇具有以下几点重要贡献：

第一，由于本书投资潜力指数是基于发展潜力指数构建的，发展潜力指数得分较高的国家往往投资潜力指数得分也较高，但国家兑现发展潜力的能力有限，

---

① 式（4-2）及式（4-3）使用乘法主要是考虑到经济增长水平及人口对该国投资潜力的整体影响，而并不只是单一维度的影响，使用乘法相当于在发展潜力指数的基础上为其赋值，从而得到受经济增长水平及人口影响的投资潜力指数。由于发展潜力指数为 [-4.216, 5.090] 区间内的数值，为实现乘法需要去除符号方向的影响，于是对该指数进行平移变换，GDP 及人口值也做同样处理，为避免出现 0 值对得分及排名的影响，而将公式两部分乘数均平移压缩至 [1, 2] 区间内。

如表4-3所示，2015年投资潜力指数得分前30位的国家中，布隆迪、马拉维、尼日尔、中非共和国、多哥、阿富汗等17个国家兑现能力得分为负数，这些国家具备投资潜力的发展空间与潜在市场，但其人力资本相对超前投资滞后，人本关怀程度与其发展所需强度不相符，投资该类国家具备一定的风险。相反，在投资潜力得分前30位的国家中，日本、英国、法国、德国、美国、中国等国家既有较高的投资潜力，又具备将投资潜力兑现的社会能力，其人力资本相对超前投资水平在其发展空间上仍然能够为国家带来发展潜力。可以看出这些国家多为发达经济体，长期的经济发展为这些国家提供了吸引投资所需的稳定经济环境。同时，中国、越南、吉尔吉斯斯坦、塞内加尔、孟加拉国、塞拉利昂等发展中国家也具备了较高的投资潜力与潜力兑现能力，这些国家有些已经成为投资热土（如中国、越南），有些具备吸引投资的重要基础，成为潜在的投资东道国。

表4-3　2015年 $IPI_N$ 得分前30位国家

| 国家 | HCRAI | HCRAI 排名 | DPI | DPI 排名 | 兑现能力 | $IPI_N$ | $IPI_N$ 排名 |
|---|---|---|---|---|---|---|---|
| 美国 | -0.35 | 136 | -1.05 | 156 | 20 | 2.63 | 1 |
| 中国 | 0.36 | 69 | -0.17 | 97 | 28 | 2.28 | 2 |
| 斯洛文尼亚 | 2.41 | 2 | 5.05 | 1 | -1 | 2.00 | 3 |
| 布隆迪 | 0.13 | 100 | 4.69 | 2 | -98 | 1.96 | 4 |
| 塞拉利昂 | 2.64 | 1 | 4.68 | 3 | 2 | 1.96 | 5 |
| 马拉维 | 0.57 | 42 | 4.28 | 4 | -38 | 1.91 | 6 |
| 马达加斯加 | 0.84 | 22 | 4.11 | 5 | -17 | 1.90 | 7 |
| 尼日尔 | -0.70 | 152 | 3.01 | 6 | -146 | 1.77 | 8 |
| 日本 | 0.41 | 63 | -0.27 | 109 | 46 | 1.74 | 9 |
| 尼泊尔 | 1.18 | 7 | 2.61 | 7 | 0 | 1.73 | 10 |
| 中非共和国 | -1.47 | 173 | 2.42 | 8 | -165 | 1.71 | 11 |
| 多哥 | 0.12 | 101 | 2.25 | 9 | -92 | 1.69 | 12 |
| 阿富汗 | 0.21 | 88 | 2.21 | 10 | -78 | 1.68 | 13 |
| 刚果（金） | -0.32 | 134 | 2.18 | 11 | -123 | 1.68 | 14 |
| 印度 | 0.33 | 74 | 0.60 | 39 | -35 | 1.68 | 15 |
| 卢旺达 | 0.57 | 41 | 2.11 | 12 | -29 | 1.67 | 16 |
| 塔吉克斯坦 | 0.99 | 14 | 2.01 | 13 | -1 | 1.66 | 17 |
| 埃塞俄比亚 | 0.06 | 106 | 1.82 | 15 | -91 | 1.64 | 18 |

续表

| 国家 | HCRAI | HCRAI 排名 | DPI | DPI 排名 | 兑现能力 | IPI$_N$ | IPI$_N$ 排名 |
|---|---|---|---|---|---|---|---|
| 吉尔吉斯斯坦 | 1.16 | 8 | 1.86 | 14 | 6 | 1.64 | 19 |
| 德国 | 0.19 | 93 | −0.49 | 134 | 41 | 1.63 | 20 |
| 莫桑比克 | −0.55 | 144 | 1.77 | 16 | −128 | 1.63 | 21 |
| 孟加拉国 | 0.96 | 15 | 1.56 | 18 | 3 | 1.63 | 22 |
| 塞内加尔 | 1.03 | 12 | 1.66 | 17 | 5 | 1.62 | 23 |
| 英国 | 0.28 | 80 | −0.41 | 126 | 46 | 1.61 | 24 |
| 布基纳法索 | −0.56 | 145 | 1.51 | 19 | −126 | 1.60 | 25 |
| 澳大利亚 | 1.21 | 5 | 0.51 | 44 | 39 | 1.60 | 26 |
| 圣多美和普林西比 | 1.21 | 6 | 1.48 | 20 | 14 | 1.60 | 27 |
| 越南 | 1.27 | 4 | 1.32 | 24 | 20 | 1.60 | 28 |
| 乌干达 | −0.25 | 130 | 1.40 | 21 | −109 | 1.59 | 29 |
| 法国 | 0.40 | 67 | −0.28 | 111 | 44 | 1.59 | 30 |

注：①该表包含国家为现阶段国家投资潜力得分前30位国家。②表中"兑现能力"是 PDI 排名与 HCRAI 排名差值。

资料来源：根据联合国开发计划署 HDI 数据库以及世界银行 WDI 数据库的数据计算而得。

第二，与现阶段国家投资潜力相比，2015 年，潜在国家投资潜力前 30 位国家中，具备较强兑现能力的国家则相对更少。如表 4-4 所示，印度、印度尼西亚和巴基斯坦等国家具有巨大的人口基数，为其国家吸引投资提供了潜在的市场规模，但这些国家兑现其发展"天赋"的能力不足，民众难以有效地分享发展成果，人民生存权和发展权难以充分且公平地得到满足，从而建立在生存权与发展权之上的消费能力难以显现，巨大的人口基数难以形成可观的市场规模。因此，要兑现投资潜力及发展潜力，这些国家需要更加注重对人的发展的关怀，使人民能够公平且有质量地分享发展成果，保证最广大人民的生存权与发展权，在此基础上形成人口规模到市场规模的转变。中非共和国、尼日尔、莫桑比克等撒哈拉以南非洲国家则面临更为严峻的挑战，人口的高增长率与落后的人力资本相对超前投资水平不成正比，人口不但没有成功转化为市场潜力，反而成为其兑现潜力的负担，关于非洲的讨论将在下一章做具体分析。

表 4-4　2015 年 IPI$_F$ 得分前 30 位国家

| 国家 | HCRAI | HCRAI 排名 | DPI | DPI 排名 | 兑现能力 | IPI$_F$ | IPI$_F$ 排名 |
|---|---|---|---|---|---|---|---|
| 印度 | 0.33 | 74 | 0.60 | 39 | −35 | 2.93 | 1 |
| 中国 | 0.36 | 69 | −0.17 | 97 | 28 | 2.83 | 2 |
| 斯洛文尼亚 | 2.41 | 2 | 5.05 | 1 | −1 | 2.02 | 3 |
| 布隆迪 | 0.13 | 100 | 4.69 | 2 | −98 | 1.97 | 4 |
| 塞拉利昂 | 2.64 | 1 | 4.68 | 3 | 2 | 1.97 | 5 |
| 马拉维 | 0.57 | 42 | 4.28 | 4 | −38 | 1.94 | 6 |
| 马达加斯加 | 0.84 | 22 | 4.11 | 5 | −17 | 1.93 | 7 |
| 孟加拉国 | 0.96 | 15 | 1.56 | 18 | 3 | 1.80 | 8 |
| 尼日尔 | −0.70 | 152 | 3.01 | 6 | −146 | 1.80 | 9 |
| 刚果（金） | −0.32 | 134 | 2.18 | 11 | −123 | 1.77 | 10 |
| 尼泊尔 | 1.18 | 7 | 2.61 | 7 | 0 | 1.76 | 11 |
| 埃塞俄比亚 | 0.06 | 106 | 1.82 | 15 | −91 | 1.76 | 12 |
| 阿富汗 | 0.21 | 88 | 2.21 | 10 | −78 | 1.72 | 13 |
| 中非共和国 | −1.47 | 173 | 2.42 | 8 | −165 | 1.71 | 14 |
| 多哥 | 0.12 | 101 | 2.25 | 9 | −92 | 1.70 | 15 |
| 越南 | 1.27 | 4 | 1.32 | 24 | 20 | 1.69 | 16 |
| 卢旺达 | 0.57 | 41 | 2.11 | 12 | −29 | 1.68 | 17 |
| 塔吉克斯坦 | 0.99 | 14 | 2.01 | 13 | −1 | 1.67 | 18 |
| 莫桑比克 | −0.55 | 144 | 1.77 | 16 | −128 | 1.67 | 19 |
| 印度尼西亚 | −0.05 | 117 | −0.29 | 114 | −3 | 1.66 | 20 |
| 吉尔吉斯斯坦 | 1.16 | 8 | 1.86 | 14 | 6 | 1.65 | 21 |
| 乌干达 | −0.25 | 130 | 1.40 | 21 | −109 | 1.64 | 22 |
| 塞内加尔 | 1.03 | 12 | 1.66 | 17 | 5 | 1.64 | 23 |
| 巴西 | 0.45 | 56 | −0.09 | 92 | 36 | 1.64 | 24 |
| 布基纳法索 | −0.56 | 145 | 1.51 | 19 | −126 | 1.62 | 25 |
| 美国 | −0.35 | 136 | −1.05 | 156 | 20 | 1.62 | 26 |
| 巴基斯坦 | −0.46 | 139 | −0.06 | 87 | −52 | 1.62 | 27 |
| 乌克兰 | 1.05 | 10 | 1.08 | 29 | 19 | 1.61 | 28 |
| 坦桑尼亚 | −0.12 | 121 | 1.00 | 31 | −90 | 1.61 | 29 |
| 圣多美和普林西比 | 1.21 | 6 | 1.48 | 20 | 14 | 1.60 | 30 |

注：①该表包含国家为潜在的国家投资潜力得分前 30 位国家。②表中"兑现能力"是 PDI 排名与 HCRAI 排名差值。

资料来源：根据联合国开发计划署 HDI 数据库以及世界银行 WDI 数据库的数据计算而得。

第三，新兴经济体国家投资潜力普遍较高，且具备较强的兑现能力。① 如表4-5 所示，作为国际投资热土，除南非及尼日利亚之外，新兴经济体国家投资潜力均位于 2015 年 185 个国家中上半区，且兑现能力普遍较高。这一结果从侧面印证了前文所证明的人力资本相对超前投资对长期经济增长的正向影响。新兴经济体国家的经济发展与市场培育并不是短时间内依靠投资与资源消耗所能够实现的，而是应当坚持对人力资本的超前投资，对人的关怀为新兴经济体国家提供了实现发展的社会要素。相反，南非与尼日利亚的 HCRAI 得分均位于 2015 年排名末端，印度尼西亚、巴基斯坦、俄罗斯的 HCRAI 得分较低也影响了其国家投资潜力的得分。越南作为新兴经济体中近年来快速成长地区，国家发展潜力与投资潜力均进入前 30 位，这与其坚持人力资本相对超前投资的发展理念不无关系，2015 年，越南 HCRAI 得分在 185 个国家中位列第 4，足见其对人本关怀的重视程度，这也为越南实现承接产业转移提供了大量的人力资本。

表 4-5 新兴经济体国家各指标得分及排名

| 国家 | HCRAI | HCRAI 排名 | DPI | DPI 排名 | $IPI_N$ | $IPI_N$ 排名 | $IPI_F$ | $IPI_F$ 排名 | 兑现能力 |
|---|---|---|---|---|---|---|---|---|---|
| 印度 | 0.33 | 74 | 0.60 | 39 | 1.68 | 15 | 2.93 | 1 | −35 |
| 中国 | 0.36 | 69 | −0.17 | 97 | 2.28 | 2 | 2.83 | 2 | 28 |
| 巴西 | 0.45 | 56 | −0.09 | 92 | 1.56 | 37 | 1.64 | 24 | 36 |
| 俄罗斯 | −0.18 | 126 | −0.74 | 147 | 1.45 | 86 | 1.49 | 58 | 21 |
| 南非 | −1.31 | 170 | −1.75 | 174 | 1.26 | 171 | 1.29 | 165 | 4 |
| 孟加拉国 | 0.96 | 15 | 1.56 | 18 | 1.63 | 22 | 1.80 | 8 | 3 |
| 越南 | 1.27 | 4 | 1.32 | 24 | 1.60 | 28 | 1.69 | 16 | 20 |
| 印度尼西亚 | −0.05 | 117 | −0.29 | 114 | 1.47 | 70 | 1.66 | 20 | −3 |
| 巴基斯坦 | −0.46 | 139 | −0.06 | 87 | 1.45 | 89 | 1.62 | 27 | −52 |
| 伊朗 | 0.89 | 20 | 0.49 | 45 | 1.52 | 48 | 1.58 | 35 | 25 |
| 墨西哥 | 0.34 | 72 | −0.22 | 101 | 1.50 | 53 | 1.54 | 44 | 29 |
| 埃及 | 0.27 | 81 | 0.00 | 76 | 1.46 | 76 | 1.53 | 47 | −5 |

---

① 英国《经济学家》将新兴经济体分成两个梯队：第一梯队为中国、巴西、印度、俄罗斯、南非，也称"金砖国家"；第二梯队为墨西哥、印度尼西亚、尼日利亚、韩国、越南、土耳其、菲律宾、埃及、巴基斯坦、伊朗和孟加拉国 11 个"新钻"国家。

| 国家 | HCRAI | HCRAI 排名 | DPI | DPI 排名 | $IPI_N$ | $IPI_N$ 排名 | $IPI_F$ | $IPI_F$ 排名 | 兑现能力 |
|---|---|---|---|---|---|---|---|---|---|
| 菲律宾 | 0.05 | 107 | -0.12 | 93 | 1.44 | 91 | 1.53 | 49 | -14 |
| 韩国 | 0.59 | 38 | -0.07 | 90 | 1.53 | 44 | 1.48 | 64 | 52 |
| 土耳其 | 0.26 | 83 | -0.32 | 116 | 1.46 | 73 | 1.48 | 67 | 33 |
| 尼日利亚 | -2.43 | 183 | -2.57 | 182 | 1.18 | 182 | 1.30 | 163 | -1 |

注：①该表包含国家为新兴经济体，共计16个国家。②表中"兑现能力"是PDI排名与HCRAI排名差值。③该表数据为2015年数据。

资料来源：根据联合国开发计划署HDI数据库以及世界银行WDI数据库的数据计算而得。

# 第三节  本章小结

本章在第三章人力资本相对超前投资指数（HCRAI）的基础之上构建国家发展潜力指数（DPI）与国家投资潜力指数（IPI），并以此为基础探讨国家对人本关怀的重视程度与其发展潜力与投资潜力之间的关系。关于本章内容有以下两点需要说明：

第一，本书认为，人力资本相对超前投资是国家具备较高发展潜力与投资潜力的必要条件而非充分条件。本书的视角从人力资本相对超前投资切入，衡量国家的发展水平，故而指标构建更加注重人力资本相对超前投资水平，同时兼顾指标计算的简洁性，基于一国与发达经济体发展差距构建了国家发展潜力指数，基于一国现阶段GDP与人口总数构建了现阶段国家投资潜力指数与潜在国家投资潜力指数。这并非说明其他因素不重要，政治稳定、市场自由、资源配置效率、区位优势，基础设施等多种要素同样构成国家间发展差异的重要因素，但本书希望：一方面，从更加本源的指标去探讨国家发展潜力与投资潜力，人的发展水平能够反映以上各因素的发展水平，本书认为，若一个国家能够更加关注人的发展，其自然就具备了相对稳定的政治环境、自由的市场机制、高效的资源配置能力，完善的基础设施等。另一方面，从结果指标而非投入指标来衡量国家的发展能力与投资潜力。要素的投入、制度的建立、技术的进步作为重要投入端要素进入国家增长函数，但其中传递过程存在"黑箱"，难以真正有效衡量出国家的发展潜力水平与投资潜力水平。而人口出生时预期寿命和预期受教育年限作为结果变量，能够直接反映以上要素投入带给本国民众最直接的发展结果，也能更为有效地衡量国家发展潜力与投入潜力。

第二，再次强调的是，本章构建的国家发展潜力指数与投资潜力指数均为"潜力"指数，而非"能力"指数，即一国能够做到人力资本相对超前投资水平的有效提升时其理论上所应该具备的发展潜力与投资潜力。国家将发展潜力与投资潜力兑现为发展能力与吸引投资能力的先决条件是人力资本的相对超前投资。这一要求不仅仅是对人力资本投资的重视，其（结果变量特性）反映的是国家制定体系、市场体系、基础设施体系、资源配置体系等全方位的提升与构建。

# 第五章　非洲国家可持续发展道路选择的思考

本书第四章构建的国家发展潜力指数与国家投资潜力指数为人力资本相对超前投资指数的拓展，本章及第六章将分别就此拓展指标对人力资本相对超前投资的应用展开讨论。本章主要探讨人力资本相对超前投资这一助推"中国奇迹"发展模式的国际推广，重点分析后发国家在注重人本关怀的前提下可能具备的国家发展潜力，并以非洲国家为例进行分析。

本章选取非洲作为分析样本主要原因有三：一是非洲作为世界最不发达地区，对发展——尤其可持续发展的愿望最为迫切，本书将为非洲提供一个与西方更加注重效率的发展模式有所不同的"东方模式"——一个更加注重公平与人本关怀的发展方式，并探讨在此理念下，非洲所能释放的发展潜力。二是非洲作为近年来世界上增长速度最快的地区之一，增长是地区的主基调，成为后发地区实现赶超的最好样本区域。三是非洲虽然实现了持续二十年的快速增长，但却有增长无发展，经济增长未能实现人的发展，经济增长成果未能由人民共享，非洲依然是世界最为落后的区域，人类发展水平滞后。本书提出的人力资本相对超前投资将为非洲解决包容性发展问题提供新的思路。

## 第一节　非洲发展概况

非洲大陆作为发展中国家最为集中的地区，在经历了半个世纪的"被发展"

道路的摸索后，① 开始逐步转变发展思路，从"被发展"向"自主发展"道路的转变使非洲成为新的经济增长热土。自 20 世纪 90 年代起，非洲地区实现了长达 20 年的中高速增长。21 世纪的前 10 年，非洲更是进入了难得的稳定发展时期，自身政治局势稳定、地区相对和平以及新兴国家发展带动和发达国家不断重视为非洲发展提供了有利的内外部环境。非洲发展银行数据显示，近 10 年来，非洲地区实际生产总值（GDP）年均增速约为 4.28%，② 高于全球水平 2.49%，③ 成为世界经济增长最快的地区之一。《经济学人》杂志（The Economist）调查显示，21 世纪伊始，世界经济增长最快的 10 个国家中有 6 个在非洲，西方媒体纷纷给出非洲复兴的判断，认为非洲经济会向更积极的方向发展。④

但是增长并不能代表发展，非洲"有增长，无发展"的现象仍在延续（张忠祥，2016），尽管经历了 20 年的中高速增长，但不可否认的是，非洲仍然是世界上最为落后的地区之一，非洲的经济增长更多地依赖于援助、减债、投资和国际市场原材料价格上涨等外部因素，但其内部需求、政府改革、管理体制、自身生产能力和产业竞争力等方面始终未能成为推动经济增长的因素（黄梅波和刘斯润，2014）。经济结构单一，基础设施建设落后，人们生存所需设施难以保证，经济发展难以持续（Cho and Tien，2014）；政府治理能力低下，造成较为严重的社会公平问题，导致大面积的贫困和贫富分化（卢凌宇和刘鸿武，2016）；社会公共资源配置不均，人民接受医疗和教育等权利的机会不对等，从而不利于社会健康、平稳发展。⑤

可见，非洲人民在此波中高速增长中受益有限，非洲的增长仍然未能实现包容性增长，经济发展的核心并不是人的发展，社会对人的关注不足，以人力资本

---

① 自"二战"后半个多世纪以来，非洲的发展理念和战略框架基本是由西方国家和国际组织主导的（周玉渊，2013）。非洲发展道路被烙上了鲜明的西方国家发展思想，其发展是为西方世界的发展服务，并未真正实现自主的、独立的发展道路。

② 资料来源：AfDB Statistics Department. Real GDP Growth Rates, 2006-2016 ［EB/OL］. http：//www. africaneconomicoutlook. org/en/statistics. 经计算非洲地区 2007~2016 年实际 GDP 增速为 4.28%。

③ 资料来源：The World Bank. Development Indicators ［EB/OL］. http：//databank. worldbank. org/data/reports. aspx？source＝world-development-indicators. 计算区间为 2007~2016 年。

④ Kabuye K. Africa Rising Campaign Launched amidst Pomp in Mauritius ［EB/OL］. ［2014-07-12］. http：//www. newvision. co. ug/news/656944-africa-rising-campaign-launched-amidstpomp-in-mauritius. html；Lagarde C. Africa Rising - Buildig to the Future ［EB/OL］. ［2014-05-29］. http：//www. imf. org/external/np/speeches/2014/052914. htm.

⑤ AFDB, OECD and UNDP, African Economic Outlook 2013：Structural Transformation and Natural Resources ［R］. 2013.

相对超前投资来看，以水、空气、土地、食品、供电为代表的生存所需基本资源供给以及以医疗、卫生、社会公共健康保障为代表的生存质量保障投入相对落后，截至 2015 年，非洲地区仅有 72% 的人口可以喝上安全的饮用水，远低于其他发展中地区，而能享受到安全卫生服务的人口仅有 38%；①这样的公共卫生状况是令人担忧甚至绝望的，但却在非洲多数地区成为普遍现象（刘喜梅，2014），这都严重影响到非洲人民的生存权。同时，教育严重落后，人民难以享有平等的受教育权利，撒哈拉以南非洲地区最贫困的 20% 学生小学、初中及高中完成率分别为 26.5%、6% 以及 1%，远低于发展中国家平均水平的 48%、20% 和 5%。整个地区对于教育的投入和重视显著落后于世界其他地区。截至 2014 学年，数据显示仅撒哈拉以南非洲地区失学儿童就达 3143.2 万人，占世界失学儿童总数的 51.61%，占发展中国家失学儿童总数的 53.94%。② 不仅如此，非洲学前教育、职业技术教育和非正规教育非常落后。各级教育教师配置不足，2014 年，撒哈拉以南的非洲地区生师比为 32.33，北非地区也达到 21.33，均低于世界平均水平的 19.67。教学水平普遍偏低，学生获取知识的能力受到影响；各类教育和培训缺乏衔接，未能形成体系，且无法满足经济和社会领域的需求。③ 因此，非洲地区人民的发展权也受到影响。更值得关注的是，人的发展权和生存权作为人力资本投入的两个重要维度是息息相关的，落后的教育水平使人力资本质量提升缓慢，人才积累不足，为医疗人员培养和储备带来了极大的困难，造成了卫生人才的进一步流失及短缺。这也导致在国际社会不断的援助中，非洲与发达国家的健康水平却呈现出持续扩大的趋势（Walley and Wright，2009）。

面对"有增长、无发展"的局面，20 余年的中高速发展后，非洲社会结构性矛盾开始显现，民生问题突出，一味复制西方国家自由市场经济的发展道路使非洲很大程度上只是发达国家发展政策设计的试验田，西方世界为非洲发展提供的是"输血机制"而非"造血机制"，非洲在谋求自主发展道路时，发现自身缺乏必要的人才与技术能力（周玉渊，2013）。糟糕的政府管理导致社会不平等加剧，经济发展成果不能为人民公平地享有，而不公平导致的矛盾冲突又加剧了地区冲突及种族矛盾，这又为外部势力借机干预非洲事务提供了可能，新的不合

---

① 资料来源：《Africa Statistics Yearbook，2017》。

② 资料来源：《全球教育监测报告 2016》。其中生师比为学前教育、小学教育及真心交友生师比加权平均所得。

③ 参见《非洲大陆教育战略（2016-2025 年）》。

理——甚至可以称为压迫性的政策被西方国家借机强加于这些受西方思维主导半个世纪之久、缺乏自生性、濒临破产或极其衰弱的非洲国家（Ali Moussa Iye，2017）。

非洲国家纷纷开始寻求发展方式的转变，经济转型已成为当前乃至今后较长一段时期非洲经济发展的主要特征之一（张忠祥，2016）。恰逢其时，新兴经济体的崛起为非洲发展提供了新的思考和道路选择。"向东看"成为非洲经济发展的新的参考，非洲政府应抓住新兴国家发展机遇期，与其合作并学习其经济发展的成功检验。尤其是发展型政府，强调政府在经济发展中的重要作用，这也是东亚国家迅速崛起并保持长期经济稳定增长的重要因素（Woo-Cumings，1999）。有为的政府不仅表现在对经济的调控，更重要的是高效的资源控制和支配能力（于宏源，2004）。本书强调的是政府在改善民生、维护社会公平中所做的努力，即通过有为政府，减少社会中的不公平现象，使人们有平等接受教育和享受卫生服务的权利，人人享有平等的生存权和发展权。即我们所强调的以人民为中心的发展道路，并使发展成果为人民共享。Almaz Zewde（2010）认为，非洲当前的发展忽略了人的因素，而由于一直被边缘化，非洲人民的发展意识和行动能力非常虚弱，他提出了以人为中心的非洲发展框架，强调尊重人权，为人的发展提供条件；通过改善卫生条件、提高非洲地区教育水平，促进非洲地区人力资本的提升，加大公平配置资源的力度，使人们享有平等利用社会资源的权利和机会。

然而，人力资本的提升是一个漫长的过程，需要政府政策的长期稳定和有效推行作为后盾和保证。中国在人力资本提升中做出了巨大的努力——持续的超前投资。中华人民共和国成立伊始，百废待兴，1949 年的中国人口预期寿命约为35 岁，到改革开放之初（1978 年）快速提升为68.2 岁，成就举世瞩目。这样的成就源于中华人民共和国成立之初在国力有限、财政艰难之时依然选择了更加注重对人的关怀的发展道路，迅速构建了覆盖全国范围的卫生医疗体系，从偏远山区到城市社区，从"赤脚医生"到医疗机构，使尽可能多的人能够享受到公平的卫生、健康服务，人口寿命大幅提升。与此同时，中华人民共和国集中有限财政资金，教育支出统收统支（杨会良，2006），虽然存在较大弊端，但也保证了教育资金投入的持续和到位。放开民间办学准入，推行灵活办学方式，尽可能地促进最为广泛的人民享有受教育的权利和机会，有效提升了全民受教育水平，实现了人力资本的快速积累。到改革开放初期，我国在人力资本投入方面已经超前于经济发展水平,人力资本投入超前程度位居世界前列。[①] 随后的改革开放,中国实现了持续 40 年的高速及中高速增长,一定程度上应归功于改革开放前 30 年对于人力资本的超前投资和资源积累。一条更加注重人本的发展道路,对人力资本进行的超前投资,为中国持续的经济增长奠定了基础。

当今非洲国家人力资本水平显著优于 1949 年中国的水平,却表现出了落后于世界的发展水平,人民难以分享发展成果,人的生存权和发展权难以保障。非洲的落后也为其发展提供了潜在动力和机遇,如果能够有效调动有限资源,加强对人的发展的关注,注重人力资本的积累和提升,根据后发优势理论以及中国的经验,我们有理由相信,非洲国家也可以实现持续的经济增长和社会发展。

2013 年,中国国家主席习近平提出"一带一路"倡议,2015 年,《推动共建丝绸之路经济带和 21 世纪海上丝绸之路的愿景与行动》正式发布。"一带一路"倡议的提出为中非交流与合作提供了机遇和条件,中国愿意与包括非洲国家在内的世界发展中国家分析自身发展的经验。与以往以西方为中心的地区性合作不同,"一带一路"是一个合作倡议,表明中国进一步扩大开放的决心(邹嘉龄等,2015)。西方国家主导下的现代全球化将东方主导的全球化视为竞争者,由于信息鸿沟、人力资源缺乏、基础设施落后,发展中国家处于全球化的边缘地带,难以享受到全球化带来的经济红利(Mulualem,2017)。而作为发展中大国,中国提出的"一带一路"倡议让全世界国家共同参与,对沿线国家,尤其是沿线发展中国家将产生深远影响(邹嘉龄等,2015)。

中国走出了一条与西方崛起更加注重效率所不尽相同的发展道路,中国的发展更加注重对人的关怀和对社会公平的倾注,这一发展道路对于发展中国家,尤其是后进国家的发展具有一定的借鉴意义。本书希望通过人力资本相对超前投资这一发展方式,探讨包括非洲国家在内的世界各国的发展潜力,并对后发国家的发展提供参考,为其将发展潜力转变为发展能力提供发展思路。同时,以此为基础探讨非洲国家的投资潜力。

---

① 本书第三章测算结果显示,1978 年及 1980 年中国人本指数得分居样本国家首位,该排名也充分说明我国人力资本相对超前投资程度在当时处于世界领先地位。

## 第二节　非洲国家人力资本相对超前投资状况

通过第三章式（3-1）及式（3-2）可以计算得到 2015 年非洲国家人力资本相对超前投资指数得分及其在全世界 185 个样本国家中的排名，具体数值及排名如表 5-1 所示。

表 5-1　2015 年非洲国家人力资本相对超前投资指数得分及排名

| 国家 | HCRAI | 排名 | 预期寿命（岁） | 排名 | 预期受教育年限（年） | 排名 | 人均GDP（美元） | 排名 | 寿命差 | 排名 | 教育年差 | 排名 |
|---|---|---|---|---|---|---|---|---|---|---|---|---|
| 马达加斯加 | 1.15 | 8 | 65.5 | 135 | 10.3 | 146 | 401.84 | 174 | 6.29 | 9 | 1.43 | 36 |
| 突尼斯 | 1.10 | 11 | 75 | 66 | 14.6 | 54 | 3822.36 | 109 | 5.13 | 18 | 2.05 | 16 |
| 马拉维 | 1.09 | 12 | 63.9 | 143 | 10.8 | 136 | 371.99 | 175 | 5.06 | 20 | 2.06 | 15 |
| 阿尔及利亚 | 0.99 | 15 | 75 | 66 | 14.4 | 58 | 4154.12 | 99 | 4.74 | 22 | 1.71 | 24 |
| 佛得角 | 0.90 | 21 | 73.5 | 89 | 13.5 | 78 | 3080.18 | 115 | 4.65 | 23 | 1.30 | 43 |
| 摩洛哥 | 0.82 | 25 | 74.3 | 80 | 12.1 | 117 | 2878.20 | 119 | 5.77 | 13 | 0.01 | 94 |
| 卢旺达 | 0.60 | 40 | 64.7 | 139 | 10.8 | 136 | 697.35 | 162 | 2.88 | 49 | 1.03 | 48 |
| 科摩罗 | 0.47 | 52 | 63.6 | 145 | 11.1 | 132 | 717.45 | 160 | 1.65 | 73 | 1.28 | 44 |
| 塞内加尔 | 0.42 | 56 | 66.9 | 127 | 9.5 | 157 | 899.58 | 152 | 3.88 | 34 | -0.69 | 127 |
| 多哥 | 0.39 | 59 | 60.2 | 156 | 12 | 118 | 559.64 | 168 | -0.58 | 117 | 2.59 | 5 |
| 布隆迪 | 0.38 | 60 | 57.1 | 166 | 10.6 | 144 | 277.07 | 178 | -0.35 | 114 | 2.34 | 9 |
| 埃及 | 0.36 | 64 | 71.3 | 103 | 13.1 | 89 | 3614.75 | 111 | 1.70 | 72 | 0.64 | 64 |
| 利比里亚 | 0.35 | 65 | 61.2 | 152 | 9.9 | 154 | 455.87 | 173 | 1.39 | 77 | 0.82 | 54 |
| 毛里求斯 | 0.30 | 74 | 74.4 | 76 | 15.2 | 44 | 9252.11 | 63 | 0.55 | 92 | 1.20 | 45 |
| 埃塞俄比亚 | 0.26 | 85 | 64.5 | 140 | 8.4 | 169 | 619.17 | 164 | 3.35 | 42 | -1.18 | 143 |
| 圣多美与普林希比 | 0.24 | 87 | 66.6 | 128 | 12 | 118 | 1669.06 | 134 | 0.65 | 88 | 0.80 | 55 |
| 坦桑尼亚 | 0.14 | 93 | 65.5 | 135 | 8.9 | 165 | 878.98 | 153 | 2.59 | 56 | -1.25 | 148 |

续表

| 国家 | HCRAI | 排名 | 预期寿命(岁) | 排名 | 预期受教育年限(年) | 排名 | 人均GDP(美元) | 排名 | 寿命差 | 排名 | 教育年差 | 排名 |
|---|---|---|---|---|---|---|---|---|---|---|---|---|
| 冈比亚 | 0.03 | 100 | 60.5 | 155 | 8.9 | 165 | 471.54 | 171 | 0.53 | 93 | -0.23 | 106 |
| 刚果（金） | 0.03 | 101 | 59.1 | 161 | 9.8 | 155 | 456.05 | 172 | -0.71 | 122 | 0.72 | 60 |
| 尼日尔 | -0.14 | 124 | 61.9 | 150 | 5.4 | 177 | 358.96 | 176 | 3.23 | 43 | -3.29 | 172 |
| 贝宁 | -0.20 | 127 | 59.8 | 157 | 10.7 | 141 | 762.05 | 156 | -2.44 | 135 | 0.78 | 58 |
| 赞比亚 | -0.25 | 128 | 60.8 | 153 | 12.5 | 111 | 1304.88 | 142 | -3.98 | 154 | 1.70 | 25 |
| 几内亚 | -0.29 | 130 | 59.2 | 158 | 8.8 | 168 | 531.32 | 169 | -1.33 | 127 | -0.53 | 120 |
| 乌干达 | -0.34 | 133 | 59.2 | 158 | 10 | 152 | 705.29 | 161 | -2.67 | 138 | 0.21 | 86 |
| 肯尼亚 | -0.36 | 136 | 62.2 | 149 | 11.1 | 132 | 1376.71 | 140 | -2.84 | 140 | 0.22 | 84 |
| 加纳 | -0.38 | 137 | 61.5 | 151 | 11.5 | 127 | 1369.70 | 141 | -3.51 | 148 | 0.62 | 65 |
| 津巴布韦 | -0.55 | 142 | 59.2 | 158 | 10.3 | 146 | 924.14 | 151 | -3.95 | 153 | 0.07 | 92 |
| 刚果（布） | -0.55 | 143 | 62.9 | 147 | 11.1 | 132 | 1851.20 | 131 | -3.54 | 149 | -0.27 | 109 |
| 塞舌尔 | -0.58 | 147 | 73.3 | 91 | 14.1 | 66 | 15390.04 | 46 | -3.16 | 143 | -0.73 | 128 |
| 布基纳法索 | -0.62 | 148 | 59 | 162 | 7.7 | 172 | 589.77 | 166 | -2.02 | 133 | -1.80 | 157 |
| 莫桑比克 | -0.75 | 151 | 55.5 | 169 | 9.1 | 161 | 529.24 | 170 | -5.01 | 158 | -0.22 | 103 |
| 马里 | -0.76 | 152 | 58.5 | 163 | 8.4 | 169 | 724.26 | 159 | -3.50 | 147 | -1.43 | 152 |
| 几内亚比绍 | -0.81 | 153 | 55.5 | 169 | 9.2 | 159 | 572.99 | 167 | -5.39 | 160 | -0.25 | 108 |
| 纳米比亚 | -1.03 | 156 | 65.1 | 137 | 11.7 | 122 | 4673.57 | 96 | -5.72 | 162 | -1.18 | 144 |
| 中非共和国 | -1.21 | 159 | 51.5 | 175 | 7.1 | 175 | 323.20 | 177 | -6.68 | 165 | -1.41 | 151 |
| 博茨瓦纳 | -1.25 | 161 | 64.5 | 141 | 12.6 | 108 | 6360.14 | 81 | -7.78 | 167 | -0.79 | 132 |
| 喀麦隆 | -1.25 | 162 | 56 | 168 | 10.4 | 145 | 1217.26 | 143 | -8.45 | 168 | -0.28 | 111 |
| 苏丹 | -1.41 | 164 | 63.7 | 144 | 7.2 | 174 | 2414.72 | 124 | -3.99 | 155 | -4.60 | 175 |
| 加蓬 | -1.45 | 165 | 64.9 | 138 | 12.6 | 108 | 8266.45 | 70 | -8.62 | 169 | -1.22 | 146 |
| 塞拉利昂 | -1.48 | 167 | 51.3 | 176 | 9.5 | 157 | 653.13 | 163 | -10.21 | 170 | -0.16 | 98 |
| 吉布提 | -1.56 | 169 | 62.3 | 148 | 6.3 | 176 | 1945.12 | 129 | -4.37 | 156 | -5.15 | 177 |
| 南苏丹 | -1.75 | 170 | 56.1 | 167 | 4.9 | 178 | 730.58 | 158 | -5.94 | 163 | -4.95 | 176 |
| 莱索托 | -1.91 | 171 | 50.1 | 177 | 10.7 | 141 | 1066.99 | 149 | -13.73 | 173 | 0.23 | 83 |
| 乍得 | -1.96 | 172 | 51.9 | 173 | 7.3 | 173 | 775.70 | 155 | -10.42 | 171 | -2.65 | 166 |

| 国家 | HCRAI | 排名 | 预期寿命（岁） | 排名 | 预期受教育年限（年） | 排名 | 人均GDP（美元） | 排名 | 寿命差 | 排名 | 教育年差 | 排名 |
|---|---|---|---|---|---|---|---|---|---|---|---|---|
| 南非 | -2.04 | 173 | 57.7 | 165 | 13 | 93 | 5718.24 | 87 | -14.07 | 174 | -0.21 | 101 |
| 科特迪瓦 | -2.24 | 174 | 51.9 | 173 | 8.9 | 165 | 1398.99 | 139 | -13.21 | 172 | -2.01 | 162 |
| 尼日利亚 | -2.50 | 175 | 53.1 | 171 | 10 | 152 | 2671.72 | 121 | -15.07 | 175 | -1.97 | 161 |
| 安哥拉 | -2.72 | 176 | 52.7 | 172 | 11.4 | 128 | 4101.47 | 101 | -17.50 | 176 | -1.27 | 149 |
| 斯威士兰 | -3.01 | 177 | 48.9 | 178 | 11.4 | 128 | 3200.14 | 114 | -20.13 | 178 | -0.86 | 135 |
| 赤道几内亚 | -3.60 | 178 | 57.9 | 164 | 9.2 | 159 | 14439.59 | 47 | -18.26 | 177 | -5.53 | 178 |

注：①本表 HCRAI 即为本书所测算的人力资本相对超前投资指数，并按照 HCRAI 得分由高到低排序。②2015 年测算样本为全球 185 个样本国家，本表显示了其中 50 个非洲样本国家得分及排名。③本表寿命差为该国 2015 年实际人口出生时预期寿命与该国所处经济发展阶段人口出生时预期寿命的平均值（人均 GDP 拟合值）之差。同理得出教育年差。

由表 5-1 可知，虽然经历了 20 年的增长黄金期，整体经济得到显著提升，但非洲仍然是全球范围内最不发达的地区之一，50 个非洲样本国家中，人均 GDP 位列 185 个样本国家中上半区（人均 GDP 达到中等收入国家水平及以上，即 4800.12 美元）的仅有 6 个。同年，世界人均 GDP 平均水平为 10112.33 美元，能够达到这一标准的非洲样本国家仅有塞舌尔（15390.04 美元）及赤道几内亚（14439.59 美元）两个。撒哈拉以南非洲人均 GDP 仅为 1594.17 美元，其中多数非洲国家人均 GDP 还不足 1000 美元，排在本表单末端。

与经济总量相当，非洲的经济增长并未根本改变民众生活条件艰难、医疗卫生设施不健全、教育水平落后的总体局面。尽管过去 10 年非洲贫困人口比重有所下降，但截至 2015 年，撒哈拉以南非洲地区仍有超过 40% 的人口生活在极度贫穷状态。从统计数字来看，非洲绝大多数国家人口出生时预期寿命位于世界落后水平，2015 年，能够达到或超过世界平均水平 71.7 年的非洲样本国家也仅有六个。粮食及食品短缺与人口快速增长使 2015 年撒哈拉以南非洲地区营养不良人群较 1990 年反而增加了 4400 万，而中部非洲地区这一数字更是两倍于 1990 年的水平。① 此外，非洲地区卫生体系薄弱，医疗条件落后且饱受流行病及传染

---

① 资料来源：联合国开发计划署 2015 年《千年发展目标报告》。

病的困扰, 公共卫生资源供给不足。非洲大陆是世界上传染病高发地区, 全球 71%的艾滋病、80%的疟疾死亡病例和绝大多数的结核病死亡病例都发生在非洲; 2014 年非洲 15~24 岁人口中感染艾滋病病毒的比例为 1.2%, 南部非洲更是达到 3.8%, 预计到 2030 年, 撒哈拉以南非洲地区非传染性疾病的医疗负担的增长率将达到 21%, 其中, 由心血管疾病、呼吸道疾病、糖尿病和癌症致死的病例将占所有死亡病例的 46%, 这一比例与 2008 年的 28%相比大幅度提高 (迟建新, 2017)。面对传染病与慢性病双重疾病负担, 非洲医药供应不足, 消费市场极小, 2013 年非洲国家医药消费量占世界总消费量的比重仅为 2%, 全非洲仅有不足 1000 家制药企业。生活基本需求的难以满足和医疗条件的落后造成了非洲地区——尤其是撒哈拉以南非洲人口预期寿命相对较短。

与预期寿命相比, 非洲民众预期受教育年限与世界其他地区差距略小, 但 2015 年预期受教育年限能达到世界平均水平 12.3 年的也仅有 11 个国家。教育是改变命运最有力的武器, 但在非洲, 得以掌握这一 "武器" 的人十分有限。非洲有一半的儿童失学, 1/3 的适龄青年无法进入初中, 超过半数的适龄青年无法进入高中学习, 这将影响非洲未来数十年的人力资本提升。即使是在校学生也因为教育设备的落后及教师水平的不足而难以接受优质的教育。在马拉维、中非共和国以及坦赞尼亚, 学校班级规模平均可以达到 70 人; 在喀麦隆, 平均每 14 名学生仅能拥有 1 本数学课本, 这一数字在乍得和南苏丹也已达到 5 人; 教师严重短缺, 贝宁、刚果、加纳等地区退休、死亡、移民或其他原因造成的教师流失率可达 8%~13%; 学校硬件条件难以满足教学的有序推进, 缺少干净用水及卫生设施已经严重影响儿童入学率, 甚至有半数学校还不能提供安全饮用水; 教育用电无法保证, 在科特迪瓦、南非、摩洛哥及纳米比亚有 80%的小学及初中无法拥有稳定的供电。①② 诸多困难造成了非洲地区教育严重滞后于世界其他地区, 民众对于教育的需求及自身发展权的诉求难以公平兑现, 多数贫困人群只能在极其恶劣的环境中接受教育或被迫放弃学习, 在生存权都难以保证时, 发展权更成为奢望, 人力资本提升任重而道远。

绝对落后的人口出生时预期寿命及预期受教育年限使非洲地区人类发展指数 (HDI) 排名非常低, 这也是西方国家始终诉病于该地区不尊重人权、不重视社

---

① 资料来源: 联合国开发计划署《人类发展报告 2016》。
② 资料来源: 联合国教科文组织发布的 *School Resources and Learning Environment in Africa* 2016。

会公平的重要依据。但是，我们不能忽视部分非洲国家在改善人民生活水平及提升人力资本中所做出的努力。从表 5-1 结果不难看出，非洲地区人力资本相对超前投资水平要明显好于其人力资本绝对投资水平，有 16 个国家及地区可以排入样本国家的上半区，预期寿命高于该国经济发展阶段应有（平均）水平的国家可达 17 个，而预期受教育年限高于该国经济发展阶段应有（平均）水平的国家甚至能达到 22 个。这一成就表明，相对于自身发展阶段而言，这些非洲国家已经具备了相对超前的人力资本投资，其对于人的生存权和发展权的重视程度已经领先于处于同一发展阶段的其他国家。只是部分国家人均 GDP 的绝对落后，使其在人力资本投入的绝对值相对较低，但正如本书所强调的人力资本相对超前投资水平是一个相对指标概念，衡量的是国家在现有经济发展阶段下，对人力资本有多大程度的关注。相对公平的社会和更加注重人权的发展不能因国家发展的长期积累而被绝对化，这些非洲国家关怀自身民众的努力也不能因为客观条件的落后而被无视。正如排名最靠前的非洲国家——马达加斯加，无论是将人均 GDP还是预期寿命和预期受教育年限单独核算，都不能说该国具有领先于世界的水平，即该国人民的生活水平和教育状态都与世界其他地区有明显差距。但是当我们将预期寿命和预期受教育年限与该国经济发展阶段相结合就不难看出，在人均GDP 为 401.83 美元发展阶段，该国预期寿命及预期受教育年限要高于平均水平6.29 年及 1.43 年，均位于非洲样本国家前列。该国在极其有限的条件下对于改善民生的努力可见一斑。正如中华人民共和国成立伊始，三项指标均远远落后于世界其他地区，但是中国选择了一条人力资本投入相对超前的发展道路，经过30 年的积累，人力资本持续的相对超前投资为改革开放 40 年的高速经济增长奠定了基础。

综观表 5-1，人力资本相对超前投资指数排名靠前的国家，无不是在预期寿命或预期受教育年限中有一项或两项领先于其他地区，这是一条相对艰难的道路，也是不容易实现的选择。相对于安哥拉、尼日利亚、南非等国家较高的经济增长速率，马达加斯加、突尼斯、马拉维等国家选择了一条相对注重民本和社会公平的发展方式。显然，前一种发展方式更容易引人注目也相对容易实现，国家也更容易选择这条更能够看得见的增长道路。本书并不否认这种发展理念的正确性，在绝对落后地区，通过效率提升来实现资本的快速积累不失为一种有效的选择。但是高速增长之下却存隐忧，从近五年来人均 GDP 增长最快的非洲国家来看，无论是乍得、埃塞俄比亚还是科特迪瓦、马里都未能使发展成果惠及广大民众，从预期寿命和预期受教育年限即可看出，这些国家经济指标的快速增加未能转化为人民生存权及发展权的有效提升。[①] 本书只是指出，在非洲经济发展进入转型时期，寻求更加包容性的增长是下一阶段的主要任务，而包容性增长应更加注重对民本的关注和对社会公平的维护，真正实现发展为了人民、发展成果由人民共享，不仅要解决眼下的民生和脱贫问题，还要为非洲民众注入脱贫的能力，通过提升人力资本实现非洲地区的自主发展。

由此，本书认为，表5-1中排名靠前的国家在一定程度上具备了稳定、持续发展的前提，也选择了一条相对具有挑战性但更加高级的发展方向。通过中国长期稳定的发展经验来看，在现有经济发展阶段，更加关注民生和社会公平，将有限资源更多地投入到对人的关怀中，而不是单纯追求经济效率，可能会在短时间内影响经济增长的速率，但是却可以为国家实现长期稳定增长提供坚实的物质、人力及社会基础，从而使国家具备经济持续增长的潜力。但潜力并非实际能力，还需要政府对于政策执行的一贯性和持久性，需要对经济目标的坚定执行和适时调整。但相较于人力资本相对超前投资落后的国家，我们有理由相信该指标领先国家具备了长期稳定增长更大的可能性。

## 第三节　非洲国家发展潜力分析

通过第四章式（4-1）可以计算得到2015年非洲国家的国家发展潜力指数及其在全世界185个样本国家中的排名，具体数值及排名如表5-2所示。

---

① 联合国贸易与发展会议（UNCTAD）数据库显示，2011~2016年，人均GDP增长最快的五个国家为乍得、埃塞俄比亚、科特迪瓦、马里、刚果（金），五国2015年人力资本相对超前投资指数在50个非洲国家中排名分别为45、42、40、43及32；而排在表5-1前五位的非洲国家同期人均GDP增速在52个非洲样本国家中排名为42、47、29、37及49。但按照预期寿命排序，2015年10个国家排序为乍得（46）、埃塞俄比亚（15）、科特迪瓦（45）、马里（35）、刚果（金）（33）、马达加斯加（10）、突尼斯（1）、马拉维（17）、阿尔及利亚（2）及佛得角（5）；按照预期受教育年限排序为乍得（45）、埃塞俄比亚（42）、科特迪瓦（40）、马里（43）、刚果（金）（32）、马达加斯加（27）、突尼斯（2）、马拉维（22）、阿尔及利亚（3）及佛得角（5）。

表5-2　2015年非洲国家的国家发展潜力指数得分及排名

| 国家 | HI | 排名 | 人均GDP | 排名 | pGDP$_{us}$/pGDP$_i$ | 排名 | DPI | 排名 |
|---|---|---|---|---|---|---|---|---|
| 布隆迪 | 0.38 | 60 | 277.07 | 178 | 4.71 | 1 | 5.09 | 1 |
| 马拉维 | 1.09 | 12 | 371.99 | 175 | 3.33 | 4 | 4.42 | 2 |
| 马达加斯加 | 1.15 | 8 | 401.84 | 174 | 3.03 | 5 | 4.18 | 3 |
| 尼日尔 | -0.14 | 124 | 358.96 | 176 | 3.47 | 3 | 3.33 | 4 |
| 利比里亚 | 0.35 | 65 | 455.87 | 173 | 2.58 | 6 | 2.93 | 5 |
| 中非共和国 | -1.21 | 159 | 323.20 | 177 | 3.94 | 2 | 2.73 | 7 |
| 刚果（金） | 0.03 | 101 | 456.05 | 172 | 2.58 | 7 | 2.61 | 8 |
| 冈比亚 | 0.03 | 100 | 471.54 | 171 | 2.47 | 8 | 2.51 | 9 |
| 多哥 | 0.39 | 59 | 559.64 | 168 | 1.97 | 11 | 2.36 | 10 |
| 卢旺达 | 0.60 | 40 | 697.35 | 162 | 1.44 | 17 | 2.04 | 12 |
| 埃塞俄比亚 | 0.26 | 85 | 619.17 | 164 | 1.71 | 15 | 1.97 | 14 |
| 科摩罗 | 0.47 | 52 | 717.45 | 160 | 1.38 | 19 | 1.85 | 16 |
| 几内亚 | -0.29 | 130 | 531.32 | 169 | 2.11 | 10 | 1.83 | 17 |
| 塞内加尔 | 0.42 | 56 | 899.58 | 152 | 0.95 | 27 | 1.38 | 21 |
| 莫桑比克 | -0.75 | 151 | 529.24 | 170 | 2.12 | 9 | 1.37 | 22 |
| 布基纳法索 | -0.62 | 148 | 589.77 | 166 | 1.83 | 13 | 1.22 | 25 |
| 坦桑尼亚 | 0.14 | 93 | 878.98 | 153 | 0.99 | 26 | 1.13 | 27 |
| 几内亚比绍 | -0.81 | 153 | 572.99 | 167 | 1.91 | 12 | 1.10 | 28 |
| 乌干达 | -0.34 | 133 | 705.29 | 161 | 1.42 | 18 | 1.07 | 30 |
| 贝宁 | -0.20 | 127 | 762.05 | 156 | 1.26 | 23 | 1.05 | 31 |
| 突尼斯 | 1.10 | 11 | 3822.36 | 109 | -0.32 | 70 | 0.78 | 35 |
| 佛得角 | 0.90 | 21 | 3080.18 | 115 | -0.23 | 64 | 0.67 | 38 |
| 阿尔及利亚 | 0.99 | 15 | 4154.12 | 99 | -0.36 | 80 | 0.63 | 41 |
| 摩洛哥 | 0.82 | 25 | 2878.20 | 119 | -0.19 | 60 | 0.63 | 42 |
| 马里 | -0.76 | 152 | 724.26 | 159 | 1.36 | 20 | 0.60 | 43 |
| 圣多美与普林希比 | 0.24 | 87 | 1669.06 | 134 | 0.18 | 45 | 0.42 | 50 |
| 津巴布韦 | -0.55 | 142 | 924.14 | 151 | 0.91 | 28 | 0.36 | 52 |
| 赞比亚 | -0.25 | 128 | 1304.88 | 142 | 0.44 | 37 | 0.18 | 63 |
| 塞拉利昂 | -1.48 | 167 | 653.13 | 163 | 1.59 | 16 | 0.11 | 67 |
| 埃及 | 0.36 | 64 | 3614.75 | 111 | -0.30 | 68 | 0.06 | 70 |
| 肯尼亚 | -0.36 | 136 | 1376.71 | 140 | 0.38 | 39 | 0.01 | 78 |
| 加纳 | -0.38 | 137 | 1369.70 | 141 | 0.38 | 38 | 0.00 | 79 |

续表

| 国家 | HI | 排名 | 人均GDP | 排名 | $pGDP_{us}/pGDP_i$ | 排名 | DPI | 排名 |
|---|---|---|---|---|---|---|---|---|
| 毛里求斯 | 0.30 | 74 | 9252.11 | 63 | -0.56 | 116 | -0.26 | 103 |
| 南苏丹 | -1.75 | 170 | 730.58 | 158 | 1.34 | 21 | -0.41 | 116 |
| 刚果（布） | -0.55 | 143 | 1851.20 | 131 | 0.09 | 48 | -0.46 | 120 |
| 喀麦隆 | -1.25 | 162 | 1217.26 | 143 | 0.52 | 36 | -0.73 | 139 |
| 乍得 | -1.96 | 172 | 775.70 | 155 | 1.22 | 24 | -0.74 | 140 |
| 塞舌尔 | -0.58 | 147 | 15390.04 | 46 | -0.62 | 133 | -1.20 | 155 |
| 莱索托 | -1.91 | 171 | 1066.99 | 149 | 0.69 | 30 | -1.21 | 158 |
| 纳米比亚 | -1.03 | 156 | 4673.57 | 96 | -0.40 | 83 | -1.42 | 161 |
| 苏丹 | -1.41 | 164 | 2414.72 | 124 | -0.09 | 55 | -1.50 | 162 |
| 吉布提 | -1.56 | 169 | 1945.12 | 129 | 0.06 | 50 | -1.51 | 163 |
| 博茨瓦纳 | -1.25 | 161 | 6360.14 | 81 | -0.48 | 98 | -1.73 | 165 |
| 科特迪瓦 | -2.24 | 174 | 1398.99 | 139 | 0.36 | 40 | -1.88 | 168 |
| 加蓬 | -1.45 | 165 | 8266.45 | 70 | -0.54 | 109 | -1.98 | 171 |
| 南非 | -2.04 | 173 | 5718.24 | 87 | -0.45 | 92 | -2.49 | 174 |
| 尼日利亚 | -2.50 | 175 | 2671.72 | 121 | -0.15 | 58 | -2.65 | 175 |
| 安哥拉 | -2.72 | 176 | 4101.47 | 101 | -0.35 | 78 | -3.07 | 176 |
| 斯威士兰 | -3.01 | 177 | 3200.14 | 114 | -0.25 | 65 | -3.26 | 177 |
| 赤道几内亚 | -3.60 | 178 | 14439.59 | 47 | -0.61 | 132 | -4.22 | 178 |

注：①本表按照DPI得分由高到低排序。②2015年测算样本为全球185个样本国家，本表显示了其中50个非洲样本国家得分及排名。③人均GDP以现价美元计价，单位为美元。

由表5-2可知，处于落后地区的非洲国家并非没有发展的可能，相反，因为其相对落后而存在巨大的后发优势和赶超可能。表5-2中排名靠前的非洲国家人均GDP与美国都存在显著差距，而这一差距正是这些国家试图弥补和赶超的空间。如前文所述，后发优势理论指出，经济增长速率往往与初始阶段的经济发展状态成反比，后发国家在前人基础上可以运用更加成熟的技术和经验，以跨越式的发展实现自身的追赶。同时，后发国家应该根据自身状况选择一条适合自身条件的发展道路，从而将后发潜力转变为赶超能力。国际货币基金组织及世界银行认为，非洲是"尚未开发的大陆"，拥有丰富的资源，世界12%的石油储备、40%的黄金、80%~90%的铬和铂族金属以及丰富的木材资源，可以享受全球技术发展带来的先进的通信技术及便捷的交通体系以降低区域贸易的成本；同时，进入 21 世纪后的政治稳定能够为非洲未来一段时期的发展释放"稳定红利"（薛琳和丁伟，2014），这都为非洲实现后发赶超提供了资源。①

　　近年来，非洲国家快速的经济增长也反映了在技术繁荣时期，数字经济和信息技术为非洲国家的发展带来了巨大的推动力，非洲在现有技术的推动下，依托其丰富的自然资源和劳动力资源，借助发达经济体的援助和技术转移以及新兴经济体崛起带来的投资与合作实现了中高速的增长。但是，非洲人民并没有在这条发展道路中获得相应的收益。经济增长速度的快速提升未能转变为非洲人民生存环境和发展条件的相应改善。

　　正因如此，将巨大的发展潜力转化为实际的经济增长动力，还应该选择一条长期可行的发展道路。本书所提出的人力资本相对超前投资的发展方式是一条相对注重公平、更加关注人的发展的增长道路。我们认为，更加注重人力资本相对超前投资，会为国家带来长期稳定的经济增长。② 如果非洲国家能够将有限的资源持续稳定地投入人力资本提升中，实现民众对生存权和发展权的诉求，那么目前的经济差距就有可能转变为巨大的增长空间。在表 5-2 中，人力资本相对超前投资指数得分较高的国家往往具有领先于其他国家的发展潜力；而排名末端的国家，其人力资本相对超前指数得分都相对较低，甚至排名世界末端，尽管其可能拥有相对领先的经济水平（如赤道几内亚、加蓬、南非等）。因此，不能以短期的发展状况去判定长期的发展潜力，也不能以经济增长速率判定国家发展状况。一个更加注重人本关怀的国家和社会，在其经济增长背后蕴含着持续增长的潜力，具备将后发优势转变为赶超能力的可能。如布隆迪、马拉维、马达加斯加等国，若能够保持持续的人力资本相对超前投资，其人均 GDP 绝对落后的局面势必将有所改观。

# 第四节　非洲国家投资潜力分析

　　通过第四章式（4-2）及式（4-3）可以计算得到非洲国家现阶段和潜在的

---

① 资料来源：联合国新闻．《非洲经济报告》：基于初级商品的工业化是促进非洲经济增长的关键 [EB/OL]．[2013-4-23]．http：//www.un.org/chinese/News/story.asp？NewsID=19668&Kw1=%E9%9D%9E%E6%B4%B2%E7%BB%8F%E6%B5%8E%E6%8A%A5%E5%91%8A&Kw2=&Kw3=。

② 可参考本书第三章第三节和第四节。

投资潜力指数及其在全世界 185 个样本国家中的排名，具体数值及排名如表 5-3 所示。

表 5-3　非洲国家投资潜力指数得分及排名

| 国家 | IPI$_N$ | 排名 | GDP | 排名 | IPI$_F$ | 排名 | POP | 排名 | HI | 排名 | DPI | 排名 | I |
|---|---|---|---|---|---|---|---|---|---|---|---|---|---|
| 布隆迪 | 2.00 | 3 | 1.00 | 152 | 2.02 | 3 | 1.01 | 75 | 0.38 | 60 | 5.09 | 1 | 7.36 |
| 马拉维 | 1.93 | 4 | 1.00 | 142 | 1.95 | 4 | 1.01 | 60 | 1.09 | 12 | 4.42 | 2 | 287.75 |
| 马达加斯加 | 1.90 | 5 | 1.00 | 130 | 1.94 | 5 | 1.02 | 49 | 1.15 | 8 | 4.18 | 3 | 440.83 |
| 尼日尔 | 1.81 | 6 | 1.00 | 138 | 1.84 | 6 | 1.01 | 54 | -0.14 | 124 | 3.33 | 4 | 529.27 |
| 利比里亚 | 1.77 | 7 | 1.00 | 155 | 1.77 | 11 | 1.00 | 115 | 0.35 | 65 | 2.93 | 5 | 1673.50 |
| 中非共和国 | 1.75 | 10 | 1.00 | 159 | 1.75 | 12 | 1.00 | 111 | -1.21 | 159 | 2.73 | 7 | 2192.74 |
| 刚果（金） | 1.74 | 11 | 1.00 | 90 | 1.83 | 7 | 1.06 | 18 | 0.03 | 101 | 2.61 | 8 | 626.96 |
| 冈比亚 | 1.72 | 12 | 1.00 | 167 | 1.72 | 13 | 1.00 | 136 | 0.03 | 100 | 2.51 | 9 | 3.00 |
| 多哥 | 1.71 | 13 | 1.00 | 148 | 1.72 | 15 | 1.01 | 95 | 0.39 | 59 | 2.36 | 10 | 10.59 |
| 卢旺达 | 1.67 | 16 | 1.00 | 136 | 1.69 | 18 | 1.01 | 71 | 0.60 | 40 | 2.04 | 12 | 257.76 |
| 埃塞俄比亚 | 1.67 | 17 | 1.00 | 71 | 1.79 | 10 | 1.07 | 13 | 0.26 | 85 | 1.97 | 14 | 379.81 |
| 科摩罗 | 1.65 | 21 | 1.00 | 172 | 1.65 | 22 | 1.00 | 149 | 0.47 | 52 | 1.85 | 16 | 48.23 |
| 几内亚 | 1.65 | 22 | 1.00 | 139 | 1.66 | 21 | 1.01 | 69 | -0.29 | 130 | 1.83 | 17 | 5.15 |
| 塞内加尔 | 1.60 | 26 | 1.00 | 115 | 1.62 | 29 | 1.01 | 67 | 0.42 | 56 | 1.38 | 21 | 1604.60 |
| 莫桑比克 | 1.60 | 27 | 1.00 | 109 | 1.63 | 27 | 1.02 | 45 | -0.75 | 151 | 1.37 | 22 | 3866.83 |
| 布基纳法索 | 1.58 | 32 | 1.00 | 126 | 1.60 | 33 | 1.01 | 56 | -0.62 | 148 | 1.22 | 25 | 409.00 |
| 坦桑尼亚 | 1.58 | 36 | 1.00 | 81 | 1.64 | 26 | 1.04 | 25 | 0.14 | 93 | 1.13 | 27 | 538.48 |
| 几内亚比绍 | 1.57 | 38 | 1.00 | 165 | 1.57 | 39 | 1.00 | 138 | -0.81 | 153 | 1.10 | 28 | 231.81 |
| 乌干达 | 1.57 | 40 | 1.00 | 95 | 1.61 | 30 | 1.03 | 34 | -0.34 | 133 | 1.07 | 30 | 149.70 |
| 贝宁 | 1.57 | 41 | 1.00 | 135 | 1.58 | 35 | 1.01 | 77 | -0.20 | 127 | 1.05 | 31 | 18.58 |
| 突尼斯 | 1.54 | 46 | 1.00 | 82 | 1.55 | 45 | 1.01 | 73 | 1.10 | 11 | 0.78 | 35 | -584.00 |
| 阿尔及利亚 | 1.53 | 49 | 1.01 | 53 | 1.56 | 40 | 1.03 | 33 | 0.99 | 15 | 0.63 | 41 | 3254.80 |
| 摩洛哥 | 1.53 | 50 | 1.01 | 58 | 1.56 | 42 | 1.03 | 38 | 0.82 | 25 | 0.63 | 42 | 6925.20 |
| 佛得角 | 1.53 | 53 | 1.00 | 158 | 1.53 | 54 | 1.00 | 156 | 0.90 | 21 | 0.67 | 38 | 1001.72 |
| 马里 | 1.52 | 56 | 1.00 | 117 | 1.54 | 49 | 1.01 | 58 | -0.76 | 152 | 0.60 | 43 | 275.41 |
| 圣多美与普林希比 | 1.50 | 65 | 1.00 | 175 | 1.50 | 66 | 1.00 | 166 | 0.24 | 87 | 0.42 | 50 | 115.74 |
| 津巴布韦 | 1.49 | 69 | 1.00 | 110 | 1.51 | 62 | 1.01 | 65 | -0.55 | 142 | 0.36 | 52 | 421.00 |

续表

| 国家 | IPI$_N$ | 排名 | GDP | 排名 | IPI$_F$ | 排名 | POP | 排名 | HI | 排名 | DPI | 排名 | I |
|---|---|---|---|---|---|---|---|---|---|---|---|---|---|
| 埃及 | 1.49 | 73 | 1.02 | 30 | 1.56 | 44 | 1.07 | 15 | 0.36 | 64 | 0.06 | 70 | 619.72 |
| 赞比亚 | 1.47 | 81 | 1.00 | 102 | 1.49 | 76 | 1.01 | 63 | -0.25 | 128 | 0.18 | 63 | 28.58 |
| 塞拉利昂 | 1.46 | 89 | 1.00 | 146 | 1.47 | 88 | 1.00 | 100 | -1.48 | 167 | 0.11 | 67 | 1582.67 |
| 肯尼亚 | 1.46 | 97 | 1.00 | 69 | 1.50 | 64 | 1.03 | 29 | -0.36 | 136 | 0.01 | 78 | 3192.30 |
| 加纳 | 1.46 | 102 | 1.00 | 86 | 1.48 | 78 | 1.02 | 46 | -0.38 | 137 | 0.00 | 79 | 263.00 |
| 毛里求斯 | 1.43 | 115 | 1.00 | 122 | 1.43 | 114 | 1.00 | 142 | 0.30 | 74 | -0.26 | 103 | 208.29 |
| 南苏丹 | 1.41 | 126 | 1.00 | 131 | 1.42 | 118 | 1.00 | 70 | -1.75 | 170 | -0.41 | 116 | -71.00 |
| 刚果（布） | 1.40 | 129 | 1.00 | 134 | 1.41 | 126 | 1.00 | 114 | -0.55 | 143 | -0.46 | 120 | 1866.00 |
| 喀麦隆 | 1.38 | 149 | 1.00 | 94 | 1.40 | 130 | 1.02 | 51 | -1.25 | 162 | -0.73 | 139 | 627.44 |
| 乍得 | 1.37 | 150 | 1.00 | 125 | 1.39 | 139 | 1.01 | 68 | -1.96 | 172 | -0.74 | 140 | 559.64 |
| 塞舌尔 | 1.32 | 156 | 1.00 | 161 | 1.32 | 158 | 1.00 | 169 | -0.58 | 147 | -1.20 | 155 | 1728.37 |
| 莱索托 | 1.32 | 159 | 1.00 | 153 | 1.32 | 157 | 1.00 | 133 | -1.91 | 171 | -1.21 | 158 | 168.86 |
| 纳米比亚 | 1.30 | 161 | 1.00 | 123 | 1.30 | 163 | 1.00 | 130 | -1.03 | 156 | -1.42 | 161 | 194.55 |
| 苏丹 | 1.30 | 162 | 1.01 | 60 | 1.33 | 156 | 1.03 | 32 | -1.41 | 164 | -1.50 | 162 | 3064.17 |
| 吉布提 | 1.29 | 163 | 1.00 | 157 | 1.29 | 164 | 1.00 | 147 | -1.56 | 169 | -1.51 | 163 | 1095.05 |
| 博茨瓦纳 | 1.27 | 166 | 1.00 | 111 | 1.27 | 167 | 1.00 | 131 | -1.25 | 161 | -1.73 | 165 | 124.00 |
| 科特迪瓦 | 1.25 | 168 | 1.00 | 92 | 1.27 | 166 | 1.02 | 52 | -2.24 | 174 | -1.88 | 168 | 494.21 |
| 加蓬 | 1.24 | 172 | 1.00 | 113 | 1.24 | 172 | 1.00 | 139 | -1.45 | 165 | -1.98 | 171 | 679.45 |
| 南非 | 1.21 | 174 | 1.02 | 31 | 1.23 | 174 | 1.04 | 23 | -2.04 | 173 | -2.49 | 174 | 623.89 |
| 尼日利亚 | 1.20 | 175 | 1.03 | 23 | 1.32 | 161 | 1.13 | 7 | -2.50 | 175 | -2.65 | 175 | 1729.38 |
| 安哥拉 | 1.13 | 176 | 1.01 | 57 | 1.14 | 176 | 1.02 | 48 | -2.72 | 176 | -3.07 | 176 | 16176.37 |
| 斯威士兰 | 1.10 | 177 | 1.00 | 147 | 1.10 | 177 | 1.00 | 142 | -3.01 | 177 | -3.26 | 177 | 31.68 |
| 赤道几内亚 | 1.00 | 178 | 1.00 | 120 | 1.00 | 178 | 1.00 | 149 | -3.60 | 178 | -4.22 | 178 | 233.32 |

注：①本表 IPI$_N$ 和 IPI$_F$ 分别为本书所测算的现阶段及潜在的投资潜力指数，并按照 IPI$_N$ 得分由高到低排序。②2015 年测算样本为全球 185 个样本国家，本表显示了其中 50 个非洲样本国家得分及排名。③表中 GDP 与 POP 分别代表该国国内生产总值及总人口，经平移变换转换为 ［1 2］ 区间内数值，I 为该国 2015 年实际外商投资流入额（现价美元），单位为百万美元。

由表 5-3 可以看出，投资潜力与发展潜力高度相关（相关系数 ρ=0.99，P＝0.00），具有良好发展势头的国家，往往容易吸引投资流入。而这一发展潜力依赖于稳定的人力资本相对超前投资，即对于本国民众的关怀。而非洲自身尚存的经济发展差距为其后续发展提供了广阔的空间。不难看出，非洲国家投资潜力在世界范围内具有一定的竞争力。以当前投资潜力指数看，有布隆迪、马拉维等六个国家可以排进世界前十位、有 30 个国家位列世界 185 个样本国家的上半区，而以潜在投资潜力指数看，情况略好，排进世界上半区的国家可达 32 个，充分显示了非洲广阔的市场空间。

进入 21 世纪的非洲，人口快速增长，国内政治环境相对稳定，市场需求旺盛，国际市场资源类商品及大宗商品价格上涨，运输成本普遍下降，外商投资活动活跃，迎来了吸引外商投资的黄金时期（齐国强，2015）。非洲已成为外商投资增长最快的地区之一，外商投资流入额由 2000 年的 109.47 亿美元快速增长到 2015 年的 614.95 亿美元，年均增长率达到 12.19%，同期世界平均水平仅为 1.79%。但在金融危机后，受国际能源价格波动、西方经济体对外贸易收紧以及整体经济环境影响，非洲吸引外商投资出现了下降趋势，2016 年非洲国家吸引外商投资额较 2008 年峰值下降了 18.47%。[①] 非洲吸引外商仍然集中于能源和原材料采掘行业，技术含量低，受国际原材料价格影响大，国家发展受制于人，与国际大环境息息相关，自主发展能力相对薄弱。这种以出口依赖、初级采掘为基础的经济增长方式不具备可持续发展的基础，也不能改变非洲在世界经济体系中扮演原料产地和产品销售市场地位的角色（张忠祥，2016）。因此，要让发展成果惠及更广泛的民众，实现可持续的发展，就应更加重视对人的关怀和对社会公平的关注，加大人力资本相对超前投资力度是其中的有效途径。表 5-3 中，具有较高投资潜力的国家，往往也具备了较为超前的人力资本投资（HI 及 IPI 相关系数 $\rho=0.789$，$P=0.000$），对于人本的关注为以上国家积累了可持续发展的相对优势——相对于同等发展阶段国家较高质量的人力资本，因此，在面对同样的发展机会时，这些国家具备了更大的发展潜力由此也具备了更高的投资价值和投资潜力。

需要指出的是，与之前计算类似，本书测算的投资潜力指数为该国在现有经济发展条件及人口条件下，按照人力资本相对超前投资理念发展所可能具备的投资潜力，而非当前的实际引资能力。2015 年非洲国家外商投资流入额排名靠前的国家与本书投资潜力指数测算结果存在较大的差异，其原因主要有二：一是本书测算的投资潜力是基于现国家状况（经济发展状况及人口规模）而推算的未来时点的投资潜力，尤其是基于人口测算的潜在投资潜力；二是本书测算的投资

---

① 资料来源：联合国贸易和发展会议（UNCTAD），*World Investment Report* 2017。

潜力指数是指在人力资本相对超前投资的基础上，与国家现阶段经济发展和人口状况相结合而可以达到的理论投资潜力，而投资潜力的实现首先需要以政府对人的关怀和社会公平的关注为基础。因此我们认为，如果布隆迪、马拉维、马达加斯加等国在重视人权与社会公平的基础之上，使发展成果更多地包含人力资本质量的提升，使人口的快速增长伴随人口质量的同步提升，使民众得以公平地享有发展权和生存权，那么其现有的人力资本相对超前投资更可能为其带来持续的增长潜力，也就更具有投资的潜力。

# 第五节　本章小结

21世纪伊始的非洲大陆是一片欣欣向荣的投资热土，但也是充满未知和挑战的落后地区。近年来，非洲国家开始转变发展思路，寻求更包容的经济增长方式。本书提出的人力资本超前投资的增长路径强调在现有经济发展条件下，将更多的资源投入人的发展中，加强对人的生存权和发展权的关注，从而为非洲国家实现持续、稳定的经济增长提供保障，提升该地区投资吸引力。基于此，本书提出以下政策建议：

## 一、加强生活基础设施建设，提升民众生活水平

水、土地、空气以及食物是人类赖以生存的基本生活要素，是人的生存权的基本保障，干净的生存资源和卫生、充足的食品供应是人力资本提升的前提。非洲虽然拥有丰富的劳动力资源，但不能满足深度参与经济活动的要求，其中很重要的原因在于其生存权未能得到有效保证，尤其在撒哈拉以南非洲地区，人民生活要素供应条件更加恶劣，世界银行认为，该地区大多数国家存在劳动力供给的健康风险问题（Filmer and Schady，2014）。生存权难以实现导致非洲劳动力难以拥有适应工作所需的身体条件，从而严重影响生产效率，劳动力供给相对不足。因此，非洲的发展应该以重视人的发展为基础，关注民众的生活质量和生存环境，加强安全用水、新鲜食物的供应能力，提升生存环境的卫生条件，保障生活用电的有效供给，从而使民众生活基本需求得以满足。在此基础上加大交通、通信、市政环卫等基础设施建设，提升民众生活总体质量。同时，改善非洲地区医

疗卫生条件，加大基层卫生服务的覆盖面和服务水平，保障最广泛群众和最基层人民得以享受公平的医疗服务和健康保障，降低地区婴儿死亡率和疾病致死率，加强医务人才培养，提升医疗服务水平和供给能力。加强疫苗及药物的开发和生产，降低传染病传播及细菌感染，延长人口寿命。同时，良好的基础设施也是招商引资的前提，完善的生活配套、高效的交通及运输网线可以减少投资成本、降低投资风险，是培养投资潜力的必然要求。

## 二、提升全民教育水平

教育是提升劳动力素质、满足生产所需技能的必由之路。非洲有丰富的劳动力和巨大的后发空间，但能否将该潜力转化为现实动力，还应看非洲是否有后发赶超必备的条件——人力资本的满足。后发优势在肯定发展速率与初始阶段发展水平成反比的同时也强调过大的发展差距不利于后发赶超，主要是因为过度落后国家不具备技术吸收、转化、再应用所需的人才及劳动力，投资者也很难依靠当地有限质量的劳动力进行技术生产。因此，劳动者质量制约着非洲国家的发展潜力与投资潜力。基于此，非洲应加强对教育——尤其是基础教育的投入，完善义务教育覆盖和推广，加大适龄儿童入学率，使最广泛的人能够接受教育，在基层村寨建设学校，资助贫困人群接受教育。完善教学设施，降低教学班级人数，改建、新建合格校舍，为教育机构提供安全的饮用水和卫生的活动环境，保障教学用电的持续供应。保证师生能够获得充足的课本和教学用具，重视学校卫生，保护学校基础设施。联合国千年发展目标中教育普及是一项重要任务，教育缺失是贫困的原因，但教育也是脱贫之路。值得说明的是，普及教育不仅指入学机会的提升，更是教育质量、教育公平及教育成果的综合提升。目前的非洲，低收入人群完成中小学教育的概率仅是富裕家庭的 1/10（Keith，2013），因此，下一阶段工作应该更加注重对非洲低收入群体子女受教育权的关注，尤其对女性平等受教育权的维护，加大对低收入群体的补助和扶持，加强贫困地区教育设施的建设及教育设备的配置，通过行政力量调动教育资源向教育落后地区倾斜。提升教育质量，在各级学校建立课堂学习成果评估体系，并将其制度化，有效衔接各阶段教育，形成统一教育体系，建立国家资格框架（NQFs）和区域资格框架（RQFs），促进培养学生能力和素养的多种途径的畅通。在此基础上，发展高等教育，将科研与优先发展领域联系起来，提高国际竞争力，为非洲实现后发优势储备必要的人才队伍。

### 三、优化产业结构，实现包容性增长

非洲经济近年来的快速增长并不能掩盖其发展过程中暴露出来的各种弊端，而这些弊端让人开始怀疑非洲这样的发展速度能否持续。回顾这波快速增长周期，非洲经济增长动力在于：①对外依靠援助、债务减免以及能源价格上升而享有的商品利润；②对内依靠品和服务的需求上涨，以及对资源实行更有效的利用（Rodrik，2013）。不难看出，非洲整体经济结构仍然是以能源、原材料为主的采掘及初级加工产业，跨国公司对非洲的投资也聚焦于这一能够快速获利的领域，这种以资源采掘为基础的产业结构使非洲陷入低附加值生产的境地，生产力的增长空间不足以支撑持续的经济高增长与创造就业，且难以带动当地市场和其他经济部门的发展（Harrak，2017），持续增长动力不足。非洲是当今世界人口增长速度最快的地区，若不能实现可持续的增长，未来10年，撒哈拉以南非洲的青年人就业率将仅有25%，而得以进入现代生产部门的人数更是微乎其微。因此，以提升人口素质、保增长、优化结构为基础的包容性增长势在必行，非洲大陆也已逐步推进经济发展转型。经济增长的重要投入要素就是人力资本，非洲拥有巨大的人口基础和增长率，但是却未能将其转变为有效的人力资本投入，而能够适应现代部门的高质量人力资本则更少。下一步的发展中，非洲应该摆脱对自然资源的高度依赖，逐步提升制造业能力，实现自主发展。这就需要与发展相适应的人力资本的提升，即本书所强调的对人力资本的超前投资。经济增长归根结底还是资本和人才的投入，资本的趋利性使其往往流向具有投资价值和高回报的部门。相比之下，人才更为难得，人力资本超前投资就是对人的更大程度的关怀，使发展有赖于人的发展，发展成果惠及人民，提升人口素质，为经济持续发展创造条件。

### 四、自主发展，加大与新兴经济体合作

当今世界经济、政治、文明体系依然是西方世界主导的体系，非洲国家依然处于世界体系边缘，仍受困于边缘区向中心地区提供初级产品和原料的不平等的生产体系结构之中。① 非洲的发展仍然受制于西方，成为其利益的来源，国家自

---

① 伊曼纽尔·沃勒斯坦等. 沃勒斯坦精粹［M］. 黄光耀，译. 南京：南京大学出版社，2003. 关于非洲经济发展的深刻剖析另见该书"资本主义世界中的非洲"一节。

主发展能力有限，政府能力低下。同时，受全球金融危机的影响，西方国家经济被拖累，整体经济实力被削弱，对全球经济拉动作用有限，在全球经济增长疲软的时期，新兴市场提供了继续前进的经济动力。同样作为世界上经济增长最快的国家和地区，新兴经济体具有巨大的发展潜力，同时，作为发展中国家，非洲国家与新兴经济体在世界体系中具有相同的地位和相似的发展理念。非洲国家可以借助新兴经济体的发展势头，在投资、合作、人才培养、技术转让、人文交流等方面展开广泛的合作。新兴经济体与非洲的合作属于南南合作，更加平等互利，非洲可以借此摆脱对西方霸权主义的依赖，选择适合自身的发展道路，提升国际地位。新兴经济体已成为世界贸易的重要一环，非洲应加大对新兴经济体的引资力度，改善贸易环境，使非洲的资源优势转变为经济优势。同时，新兴经济体投资非洲的过程也是技术转移的过程，有利于非洲技术的改进和产业结构的升级。新兴经济体对非洲的建设和援助使非洲基础设施建设快速推进，为非洲建设提供了大量资金，也更加能够体现平等和对彼此的尊重。

### 五、把握"一带一路"倡议机遇期，加强中非合作

中国提出的"一带一路"倡议包括政策沟通、设施联通、贸易畅通、资金融通、民心相通五通内涵，不仅是经济层面的合作，更是文化、思想、信息和发展方式等的互通与共享。而作为发展中大国，中国提出的"一带一路"倡议让全世界国家共同参与，对沿线国家，尤其是沿线发展中国家将产生深远影响（邹嘉龄等，2015）。非洲作为相对落后地区，难以融入西方主导的世界治理体系，但中国提出的"一带一路"倡议却可以将非洲各国广泛地吸纳入世界合作体系。中国作为新兴经济体的典型代表，拥有长达近 40 年的中高速持续增长，从曾经相对落后的国家跃居世界第二大经济体，创造了"中国奇迹"，其中一个重要因素是，中国改革开放前 30 年持续的人力资本超前投资为改革开放以来经济的快速增长提供了充足动力。中国愿意与非洲各国共享发展经验与发展成果，中国对非洲的援助与投资持续加大，中国已连续 7 年成为非洲最大贸易伙伴国，而非洲也连续 7 年成为中国第二大海外工程承包市场。① 中国愿意与包括非洲国家在内的相关国家一道，共建美好愿景，让发展成果惠及更广泛的区域及其人民。2008年金融危机之后的非洲在世界经济持续低迷中实现了经济平稳持续增长，其具有

---

① 2017 年 1 月 16 日的《中国联合商报》第 B01 版。

巨大的市场需求，在西方经济体受金融危机拖累之时，非洲需要寻找能够持续投入和协助其开发资源的投资主体（王南，2015），而中国持续的经济增长和近年来不断扩大的海外投资为非洲的发展注入了持续动力。融入"一带一路"倡议，非洲不仅可以有效吸引外资，与中国在基础设施建设方面开展广泛的合作，从中国先进的科学技术中受益，提升国家竞争力，更可以通过"一带一路"倡议构建的合作体系吸引包括"一带一路"成员国在内的沿线及辐射区域各国开展更广泛的投资与合作，为非洲经济发展带来持续动力。

# 第六章　"一带一路"沿线国家投资潜力及中国投资选择

本章将依托第四章测算的国家投资潜力指数（DPI）分析中国"一带一路"倡议背景下沿线国家及中国参与"一带一路"倡议省份所具备的投资潜力，为中国"一带一路"建设及选择投资目标国提供理论参考。同时，借助"一带一路"倡议，为沿线地区实现后发赶超与持续发展提供中国模式与发展经验。共同打造政治互信、经济融合、文化包容的利益共同体、命运共同体和责任共同体。

## 第一节　"一带一路"发展概况

2013 年，习近平主席提出"一带一路"倡议，2015 年，《推动共建丝绸之路经济带 21 世纪海上丝绸之路的愿景与行动》正式发布。与以往以西方为中心的地区性合作不同，"一带一路"倡议是一个合作倡议，表明中国进一步扩大开放的决心（邹嘉龄等，2015）。西方国家主导下的现代全球化将东方主导的全球化视为竞争者，由于信息鸿沟、人力资源缺乏、基础设施落后，发展中国家处于全球化的边缘地带，难以享受到全球化带来的经济红利（Melaku，2017）。而作为发展中大国，中国提出的"一带一路"倡议让全世界国家共同参与，对沿线国家，尤其是沿线发展中国家将产生深远影响（邹嘉龄等，2015）。

中国提出的"一带一路"倡议包括政策沟通、设施联通、贸易畅通、资金融通、民心相通五通内涵,不仅是经济层面的合作,更是文化、思想、信息和发展等方式的互通与共享。"一带一路"建设既是构建中国全方位开放新格局的必然要求,也是促进亚欧国家共同发展繁荣的必然选择(袁新涛,2014)。截止到2016 年,中国及"一带一路"沿线 64 个国家经济总量占世界经济总量的30.9%,贸易总量占全球份额的 32.9%,人口总数占全球人口总数的 61.9%(数据来源于《"一带一路"贸易合作大数据报告 2017》)。作为"共同体",中国与"一带一路"沿线国家不是简单的双边贸易或区域合作,而是涵盖亚、欧、非三大洲,涉及西欧、日韩等发达国家,中亚、东欧等苏东国家以及南亚、西亚、非洲等第三世界国家(申现杰和肖金成,2014)构筑的命运共同体、利益共同体和人类共同体,是中国向世界传递的东方智慧(张文木,2017),中国愿意与包括"一带一路"沿线国家在内的相关国家一道,共建美好愿景,让共建成果惠及更广泛的地区。

诚然,"一带一路"建设面临着巨大的风险与挑战,"一带一路"沿线国家不乏政局动荡不断、经济增长乏力、地区安全不稳之国,主要表现为以大国政治博弈、领土和岛屿争端以及区域内个别国家政局动荡为主的传统安全挑战和以恐怖主义、海盗以及跨国有组织犯罪为主的非传统安全威胁(刘海泉,2015)。不够稳定的政局与地区环境导致东道国吸引投资的政策变化较大,使进驻跨国公司面临较大风险(李宇等,2016),不利于该国提升引资能力和培养投资潜力。部分沿线国家动荡的社会环境和频繁的恐怖活动不仅通过残害生命、破坏财产等手段直接影响社会有序的经济活动,还会通过引起全社会范围内的极大恐慌情绪间接造成政治和经济秩序波动、民众仇恨情绪累积、政府反恐与治安成本激增、企业投融资和生产经营活动受阻等危害(张晓磊和张二震,2016),成为该国(地区)实现持续增长和吸引投资的主要阻碍。

可见,作为后发国家,"一带一路"多数沿线国家与发达国家存在明显的经济差距,投资效率不高以及与投资前沿面所存在的差距表明其具有巨大的投资提升空间。然而,正如本书第四章所论述的,巨大的经济差距虽为"一带一路"沿线国家提供了后发赶超的经济发展空间,但发展潜力并不必然转化为发展能力,过大的投资空间也无法轻易弥补。后进国家在享有后发优势的同时,往往忽略了先发国家为取得成功所创造的社会条件以及各要素与社会能力的内在联系,从而使后发潜力难以转变为后发能力。如本书第二章所述,后发国家在模仿和追赶先发国家时,往往并不具备先发国所具备的社会能力(Levy,1966;Abramovitz，1986）。而这种社会能力的构建有赖于教育和卫生体系的完善，低下的教育水平和工业化水平使其不能有效利用技术差距以实现经济追赶。如果后发国家仅仅依靠对先发国家制度的照搬和技术的模仿，却不注重以人才资源为基础的"社会能力"的积累，那么该后发国就不具备掌握先进技术的人才和使先进技术良好运行的社会基础，其增长潜力就相对很小（Abramovitz，1986）。例如，日本在20世纪50~60年代的高速增长体现了其后发优势，同时日本具备很强的掌握和消化现代技术的"社会能力"，丰富的人力资源、现代化的经营组织、发达的信息产业和装备产业为日本发挥后发优势和实现经济追赶创造了必要条件。随着日本与其他发达国家之间的技术差距不断缩小，日本像以前一样依靠引进技术实现经济追赶的优势日益削弱，其渐渐失去了所谓的"后进性利益"，也逐步失去了追赶先发国家的动力（南亮进，1992）。

鉴于多数"一带一路"沿线国家相对落后的经济发展状况和有待提升的投资效率，结合中国"一带一路"倡议机遇期，本章将本书提出的人力资本相对超前投资的发展理念与"一带一路"沿线国家所具备的后发优势相结合，通过加强国家对人民的关怀程度，促进以人为本的发展方式，推动人力资本的提升，为"一带一路"沿线国家将发展潜力转变为发展能力提供参考。同时，结合市场规模、人口潜力及投资效率等因素，测算"一带一路"沿线国家所具备的投资潜力，为中国推进"一带一路"建设以及布局投资提供理论依据。

## 第二节　"一带一路"沿线国家投资潜力

截至2018年底，"一带一路"沿线国家中，与中国签订"一带一路"相关合作协议的国家有128个，结合本书2015年测算结果，"一带一路"协议签约国中叙利亚、委内瑞拉、巴勒斯坦、库克群岛、索马里以及纽埃6国数据缺失，故本章分析样本为包含中国在内的共 123 个国家，① 具体测算结果如附表 3 所示。从测算结果可得出以下三个结论：

第一，"一带一路"沿线国家具有较高投资潜力。作为发展中国家相对集中地区，"一带一路"成为拉动世界经济发展的潜在力量，贸易状况不断改善。2017 年，71 个"一带一路"主要沿线国家贸易总量已占全球贸易总量近三成，达到 27.8%，GDP 之和为 14.5 万亿美元，占全球 GDP 总量的 18.4%。② "一带一路"沿线国家正逐步成为全球不可忽视的地区。中国对"一带一路"沿线国家投资更是快速增长，2017 年，中国与"一带一路"国家的进出口总额扭转连续两年负增长局面，达到 14403.2 亿美元，同比增长 13.4%，高于我国整体外贸增速 5.9 个百分点，占中国进出口贸易总额的 36.2%，"一带一路"沿线国家的重要性凸显。其中，中国向"一带一路"沿线国家出口 772.6 亿美元，同比增长 8.5%，占中国总出口额的 34.1%；进口 6660.5 亿美元，同比增长 19.8%，占中国总进口额的 39.0%，近五年来进口额增速首次超过出口。由附表 3 中可见，（除去中国）122 个样本国家中，2015 年现阶段投资潜力指数（$IPI_N$）有 17 个国家进入世界前 30 位（182 个样本国家），③ 潜在投资潜力指数（$IPI_F$）有 21 个国家进入世界前 30 位，如表 6-1 所示。

---

① 123 个样本国家包括中国、斯洛文尼亚、布隆迪、塞拉利昂、马达加斯加、尼泊尔、多哥、阿富汗、印度、卢旺达、塔吉克斯坦、埃塞俄比亚、吉尔吉斯斯坦、莫桑比克、孟加拉国、塞内加尔、越南、乌干达、柬埔寨、乌克兰、冈比亚、阿尔巴尼亚、坦桑尼亚、韩国、几内亚、摩洛哥、突尼斯、伊朗、缅甸、摩尔多瓦、阿尔及利亚、肯尼亚、波黑、斯里兰卡、乌兹别克斯坦、希腊、格鲁吉亚、亚美尼亚、黑山、泰国、智利、佛得角、印度尼西亚、波兰、土耳其、厄瓜多尔、埃及、葡萄牙、马其顿、约旦、哥斯达黎加、赞比亚、俄罗斯、萨摩亚、萨尔瓦多、巴基斯坦、新西兰、菲律宾、东帝汶、不丹、捷克、斯洛伐克、塞尔维亚、黎巴嫩、瓦努阿图、保加利亚、毛里塔尼亚、白俄罗斯、多米尼克、玻利维亚、克罗地亚、蒙古国、以色列、罗马尼亚、利比亚、斐济、格林纳达、刚果（布）、多米尼加、津巴布韦、马耳他、乌拉圭、老挝、密克罗尼西亚、匈牙利、爱沙尼亚、马来西亚、加纳、奥地利、马尔代夫、也门、喀麦隆、阿塞拜疆、乍得、立陶宛、拉脱维亚、巴拿马、阿曼、安提瓜和巴布达、巴布亚新几内亚、巴林、南苏丹、哈萨克斯坦、伊拉克、苏里南、圭亚那、文莱、新加坡、阿拉伯联合酋长国、吉布提、苏丹、沙特阿拉伯、纳米比亚、科威特、土库曼斯坦、南非、加蓬、卡塔尔、安哥拉、特立尼达和多巴哥、科特迪瓦、尼日利亚、塞舌尔。具体参照中国一带一路网：http://www.yidaiyilu.gov.cn/。

② 资料来源：《"一带一路"贸易合作大数据报告 2018》。

③ 2015 年 185 个样本国家中几内亚比绍、所罗门群岛、圣马力诺 3 国 GDP 数据缺失，故本章测算版本中包含 182 个样本国家。

表6-1 "一带一路"沿线国家投资潜力指数进入全球前30位国家

| 国家 | HCRAI | HCRAI排名 | DPI | DPI排名 | $IPI_N$ | $IPI_N$排名 | 国家 | HCRAI | HCRAI排名 | DPI | DPI排名 | $IPI_F$ | $IPI_F$排名 |
|---|---|---|---|---|---|---|---|---|---|---|---|---|---|
| 中国 | 0.36 | 69 | -0.17 | 97 | 2.28 | 2 | 印度 | 0.33 | 74 | 0.60 | 39 | 2.93 | 1 |
| 斯洛文尼亚 | 2.41 | 2 | 5.05 | 1 | 2.00 | 3 | 中国 | 0.36 | 69 | -0.17 | 97 | 2.83 | 2 |
| 布隆迪 | 0.13 | 100 | 4.69 | 2 | 1.96 | 4 | 斯洛文尼亚 | 2.41 | 2 | 5.05 | 1 | 2.02 | 3 |
| 塞拉利昂 | 2.64 | 1 | 4.68 | 3 | 1.96 | 5 | 布隆迪 | 0.13 | 100 | 4.69 | 2 | 1.97 | 4 |
| 马达加斯加 | 0.84 | 22 | 4.11 | 5 | 1.90 | 7 | 塞拉利昂 | 2.64 | 1 | 4.68 | 3 | 1.97 | 5 |
| 尼泊尔 | 1.18 | 7 | 2.61 | 7 | 1.73 | 10 | 马达加斯加 | 0.84 | 22 | 4.11 | 5 | 1.93 | 7 |
| 多哥 | 0.12 | 101 | 2.25 | 9 | 1.69 | 12 | 孟加拉国 | 0.96 | 15 | 1.56 | 18 | 1.80 | 8 |
| 阿富汗 | 0.21 | 88 | 2.21 | 10 | 1.68 | 13 | 尼泊尔 | 1.18 | 7 | 2.61 | 7 | 1.76 | 11 |
| 印度 | 0.33 | 74 | 0.60 | 39 | 1.68 | 15 | 埃塞俄比亚 | 0.06 | 106 | 1.82 | 15 | 1.76 | 12 |
| 卢旺达 | 0.57 | 41 | 2.11 | 12 | 1.67 | 16 | 阿富汗 | 0.21 | 88 | 2.21 | 10 | 1.72 | 13 |
| 塔吉克斯坦 | 0.99 | 14 | 2.01 | 13 | 1.66 | 17 | 多哥 | 0.12 | 101 | 2.25 | 9 | 1.70 | 15 |
| 埃塞俄比亚 | 0.06 | 106 | 1.82 | 15 | 1.64 | 18 | 越南 | 1.27 | 4 | 1.32 | 24 | 1.69 | 16 |
| 吉尔吉斯斯坦 | 1.16 | 8 | 1.86 | 14 | 1.64 | 19 | 卢旺达 | 0.57 | 41 | 2.11 | 12 | 1.68 | 17 |
| 莫桑比克 | -0.55 | 144 | 1.77 | 16 | 1.63 | 21 | 塔吉克斯坦 | 0.99 | 14 | 2.01 | 13 | 1.67 | 18 |
| 孟加拉国 | 0.96 | 15 | 1.56 | 18 | 1.63 | 22 | 莫桑比克 | -0.55 | 144 | 1.77 | 16 | 1.67 | 19 |
| 塞内加尔 | 1.03 | 12 | 1.66 | 17 | 1.62 | 23 | 印度尼西亚 | -0.05 | 117 | -0.29 | 114 | 1.66 | 20 |
| 越南 | 1.27 | 4 | 1.32 | 24 | 1.60 | 28 | 吉尔吉斯斯坦 | 1.16 | 8 | 1.86 | 14 | 1.65 | 21 |
| 乌干达 | -0.25 | 130 | 1.40 | 21 | 1.59 | 29 | 乌干达 | -0.25 | 130 | 1.40 | 21 | 1.64 | 22 |
| | | | | | | | 塞内加尔 | 1.03 | 12 | 1.66 | 17 | 1.64 | 23 |

续表

| 国家 | HCRAI | HCRAI 排名 | DPI | DPI 排名 | IPI$_N$ | IPI$_N$ 排名 | 国家 | HCRAI | HCRAI 排名 | DPI | DPI 排名 | IPI$_F$ | IPI$_F$ 排名 |
|---|---|---|---|---|---|---|---|---|---|---|---|---|---|
| | | | | | | | 巴基斯坦 | -0.46 | 139 | -0.06 | 87 | 1.62 | 27 |
| | | | | | | | **乌克兰** | **1.05** | **10** | **1.08** | **29** | **1.61** | **28** |
| | | | | | | | 坦桑尼亚 | -0.12 | 121 | 1.00 | 31 | 1.61 | 29 |

注：①表中为2015年182个样本国家的综合排名。②表中加粗字体国家为兑换能力为正值的国家，即该国人力资本相对超前投资领先于国家发展潜力排名的国家。本书认为，该类国家人力资本投资相对超前，具备投资潜力兑现的能力。

资料来源：笔者根据联合国开发计划署HDI数据库以及世界银行WDI数据库整理而得。

第二，"一带一路"沿线国家兑现投资潜力的能力有待提升。正如本书所述，投资潜力只是指国家在注重人力资本相对超前投资的前提下所可能具备的投资潜力，而非吸引投资的真正能力。结合第四章所给出的兑现能力指标，表6-1中，多数国家兑现其较高投资潜力的能力十分有限。如表6-1所示，投资潜力较强且人力资本投资相对超前的地区主要有中国、越南、乌克兰、塞内加尔、吉尔吉斯斯坦等国家。这些国家或是"一带一路"沿线国家中外商投资存量较大地区，或是近年来贸易发展较快地区。多数国家虽然具备了较高的投资潜力，但受社会与经济因素的影响，其兑现投资潜力的社会能力十分有限，对吸引外商投资产生了一定的负面影响。与其他地区相比，"一带一路"沿线国家在政治社会、经济金融、法律和主权信用等方面具有一些高风险特性：一是政治社会风险。"一带一路"包括地缘政治最为复杂的一些区域，该区域政局动荡，东西方多种文明在"一带一路"地区交会，导致该区域政治宗教冲突频繁发生。另外，"一带一路"区域部分国家民主化程度较低，政权频繁变更导致政策缺乏连续性，大国角力形势复杂。二是经济风险。"一带一路"沿线多数国家经济基础较为薄弱，市场经济制度不健全，经济结构单一，经济稳定性较差；金融系统较为脆弱，国内金融市场不发达，容易受到世界经济低迷和国际金融市场波动的影响。三是法律风险。"一带一路"沿线各国司法环境各异，法律法规、税收政策、办事流程差异较大，许多发展中国家甚至存在法律不完善乃至朝令夕改等问题。四是主权信用风险。"一带一路"沿线国家信用等级跨度大，信用风险水平各地区分布不平衡。诸多因素造成"一带一路"沿线国家与发达经济体具有较大的经济差距，为其实现后发赶超提供了发展空间，使其具有较高的发展潜力。"一带一路"沿线国家具有庞大的人口基数，却未能实现对人本的更加关注，人力资本投资相对滞后。"一带一路"沿线国家的投资潜力主要体现在发展潜力和潜在市场规模上，而实际经济、社会能力不足使其难以兑现其巨大的发展空间与投资潜力。

第三，六大经济走廊国家表现良好。在"一带一路"框架下，中国积极与沿线国家合作，先后打造新亚欧大陆桥、中蒙俄、中国—中亚—西亚、中国—中南半岛4个国际经济合作走廊以及中巴、孟中印缅两个海上经济走廊，共六大经济走廊。从本书测算结果看，六大经济走廊沿线国家呈现两大突出特点（见图6-1）：一是整体人力资本投资相对超前，各国兑现能力较强，36个样本国家中，兑现能力为负的国家仅有7个，说明其人力资本相对超前投资水平要高于其发展潜力水平。二是整体投资潜力巨大。36个样本国家中，现阶段投资潜力排进（2015年）182个样本国家中前半区的有19个，说明地区具有较大发展与投资空间。本书的测算印证了中国重点构筑的六大经济走廊具有良好的投资与发展空间。图6-1中第一象限国家同时具备较大的现阶段投资潜力与较强的兑现能力，应成为当期重点关注的投资目标国家。

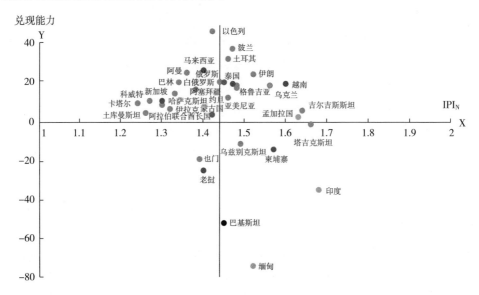

**图6-1　六大经济走廊国家投资潜力**

注：①本图包含六大经济走廊沿线共计36个样本国家，其中俄罗斯与哈萨克斯坦均出现在两大经济走廊名录中。②本图Y轴与X轴交点取值1.44，源于2015年182个样本国家中现阶段投资潜力指数得分前后半区分界为1.44。

## 第三节 中国"一带一路"省份与沿线国家比较分析

"一带一路"倡议不仅为沿线国家带来了巨大的发展机遇，也为中国沿线省份提供了全新的开放格局。本节将中国 30 个省份作为独立样本单位，加入 2015 年 182 个样本国家，考察 212 个样本区域 2015 年各类指数得分情况，同时重点考察 122 个"一带一路"沿线国家及中国 18 个"一带一路"重点省份共计 140 个样本 2015 年投资潜力情况。

### 一、样本选取及数据处理

考虑到"一带一路"提出时点及样本数据的可获得性，本书以 2015 年世界 182 个样本国家及中国 30 个省份作为测算样本，[①] 对 212 个样本区域现阶段投资潜力指数（$IPI_N$）及潜在投资潜力指数（$IPI_F$）进行重新测算。

由于跨国数据与中国地区间数据存在一定的口径及测度差异，本节在进行数据测算时对两套数据进行了调整，以期实现匹配。具体调整如下：

第一，投资潜力指数测算所用人均 GDP（经济发展水平）数据统计货币单位不同，跨国数据使用现价美元，中国各地区数据为现价人民币衡量，本节数据处理通过汇率调整将货币单位统一。调整思路有二：一是使用世界银行数据库世界发展指数（WDI）中国 2015 年人均 GDP 现价本币数值（50251 元）比上现价美元数值（8069.21 美元），计算人民币兑美元汇率为 6.2275；二是使用中国国家统计局公布的 2015 年年均人民币兑美元汇率（6.2284）。两种汇率测算结果高度相关，整体国家排名未发生变化，故认为测算结果具有一定的稳健性，同时，考虑到世界银行统计的中国 2015 年人均 GDP 现价本币值（50251 元）与中国国家统计局统计结果一致，为统一两套数据口径，后续测算（如无特殊说明）均采用 6.2275 这一汇率。

第二，本书计算跨国人力资本相对超前投资指数（HCRAI），合成指标使用出生时预期寿命以及（从小学至大学）预期受教育年限。但国内各地区数据没

---

① 是指中国除香港、澳门、台湾、西藏之外的 30 个省份。

有预期受教育年限统计指标，故本节将该指标改为平均受教育年限。① 但国内宏观统计数据为 6 岁以上受教育人口，而跨国数据为 25 岁以上受教育人口测算所得平均受教育年限，故中国各地区平均受教育年限测算结果应略高于跨国数据测算结果。作为验证，本书同时采用中国综合社会调查（CGSS）微观数据测算各地区人均受教育年限。②

CGSS 微观数据各地区人均受教育年限测算方法如下：①首先剔除年龄小于 25 岁以及受教育程度选择"其他"的样本，2015 年数据剩余样本 10017 个。②基于 CGSS 中关于受教育层次的划分，将每种受教育程度都转换成相应的受教育年限。具体转换方式如表 6-2 所示。所有受教育程度所对应的年限，按照正常就读该学历水平需要的最少时间计算。需要说明的是：本书将私塾的受教育年限设为 3 年，也就是低于小学水平；本书认为职业高中、中专和技校毕业生的受教育程度应略低于高中水平，因此将上述三类学历水平的受教育年限设定为 11 年；本书认为，成人高等教育的水平应略低于正规教育，因此成人大专和本科所设定的受教育年限都比相应的正规教育少一年；所有研究生学历对应的受教育年限为 18 年。③以省份为单位计算各地区人均受教育年限。③

表 6-2  受教育程度与受教育年限

| 受教育程度 | 受教育年限（年） |
| --- | --- |
| 没有受过任何教育 | 0 |
| 私塾 | 3 |
| 小学 | 6 |
| 初中 | 9 |

① 中国地区间统计数据中没有各地区平均受教育年限统计数据，故本书利用 2015 年中国分地区受教育程度划分的 6 岁及以上人口数据计算各地区平均受教育程度。计算公式＝（未上过学人数×0＋小学人数×6＋初中人数×9＋普通高中人数×12＋中职人数×11＋大学专科人数×15＋大学本科人数×16＋研究生人数×19）／抽样人口总数。

② CGSS 数据 2015 年调查样本不包含海南、西藏、新疆 3 个省份，故而新疆虽然是"一带一路"重要地区，但并不在基于该平均受教育年限测算的"一带一路"沿线国家投资潜力样本中。

③ CGSS 数据测算出中国各地区人口平均受教育年限的均值为 7.95 年，低于宏观数据（6 岁以上人口平均受教育年限）测算值（8.98 年），而 HCRAI 数据库统计中国 2015 人口平均受教育年限为 7.6 年（25 岁以上人口平均受教育年限），这说明经过处理的 CGSS 数据测算的平均受教育年限能够更加准确地反映中国各地区情况。

| 受教育程度 | 受教育年限（年） |
|---|---|
| 职业高中 | 11 |
| 普通高中 | 12 |
| 中专 | 11 |
| 技校 | 11 |
| 大学专科（成人教育） | 13 |
| 大学专科（正规教育） | 14 |
| 大学本科（成人教育） | 15 |
| 大学本科（正规教育） | 16 |
| 研究生及以上 | 18 |

第三，现阶段，中国各地区人口出生时预期寿命数据主要基于人口普查数据测算所得，公布数据为 1990 年、2000 年以及 2010 年三期数据。2015 年数据尚不可得，故在本节中测算人力资本相对超前投资指数（HCRAI）时使用的预期寿命数据为根据 2000~2010 年人口预期寿命年均增长率推算所得，同时本书也采用了拟合推算方法作为对比分析。

推算人均寿命的两套计算方法分别为：一是基于 2000~2010 年人口预期寿命年均增长率推算所得的 2015 年中国各地区人口预期寿命；二是基于拟合值测算的 2015 年中国各地区人口预期寿命。该方法利用 1990 年、2000 年以及 2010 年人口预期寿命以及各地区国内生产总值（GDP）对数值构建简单面板回归，[①] 再将 2015 年各地区 GDP 代入拟合模型，估计出各地区人口预期寿命。拟合方程如下：

$$\begin{cases} edu_{it} = \alpha + \beta lnGDP_{it} + \varepsilon \\ edu_{i2015} = \alpha + \beta lnGDP_{i2015} \end{cases} \tag{6-1}$$

本书认为，拟合法较增长率推算法的预测应更为准确。首先，人口寿命增长率随经济发展水平的提升会呈现逐步下降趋势，因而以 2000~2010 年人口预期寿命的增长率来推算 2015 年的人口预期寿命可能存在预测值偏高的情况；其次，构建 GDP 数值对人口预期寿命的回归模型为对数模型，符合一阶导数递增而二

---

① 人均 GDP 早期数据缺失较为严重，故以 GDP 代替测算。

阶导数递减的客观事实。如此测算出来的人口预期寿命更接近真实值。① 两套数据测算得出的结果整体趋势一致，但以增长率测算的中国各地区投资潜力排名略高，这与过高估计了各地区人口预期寿命相关，而基于拟合值测算的人口预期寿命得到的投资潜力更为客观。

### 二、"一带一路"沿线地区投资潜力测算

综合以上分析，本节测算选取：①比值法测算汇率；②拟合法测算预期寿命；③CGSS 合成平均受教育年限对 2015 年 182 个国家及 28 个省份样本现阶段投资潜力（$IPI_N$）及潜在投资潜力（$IPI_F$）进行测算。测算结果如附表 5 所示。其中 123 个沿线国家（含中国）及中国 15 个省份（不含海南、新疆、西藏）投资潜力得分及排名如表 6-3 所示。中国 15 个省份排名与中国整体呈现出三相似一不同的特征，三点相似表现为：首先，各省份人力资本相对超前投资水平整体位于表单中游水平，中国整体人力资本相对超前投资的逐年下滑与各地区的发展趋势有关。改革开放的前 30 年，经济建设是发展的主旋律，这与我国相对落后的经济水平和社会主要矛盾相符，但过度注重经济增长速率而忽略了增长中可能存在的社会问题，导致中国对社会公平和人本关怀的程度有所下滑，在经济发展到一定阶段后，传统只注重经济增长的发展模式已经为中国带来了诸多社会问题。其次，中国各地区经济发展水平相对较好，后发空间劣势与人力资本相对超前投资水平不占优势两项叠加使各地区发展潜力得分较低。中国适时地提出发展方式转型，提倡科学发展与绿色发展，注重"以人为本"的发展理念恰是在我国逐步失去后发空间的过程中，对原有发展模式无法推动中国继续持续发展的提升和补充。最后，各省份人力资本相对超前投资水平普遍高于发展潜力，发展兑现能力较强。在经济转型阶段，更加注重人本关怀和社会公平的发展理念的推广与普及对处于从中高收入国家向高收入国家跨越时期的中国而言至关重要，在逐步失去后发空间的时期，寻求新的增长动能成为推动中国可持续发展和吸引投资的重要力量。一点不同主要表现为各省份投资潜力排名未能达到中国整体投资潜力排名高度。作为独立经济单位的各个省份，其经济规模与人口规模都无法与中

---

① 以增长率测算的 2015 年中国各地区人口预期寿命的平均值为 77.03 岁，以拟合值测算的 2015 年中国各地区人口预期寿命的平均值为 75.88 岁，而 HCRAI 指标统计出的中国 2015 年人口预期寿命为 76 岁。显然拟合值测算的数据更加接近真实值，而增长率测算的人口预期寿命因没有考虑到增长率递减因素而存在测算偏高现象。

国整体水平相提并论,但各省份作为独立经济个体在"一带一路"沿线国家中仍然具有较强的投资价值。具备一定的投资潜力,且投资潜力的兑现能力要明显高于"一带一路"沿线国家平均水平。"一带一路"倡议的提出也为中国各地区扩大对外开放,吸引高质量投资提供了难得的机遇(见图6-3)。

表6-3 "一带一路"沿线国家/地区投资潜力得分及排名

| 国家/地区 | $IPI_N$ | IPIN 排名 | $IPI_F$ | IPIF 排名 | 国家/地区 | $IPI_N$ | IPIN 排名 | $IPI_F$ | IPIF 排名 |
|---|---|---|---|---|---|---|---|---|---|
| 中国 | 2.26 | 2 | 2.80 | 2 | 以色列 | 1.45 | 111 | 1.44 | 127 |
| 斯洛文尼亚 | 2.00 | 3 | 2.02 | 3 | 阿塞拜疆 | 1.45 | 112 | 1.46 | 109 |
| 塞拉利昂 | 1.95 | 4 | 1.96 | 4 | 智利 | 1.45 | 114 | 1.45 | 114 |
| 马达加斯加 | 1.91 | 5 | 1.94 | 5 | 捷克 | 1.45 | 115 | 1.44 | 118 |
| 布隆迪 | 1.90 | 6 | 1.91 | 7 | 罗马尼亚 | 1.45 | 116 | 1.45 | 112 |
| 塔吉克斯坦 | 1.74 | 11 | 1.75 | 13 | 克罗地亚 | 1.45 | 117 | 1.45 | 117 |
| 吉尔吉斯斯坦 | 1.70 | 13 | 1.70 | 16 | 多米尼加 | 1.44 | 118 | 1.44 | 119 |
| 尼泊尔 | 1.68 | 14 | 1.72 | 14 | 萨尔瓦多 | 1.44 | 119 | 1.45 | 116 |
| 印度 | 1.67 | 15 | 2.93 | 1 | 上海 | 1.44 | 121 | 1.43 | 129 |
| 阿富汗 | 1.66 | 16 | 1.70 | 17 | 哥斯达黎加 | 1.44 | 122 | 1.44 | 126 |
| 多哥 | 1.65 | 18 | 1.66 | 22 | 匈牙利 | 1.43 | 125 | 1.43 | 128 |
| 卢旺达 | 1.65 | 19 | 1.66 | 20 | 福建 | 1.43 | 126 | 1.43 | 124 |
| 埃塞俄比亚 | 1.64 | 20 | 1.75 | 12 | 马来西亚 | 1.43 | 127 | 1.44 | 123 |
| 莫桑比克 | 1.62 | 22 | 1.65 | 23 | 南苏丹 | 1.43 | 128 | 1.44 | 120 |
| 摩尔多瓦 | 1.62 | 23 | 1.62 | 29 | 玻利维亚 | 1.43 | 131 | 1.44 | 125 |
| 孟加拉国 | 1.62 | 24 | 1.79 | 10 | 佛得角 | 1.43 | 132 | 1.43 | 133 |
| 越南 | 1.61 | 25 | 1.71 | 15 | 云南 | 1.43 | 133 | 1.46 | 106 |
| 塞内加尔 | 1.61 | 26 | 1.63 | 27 | 宁夏 | 1.43 | 135 | 1.43 | 130 |
| 坦桑尼亚 | 1.60 | 27 | 1.65 | 24 | 土耳其 | 1.43 | 136 | 1.44 | 122 |
| 乌干达 | 1.59 | 29 | 1.64 | 25 | 刚果(布) | 1.43 | 137 | 1.43 | 132 |
| 乌克兰 | 1.59 | 30 | 1.64 | 26 | 蒙古国 | 1.42 | 138 | 1.43 | 136 |
| 乌兹别克斯坦 | 1.59 | 31 | 1.62 | 28 | 爱沙尼亚 | 1.42 | 139 | 1.42 | 138 |
| 冈比亚 | 1.56 | 39 | 1.56 | 46 | 内蒙古 | 1.42 | 141 | 1.43 | 137 |
| 阿尔巴尼亚 | 1.56 | 40 | 1.56 | 48 | 斐济 | 1.42 | 143 | 1.42 | 140 |
| 柬埔寨 | 1.55 | 42 | 1.57 | 42 | 新西兰 | 1.42 | 146 | 1.41 | 149 |

| 国家/地区 | $IPI_N$ | IPIN 排名 | $IPI_F$ | IPIF 排名 | 国家/地区 | $IPI_N$ | IPIN 排名 | $IPI_F$ | IPIF 排名 |
|---|---|---|---|---|---|---|---|---|---|
| 韩国 | 1.55 | 43 | 1.49 | 80 | 马耳他 | 1.42 | 147 | 1.42 | 144 |
| 斯里兰卡 | 1.54 | 44 | 1.56 | 47 | 葡萄牙 | 1.42 | 148 | 1.41 | 146 |
| 亚美尼亚 | 1.54 | 45 | 1.54 | 53 | 巴拿马 | 1.41 | 150 | 1.41 | 147 |
| 格鲁吉亚 | 1.53 | 50 | 1.53 | 54 | 利比亚 | 1.41 | 151 | 1.41 | 148 |
| 缅甸 | 1.53 | 51 | 1.58 | 35 | 加纳 | 1.41 | 153 | 1.43 | 131 |
| 肯尼亚 | 1.52 | 56 | 1.56 | 43 | 立陶宛 | 1.41 | 154 | 1.41 | 151 |
| 广西 | 1.52 | 57 | 1.55 | 50 | 老挝 | 1.40 | 156 | 1.40 | 153 |
| 几内亚 | 1.51 | 59 | 1.52 | 63 | 多米尼克 | 1.40 | 157 | 1.40 | 154 |
| 萨摩亚 | 1.51 | 60 | 1.51 | 69 | 奥地利 | 1.40 | 158 | 1.38 | 168 |
| 伊朗 | 1.51 | 61 | 1.56 | 45 | 东帝汶 | 1.39 | 159 | 1.39 | 159 |
| 黑龙江 | 1.51 | 63 | 1.53 | 60 | 拉脱维亚 | 1.39 | 161 | 1.39 | 161 |
| 波黑 | 1.50 | 66 | 1.51 | 71 | 也门 | 1.38 | 165 | 1.41 | 150 |
| 广东 | 1.50 | 67 | 1.52 | 62 | 乍得 | 1.38 | 167 | 1.40 | 157 |
| 约旦 | 1.50 | 69 | 1.51 | 70 | 不丹 | 1.38 | 168 | 1.38 | 166 |
| 黑山 | 1.50 | 70 | 1.50 | 74 | 喀麦隆 | 1.38 | 170 | 1.40 | 156 |
| 阿尔及利亚 | 1.50 | 75 | 1.53 | 61 | 安提瓜和巴布达 | 1.37 | 172 | 1.37 | 170 |
| 巴基斯坦 | 1.50 | 76 | 1.68 | 19 | 乌拉圭 | 1.37 | 176 | 1.37 | 176 |
| 摩洛哥 | 1.49 | 78 | 1.52 | 64 | 马尔代夫 | 1.37 | 177 | 1.37 | 175 |
| 俄罗斯 | 1.49 | 80 | 1.53 | 59 | 青海 | 1.37 | 178 | 1.37 | 174 |
| 甘肃 | 1.49 | 81 | 1.51 | 72 | 格林纳达 | 1.36 | 179 | 1.36 | 179 |
| 马其顿 | 1.49 | 82 | 1.49 | 83 | 伊拉克 | 1.36 | 180 | 1.38 | 164 |
| 菲律宾 | 1.48 | 84 | 1.57 | 40 | 哈萨克斯坦 | 1.36 | 181 | 1.36 | 178 |
| 波兰 | 1.48 | 85 | 1.49 | 85 | 吉布提 | 1.36 | 182 | 1.36 | 180 |
| 陕西 | 1.48 | 86 | 1.50 | 76 | 圭亚那 | 1.35 | 183 | 1.35 | 184 |
| 斯洛伐克 | 1.48 | 87 | 1.48 | 89 | 阿曼 | 1.35 | 185 | 1.35 | 187 |
| 印度尼西亚 | 1.48 | 88 | 1.68 | 18 | 土库曼斯坦 | 1.34 | 186 | 1.35 | 186 |
| 突尼斯 | 1.48 | 89 | 1.49 | 81 | 巴布亚新几内亚 | 1.34 | 187 | 1.34 | 188 |
| 吉林 | 1.48 | 90 | 1.49 | 82 | 苏里南 | 1.33 | 188 | 1.33 | 189 |
| 重庆 | 1.47 | 91 | 1.48 | 87 | 巴林 | 1.33 | 189 | 1.33 | 190 |
| 塞尔维亚 | 1.47 | 92 | 1.47 | 94 | 苏丹 | 1.32 | 190 | 1.35 | 185 |

续表

| 国家/地区 | $IPI_N$ | IPIN 排名 | $IPI_F$ | IPIF 排名 | 国家/地区 | $IPI_N$ | IPIN 排名 | $IPI_F$ | IPIF 排名 |
|---|---|---|---|---|---|---|---|---|---|
| 白俄罗斯 | 1.47 | 95 | 1.47 | 95 | 阿拉伯联合酋长国 | 1.31 | 192 | 1.29 | 198 |
| 瓦努阿图 | 1.46 | 96 | 1.46 | 103 | 新加坡 | 1.30 | 194 | 1.29 | 200 |
| 黎巴嫩 | 1.46 | 97 | 1.47 | 100 | 南非 | 1.30 | 197 | 1.33 | 191 |
| 毛里塔尼亚 | 1.46 | 98 | 1.47 | 102 | 文莱 | 1.30 | 198 | 1.30 | 197 |
| 泰国 | 1.46 | 99 | 1.50 | 75 | 特立尼达和多巴哥 | 1.29 | 199 | 1.29 | 199 |
| 密克罗尼西亚 | 1.46 | 100 | 1.46 | 107 | 纳米比亚 | 1.27 | 200 | 1.27 | 201 |
| 津巴布韦 | 1.46 | 101 | 1.48 | 91 | 加蓬 | 1.27 | 201 | 1.27 | 202 |
| 浙江 | 1.46 | 102 | 1.46 | 104 | 卡塔尔 | 1.27 | 202 | 1.26 | 204 |
| 辽宁 | 1.46 | 103 | 1.47 | 97 | 科威特 | 1.25 | 203 | 1.24 | 205 |
| 保加利亚 | 1.45 | 104 | 1.46 | 108 | 科特迪瓦 | 1.24 | 205 | 1.26 | 203 |
| 赞比亚 | 1.45 | 107 | 1.47 | 98 | 沙特阿拉伯 | 1.24 | 206 | 1.22 | 209 |
| 厄瓜多尔 | 1.45 | 108 | 1.46 | 105 | 安哥拉 | 1.22 | 208 | 1.24 | 207 |
| 希腊 | 1.45 | 109 | 1.45 | 115 | 尼日利亚 | 1.21 | 209 | 1.33 | 192 |
| 埃及 | 1.45 | 110 | 1.52 | 65 | 塞舌尔 | 1.00 | 210 | 1.00 | 210 |

注：①表中地区包含123个"一带一路"沿线国家（含中国）以及中国15个省份（不含海南、新疆、西藏），共计138个国家及地区。②表中排名为138个沿线国家在210个样本中的综合排名。③表中以$IPI_N$得分由高到低排序。

如图6-2所示，中国各省份投资潜力得分虽不突出，但总体位于四象限中的一、二象限，这也体现了中国70余年来的发展思路，人力资本相对超前投资的发展理念使中国能够兑现后发优势，能够构建吸引全球投资的社会环境，这是实现"中国奇迹"不可忽视的关键问题。反观部分沿线国家，如阿富汗、埃塞俄比亚、乌干达、多哥、冈比亚、几内亚、布隆迪等国，其具备较高的投资潜力，却难以形成兑现投资潜力的投资环境，其对本国民众的关怀程度相对有限，民众生存和发展权利的无法满足为国家的可持续发展带来了巨大的挑战，社会公平的构建与人本关怀的提升将是这些国家有效利用后发空间与本国潜在市场的重要途径。

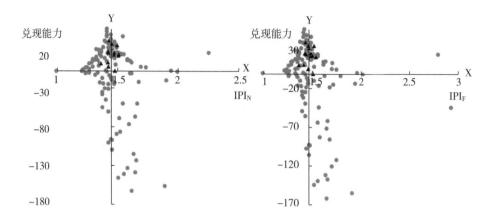

图 6-2    "一带一路"沿线国家和地区 IPI$_N$、IPI$_F$ 及兑现能力

注：①本图包含"一带一路"沿线国家及中国"一带一路"重点省份共计 138 个样本国家，其中，▲代表样本中中国 15 个省份。②左图 Y 轴与 X 轴交点取值 1.45，源于 2015 年 210 个样本国家中现阶段投资潜力指数得分前后半区分界为 1.45，同理，右图 Y 轴与 X 轴交点取值 1.46。

### 三、"一带一路"四条主要通道沿线国家及地区比较

"一带一路"由"丝绸之路经济带"以及"21 世纪海上丝绸之路"两部分构成，故可将上述国家分为"丝绸之路经济带"沿线国家以及"21 世纪海上丝绸之路"沿线国家。目前"一带一路"沿线共涉及四条主线。一是"草原丝路"，东起我国内蒙古、燕山沿线，途经蒙古草原、南俄草原，由俄罗斯境内通向欧洲；二是"沙漠丝路"，东起我国西安、洛阳两地，途经河西走廊，直至中亚、欧洲、北非；三是"海上丝路"，东起我国东南沿海的泉州、广州、宁波，途经东海、南海、印度洋，直至日本、朝鲜、东南亚、南亚、东非；四是"茶马古道"，起点是我国四川、云南、西藏，途经西藏、南亚，直至印度、尼泊尔、西亚、西非。

依据以上划分标准，本节将对 138 个样本地区进行划分，有几点需要说明。首先，非洲地区划分标准：北非国家统一划归"沙漠丝路"，西非国家（非岛屿）划归"茶马古道"，其余非洲国家划归"海上丝路"。其次，欧洲国家划分标准：南欧腹地地区划归"沙漠丝路"，东北欧主要国家划归"草原丝路"，地中海国家划归"海上丝路"。再次，亚洲国家划分标准：东南亚非主要港口国家缅甸及老挝划归"茶马古道"，其余东南亚国家划归"海上丝路"；南亚及西亚

非岛屿国家划归"茶马古道",主要港口及岛屿国家划归"海上丝路";阿拉伯国家划归"茶马古道",西亚北非通道及小亚细亚地区划归"沙漠丝路"。最后,中国15个省份中,东北三省及内蒙古划归"草原丝路",西南地区划归"茶马古道",西北地区划归"沙漠丝路",东南沿海地区划归"海上丝路"。具体划分结果如表6-4所示。

表6-4 "一带一路"四条通道主要沿线国家及地区

| 路线 | 国家及地区 |
|---|---|
| "沙漠丝路" | 阿尔巴尼亚、阿尔及利亚、阿富汗、阿塞拜疆、奥地利、巴基斯坦、保加利亚、波黑、格鲁吉亚、哈萨克斯坦、黑山、吉尔吉斯斯坦、捷克、克罗地亚、黎巴嫩、利比亚、罗马尼亚、马其顿、摩尔多瓦、摩洛哥、塞尔维亚、斯洛伐克、斯洛文尼亚、塔吉克斯坦、突尼斯、土耳其、土库曼斯坦、乌兹别克斯坦、匈牙利、亚美尼亚、以色列、约旦、陕西、甘肃、青海、宁夏 |
| "海上丝路" | 阿拉伯联合酋长国、阿曼、埃及、埃塞俄比亚、巴布亚新几内亚、布隆迪、东帝汶、菲律宾、斐济、韩国、吉布提、柬埔寨、津巴布韦、卡塔尔、肯尼亚、卢旺达、马达加斯加、马尔代夫、马耳他、马来西亚、密克罗尼西亚、莫桑比克、纳米比亚、南非、南苏丹、葡萄牙、萨摩亚、塞舌尔、斯里兰卡、苏丹、泰国、坦桑尼亚、文莱、乌干达、希腊、新加坡、也门、印度尼西亚、越南、赞比亚、乍得、上海、浙江、福建、广东 |
| "草原丝路" | 爱沙尼亚、白俄罗斯、波兰、俄罗斯、拉脱维亚、立陶宛、蒙古国、乌克兰、辽宁、吉林、黑龙江、内蒙古 |
| "茶马古道" | 安哥拉、巴林、不丹、多哥、佛得角、冈比亚、刚果(布)、几内亚、加纳、加蓬、喀麦隆、科特迪瓦、科威特、老挝、毛里塔尼亚、孟加拉国、缅甸、尼泊尔、尼日利亚、塞拉利昂、塞内加尔、沙特阿拉伯、伊拉克、伊朗、印度、重庆、广西、云南 |

按照以上划分标准,四条主要通道沿线国家及地区呈现出以下特点(见图6-3):

第一,"草原丝路"。"草原丝路"沿线国家及地区整体投资潜力及兑现能力相对较强。因为该路线主要经过俄罗斯及东北欧地区,这些地区社会相对稳定,发展较为完善。同时,该路线主要途经苏联各联邦国,如第三章所述,(前)社会主义国家整体对公平和人本关怀较为重视,人力资本投资相对超前,这与社会主义发展理念相关。良好的人力资本政策为该地区留下了兑现发展潜力与建设良

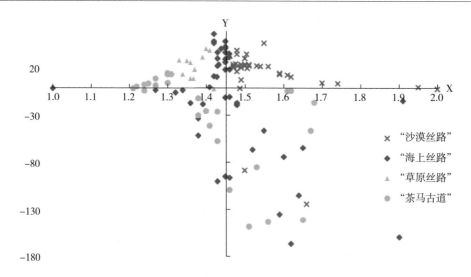

**图6-3 "一带一路"四条通道主要沿线国家投资潜力**

注：①本图将"一带一路"沿线国家及中国"一带一路"重点省份共计138个样本国家按四条通道分为4类。②Y轴与X轴交点取值1.45，源于2015年138个样本国家中现阶段投资潜力指数得分前后半区分界为1.4。

好投资环境的制度遗产。该通道对接中国东北及内蒙古地区，东北重工业基地与苏联各国产业相似，具有较为接近的发展思路，中国东北地区至东北欧通道沿线地区人力资本投资相对超前，具备投资市场培育的先决条件，东北地区可以借此通道实现老工业基地的产品出口与产业升级。

第二，"沙漠丝路"。"沙漠丝路"国家分布较为广泛，途经中亚、西亚、北非与欧洲大部，沿线地区除西亚部分国家相对动荡，其余地区经济发展环境均相对稳定，且经济发展相对滞后，后发空间充足，人口相对集中，市场潜力巨大。且整体人力资本投资相对超前，兑现能力较强。该通道对接中国中部及西北地区，为中国内陆地区改善区位优势、扩大对外开放提供了难得的机遇。该通道也是中国西向通道中最主要的通道，下一阶段应通过"一带一路"的五通原则，将中国的发展理念借助该通道传向沿线各国，互通有无，在逐步提升各国人力资本水平、缩小经济发展差距的前提下，沿线国家将是"一带一路"投资的重要地区。

第三，"茶马古道"。由于涉及阿拉伯地区与西非地区，"茶马古道"沿线国家及地区的整体投资潜力差异巨大。如第三章所述，石油输出国组织国家经济水平发展与人民享有的发展成果不成正比，社会公平和人本关怀显著滞后于其经济发展阶段，依靠石油经济发展起来的经济体系十分脆弱，严重依靠能源，加之地区宗教、政治纷争不断，战争、恐怖活动频发，这些都严重影响了地区投资环境。西非地区与之类似，健康教育水平普遍较低，且国家发展水平较低，投资潜力难以兑现。整体而言，"茶马古道"沿线国家及地区现阶段投资潜力不足，而且投资潜力的兑现能力欠缺，中国对该区域投资应重点关注风险防范问题。

第四，"海上丝路"。"海上丝路"与"茶马古道"途经地区高度重合，沿线国家投资应更加注重风险防范。但相对于"茶马古道"陆路沿线通道国家，海上通道国家总体投资潜力及兑现能力要更强。其中，三股力量是该区域投资潜力较高的地区。一是东南亚国家，该地区近年来经济发展较为活跃，地区人力资本水平快速提升，并且是中国的重要贸易伙伴。二是海湾转型国家，如卡塔尔、阿拉伯联合酋长国等，这类国家不再完全依赖于石油经济，更多地关注金融、旅游等服务业的发展，重视人力资本的投入，社会制度稳定，投资环境良好，经济发展水平较高，是较为理想的投资区域。三是沿线较为成熟的市场区域，主要涉及韩国以及南欧和西欧地区。

## 第四节  本章小结

本章以2015年的国家投资潜力指数为衡量指标，从人力资本相对超前投资的角度探讨"一带一路"沿线国家所具备的现阶段投资潜力与潜在投资潜力，为中国"一带一路"倡议建设与投资区域选择提供理论依据与政策借鉴。同时，考虑中国"一带一路"沿线各省份投资潜力，依托"一带一路"六大经济走廊及四条主要通道对中国重点区域与沿线国家进行综合分析，探讨各路线区域投资潜力及现存问题，本章主要结论如下：

第一，作为发展中经济体较为集中的地区，"一带一路"沿线国家投资潜力得分差别较大，但总体表现良好。"一带一路"沿线地区包括东南亚、南亚、西亚、欧洲大部及非洲大部，其中不乏经济活跃地区。不断发展的市场活跃度与巨大的人口资源为地区提供了巨大的发展空间与投资潜力。

第二,"一带一路"沿线国家投资潜力兑现能力有待提升。长期的政治、经济、社会、文化的动荡与冲突使沿线国家对本国民众的关注及社会公平体系的构建缺失,人的生存权和发展权难以保证。多数国家拥有投资潜力所需的市场规模与后发空间,却未能培育出兑现潜力的人力资本水平。若想有效利用国家巨大的发展空间及潜在投资资源,需要注重对本国人民的关怀以及社会公平体系的建设,使国家发展成果为更广泛的人民公平地分享,从而为国家能力的建设提供高质量的人力资本。

第三,中国"一带一路"建设重点区域发展良好,具备"一带一路"建设示范作用。在"一带一路"沿线众多国家中,六大经济走廊国家人力资本投资相对超前,国家在有效经济发展水平与资源约束下,将更多的资源投入到人民生存权与发展权的提升中。与此同时,各国普遍具有较高的投资潜力,且在人力资本的快速提升中具备将国家投资潜力转化为现实能力的社会条件,该区域国家也是"一带一路"建设的重要推动力量。

第四,中国各省份作为"一带一路"倡议的东方起点,应注重利用"一带一路"发展机遇,扩大开放格局,改善区域优势。在经过40余年改革开放后,传统的经济增长方式已无法推动中国及中国各地区实现持续的经济增长,经济发展方式的转变促使中国各地区更加注重对人的关注,而这一发展思路也能够为中国在后发空间逐步被挤压的条件下继续提升投资潜力提供支撑。

# 第七章　各国人力资本相对超前投资的重新审视与发展中国家的发展对策

## 第一节　基于人力资本相对超前投资的新发现

本书基于人的生存权与发展权，探讨人力资本相对超前投资对于国家持续发展的重要意义，并以此为基础构建能够更加客观衡量公平与人本关怀的相对指标——人力资本相对超前投资指数（HCRAI），探讨中国在人力资本投资中的相对超前程度以及"中国奇迹"背后的发展理念。同时，对 HCRAI 进行扩展：一是构建国家发展潜力指数（DPI），将人力资本相对超前投资的理论应用于后发国家，为后发国家实现赶超提供中国的发展智慧；二是构建国家投资潜力指数（IPI），将人力资本相对超前投资的理念应用于"一带一路"倡议，为中国更好地推动"一带一路"建设提供理论依据，为沿线国家投资潜力提供评判标准。本书主要研究结论如下。

### 一、相对指标能够更客观地衡量国家对人的关怀程度

自 20 世纪中叶至今，经济学及社会学界对社会公平及人本关怀的研究不断深入，伴随理论的日臻完善，各类衡量公平与人类发展的指标被相继提出。但已有指标均为绝对值衡量指标，即通过主观赋值或客观赋值方法对现有数据给予权重相加/相乘而得，用以衡量社会公平及人本关怀程度。该类指标忽略了公平体系及人本关怀程度是一个相对值的概念，即在一国有限的经济发展水平及资源禀

赋水平下，投入到人的发展中的资源所占的比重方为衡量公平的更客观的指标，而非投入的积累量。因此，现有基于绝对数值的测算表明存在一个不够公允的评价结果，即发达经济体的长期积累为该国储备了更多的用于构建社会公平和人本发展的资源，自然比发展中经济体具备更好的结果呈现（本书中则为更长的人口预期寿命与预期受教育年限）。因此，基于绝对值构建的各类测算体系均显示发达经济体具有优于发展中经济体的社会公平性与人本关怀程度。而这一结果也为西方势力所用，意指包括中国在内的部分发展中经济体缺乏对人本关怀与社会公平的关注。

然而，公平是一个相对概念，人本关怀程度也是一个程度概念，这一特性要求测算体系应更加突出比重与相对性的测度思想。本书所提出的人力资本相对超前投资指数（HCRAI）就是在考虑各经济体经济发展阶段差异的基础上将各经济体置于同一衡量标准下，测度其对人民关怀的程度。若该国在特定发展阶段下，将更多的资源用于人的发展，则其更具有人本关怀性与社会公平度（高于本国发展阶段的人口预期寿命与预期受教育年限均值）。而 HCRAI 的测算结果也显示，中国的人本关怀程度要显著优于西方主要经济体。同时，各国 HCRAI 结果也与经济实力不再高度相关，在本国经济发展阶段将更多的资源投入到人的关怀和社会公平的构建，更广大的民众得以享有更好的生存权与发展权，从而具备优于该国发展阶段的寿命与受教育年限，这样的国家才应是更加公平和人本发展的。因此，相对指标提出了与西方现有测算体系不同的衡量理念，且该理念能够更客观地评价各国在人本关怀与社会公平中的努力程度，摆脱西方国家在绝对指标测算结果方面的优势与对他国的任意指责。

## 二、"中国奇迹"的背后是人力资本的相对超前投资

中国自改革开放起已历经 40 余年高速及中高速发展，改革开放为中国带来了巨大的经济活力与制度红利，推动中国经济快速发展。但是也应看到，改革开放之前的 30 年，中国在人民健康及教育水平中的努力为改革开放的成功积累了巨大的人力资本。改革开放带来的经济、社会发展不可忽视，但是，随着我国经济的快速发展，投资拉动型、外需拉动型的经济增长方式带来的弊端不断显现，产能过剩、资源掠夺、核心技术不足、产业结构不合理、贫富差距拉大、社会矛盾凸显等，迫使我们去思考一种新的、可持续的发展模式。自 21 世纪之初，"以人为本"不断出现于各发展规划及政府工作报告中，对"人的发展"的关注不

断提升，"人"是发展的核心载体，只有人的不断进步与发展，才会带来社会的稳定和财富的合理积累，发展不仅是经济的增长，更是文化、制度和社会的进步。这也是本书所要指出的"以人为本"的发展方式，更注重对人的关注，保证人的公平权益和自由发展权利，是一个社会稳定、持续的发展方式。若想成功跨越"中等收入陷阱"，需要更加注重"以人为本"。

中国发展与西方先物质积累后人类发展所走的道路不同，是在有限的资源约束和财政资金限制下，将更多的资源用于推动最广大人民对于生存权和发展权诉求的实现。这一发展方式仅依靠市场"无形的手"是无法实现的，更不是资源配置效率提升所能涵盖的目标，而是需要坚定有为的政府通过持续且稳定的政策推动实现。这对国家发展提出了更高的要求，相对来说也更加难以实现，但在后发国家赶超过程中却至关重要，也是后发国家实现后发赶超、兑现本国发展潜力需要具备的能力。本书验证了人力资本相对超前投资对长期经济增长具有正向影响，中国在改革开放前对于人力资本的相对超前投资为改革开放释放制度红利提供了物质保证与人力资本积累。改革开放高速增长的原因中有很重要的一部分应归于之前时期对人力资本超前投资的努力，前30年的人力资本积累为后30年的持续增长提供了物质和体制基础，也印证了两个30年的连贯性。而这一发展模式对于广大发展中国家的借鉴意义不仅在于加大人力资本投资强度，更重要的是建立有为政府和稳定的社会制度，并将人力资本相对超前投资的发展理念持续地贯彻与执行。

### 三、人力资本相对超前投资不足制约后发国家发展

发展始终是各国亘古不变的首要课题，对于后发国家而言尤为重要。但是何谓发展需要有明确的界定，简单的经济增长不足以支撑一国实现持续的发展，忽略了人的发展，经济增长难以持续。综观陷入"中等收入陷阱"的典型国家，其国家收入水平长期停滞不前，如菲律宾1980年人均国内生产总值为684.6美元，2014年仍只有2865美元，考虑到通货膨胀因素，人均收入基本没有太大变化。还有一些国家收入水平虽然在提高，但始终难以缩小与高收入国家的鸿沟，如马来西亚1980年人均国内生产总值为1812美元，到2014年仅达到10804美元。阿根廷在1964年人均国内生产总值就超过了1000美元，在20世纪90年代末上升到8000多美元，但2002年又下降到2000多美元，之后又回升到2014年的12873美元。墨西哥在1973年人均GDP已经达到了1000美元，在当时属于中

等偏上收入国家，而 2014 年人均 GDP 只有 10718 美元，41 年后仍属于中等偏上国家。拉美地区还有许多类似的国家，虽然经过了二三十年的努力，几经反复，但是一直没能跨过 15000 美元的发达国家的门槛。

这些国家在跨越"中等收入陷阱"时，遇到的最主要困难普遍是社会问题，社会公平的下降与政府公信力的不足导致腐败滋生、贫富差距加大，社会动荡，国家缺乏可持续发展的社会环境。究其原因则是国家的发展成果未能由人民享有，资源的非公平配置导致了阶层固化以及整体人口素质提升缓慢，国家持续的经济增长缺少高质量的人力资本的支持。近年来，非洲地区经济活跃，但其民众的生存权与发展权依然受到巨大挑战，以水、空气、土地、食品、供电为代表的生存所需基本资源供给以及以医疗、卫生、健康服务为代表的生存质量保障投入显著落后于其他地区，人民难以享有平等的受教育权利，撒哈拉以南非洲地区，最贫困的 20% 的学生小学、初中及高中完成率分别为 26.5%、6% 和 1%，远低于发展中国家 48%、20% 和 5% 的平均水平，整个地区对于教育的投入和重视程度显著落后于世界其他地区。由于缺少对人的关注，非洲面临的是"有增长、无发展"的局面。从测算可知，非洲多数国家具有巨大的发展空间，但这一潜力在人力资本水平较低的情况下难以有效转变为国家的发展能力，需要非洲各国慎重思考。转变发展方式，加大人力资本相对超前投资力度，使本国人民能够享有发展带来的健康与教育水平的提升，为本国实现持续的、包容的增长提供人力资本。

### 四、"一带一路"机遇与挑战并存

正如前文所述，后发国家面临人力资本相对超前投资的困境，巨大的发展潜力难以有效转化为发展能力。而"一带一路"沿线国家多为发展中国家，面临后发优势的有效转化问题。因此，以人力资本相对超前投资这一衡量标准去判定"一带一路"沿线各国是否具备投资潜力，同时是否具有将投资潜力兑现的能力，即具有投资价值则显得十分必要。第一，"一带一路"沿线国家具备两大发展优势：一是该区域以发展中国家为主，且与发达经济体存在较大发展差距，为其实现后发赶超提供了广阔的空间；二是该区域人口基数大，占世界总人口的比重过半，如能有效提升人口质量、加大人力资本投资，将为该区域提供巨大的投资市场。第二，"一带一路"沿线国家中不乏政局不稳、冲突不断、社会问题频发地区，这些区域人的生存权与发展权均难以保证，人力资本投资远远落后于其经济发展阶段应有之水平，难以兑现其潜在的发展空间，市场环境难以满足，投资潜力难以优化，成为"一带一路"建设的重要挑战。第三，"一带一路"沿线国家投资潜力与兑现能力不成正比，多数国家难以有效利用后发优势与市场潜力，该区域投资应注重风险的评估与回避。第四，"一带一路"六大经济走廊发展相对较好，其投资潜力与人力资本相对投资水平普遍领先于其他地区，既有潜在的市场培育空间，又具备将市场潜力兑现的人口素质，国家发展前景向好，投资潜力巨大，从而印证了中国重点投资区域的合理性，六大经济走廊也应成为"一带一路"发展的示范区。第五，"一带一路"建设为中国各地区发展提供了新的开放格局和发展契机。其中，东北地区可以利用"草原丝路"巨大的投资潜力与线路连通性提升自身产业结构和产品质量，加大对外投资的力度，实现东北地区振兴。西北部地区可以利用"沙漠丝路"打通中国西向通道，优化区域开放格局。西南地区可以借助"茶马古道"向东南亚及南亚地区辐射，但扩大对外投资的同时应注重风险的防范。东部地区将引领"海上丝路"的发展，为其对外开放打通全新的西向通道和更为广阔的合作空间。但"海上丝路"沿线国家投资潜力差异较大，各国经济、社会局势参差不齐，应注重对风险地区的防范。

总体而言，"一带一路"倡议的提出既为沿线各国实现全新的跨区域合作及后发赶超提供了机遇与全新思路，也为中国各地区改善自身开放格局、扩大海外投资及吸引外商投资提供了新的契机。中国构建的"一带一路"框架包括政策沟通、设施联通、贸易畅通、资金融通、民心相通五通内涵，不仅是经济层面的合作，更是文化、思想、信息和发展等方式的互通与共享。中国"以人为本"的发展理念及人力资本相对超前投资的发展模式供沿线各地区参考与借鉴，为地区繁荣与后发国家赶超提供了全新的思路。

## 第二节　国家发展与人力资本相对超前投资

本书指出，"中国奇迹"的背后是持续的相对超前的人力资本投资，改革开放红利的释放既来源于经济运行的改革，也来源于改革开放前对人力资本发展的重视和积累。20 世纪中叶的中国，国家在有限条件下将更多的资金、资源用于提高人民的健康与教育水平。医疗健康方面，迅速在全国构建起卫生防疫网络，农村设点，赤脚医生遍布偏远地区，有效缓解了医疗服务短缺的状况，中国人口寿命稳步提升。教育方面，国民并举、共同办学，普及基础教育，逐步加大对高等教育的投入比重，有效提升了全民受教育水平，逐步推广义务教育，满足最广大人民对于受教育权的需求，几乎扫除文盲，中国人口受教育年限逐年上升。中国在健康和教育工作方面的重视与投入，极大地提升了全国人力资本水平，人力资本投入水平超前于经济发展阶段，HCRAI 指数排名不断攀升。正因如此，中国在改革开放前已为改革开放释放经济发展活力储备了巨大的人口优势与人力资本，"中国奇迹"的发生只待改革开放这一东风。

而伴随着改革开放的不断深入，中国整体经济实力快速提升，在实现近 40 年高速及中高速增长之后，中国经济总量已跃居世界第二，人均 GDP 迈入中高收入国家行列，进入跨越"中等收入陷阱"的关键时期。而伴随经济快速增长的是人力资本投入相对超前水平的下滑，HCRAI 排名逐步落入世界中游水平，支持中国实现持续发展的重要发展理念逐步让位于经济增速和发展效率。公平与人本关注程度的逐年下降导致经济增长背后的社会公平问题频发，人民日益增长的美好生活需要与不平衡不充分的发展之间的矛盾成为社会主要矛盾。进入经济发展新阶段的中国，投资拉动、出口拉动、重化工业拉动的经济增长至上的发展理念已无法支撑中国可持续的发展。更加注重公平、人本的发展理念越来越被重视，中国正在逐步找回实现"中国奇迹"的秘诀。近年来，中国的发展更加注重公平与人本，注重资源在区域间、行业间、个体间的公平配置，逐步缩小发展不平衡带来的社会问题。加大了对医疗及教育机构的财政支持力度，扩大公立医院范畴，加大医保的城乡覆盖范围，普及义务教育并逐步延长义务教育年限，加大对高等教育的投入，帮助贫困群体入学。"以人为本"的发展理念正成为 40 年"效率至上"发展后中国科学发展观的核心。

发展是人的发展，发展成果应由人民共享，让更多的人享有发展成果是中国所秉持的发展理念，也是中国实现长期经济增长的重要因素。作为后发经济体，发展与赶超是其重要目标，而发展不仅仅是经济增长，若发展成果无法惠及最广大民众，尤其是最贫困群体，则其发展仅停留在增长的层面，后发优势难以有效兑现，相对落后的局面难以有效扭转。本书在 HCRAI 指数的基础上探讨非洲国家发展潜力与"一带一路"国家投资潜力，意在将中国更加注重人本与公平的发展理念向世界推广，以人力资本相对超前投资为核心衡量标准探讨后发国家如何实现可持续的发展，如何在注重效率的同时实现人的发展与兑现国家后发潜力。基于此，本书提出以下发展建议：

## 一、加强医疗服务供给、提升全民健康水平

生存权是人民最基本的权利，健康是人民实现发展及从事一切经济活动的前提。人力资本的提升最重要的是实现人民健康与寿命延长。首先，建立医疗服务供给的保证体系：一是完善相关法律体系，将人民健康与医疗卫生服务建设纳入国家法规制度，给予高度重视；二是注重资金支持，政府应加大对医疗健康事业的扶持力度，尤其应加大对困难群众的帮扶以及对偏远地区医疗卫生事业发展的扶持；三是加强监督管理，对医疗具体承办单位和医疗单位进行严格管理，特别是要加强对基金筹集和支付情况的监督审查。其次，建立广泛覆盖的多层次医疗机构。健康是最重要的人类发展指标，医疗资源不仅要覆盖发达地区、核心地区以及高收入群体，更应覆盖偏远地区、欠发达地区和低收入群体，而后者对医疗健康的诉求往往更高。这要求国家在各地区建立基层医疗服务中心，满足最广大区域民众对医疗的需求。更广大民众能够享有健康与医疗服务，才是社会公平的体现。再次，逐步建立覆盖全民的医疗保障体系，高昂的医疗服务费用与相对稀缺的医疗资源在后发国家中普遍存在，由于发展阶段受限与资源积累相对匮乏，国家往往缺少对贫困群体的帮扶，医疗保障体系成为后发国家发展的巨大挑战，但医疗保障体系的建立是保证最广大民众——尤其是底层民众生存权的基础，这需要国家的勇气，而更加注重公平的发展也将为国家的持续发展提供人力资本保证和社会基础。最后，后发国家可以在国家加大医疗扶持的基础上拓宽医疗服务形式，在强化政府责任、加强政府监管和加大政府投入的同时，可以考虑引入市场机制，鼓励私人医院，但应强调的是，其核心是尽快建立起全面覆盖的医疗服务体系，而非利益集团的垄断与撷取利益。

## 二、提升全民受教育水平

不同国家的政府教育决策和教育发展遵循共同的规律。无论是教育发展模式、教育发展优先次序的选择，还是教育制度、教育结构的确定，都是发展中国家及其政府选择的结果。各国发展阶段不同，发展理念各异，从而所制定的教育政策也不尽相同，教育与经济增长之间的优先次序体现了国家发展理念中公平与效率的博弈。不同的教育发展优先次序所产生的教育发展效果不同，国家重视教育的程度也会随之产生不同，人民通过受教育权的实现与提升来分享发展成果的

程度也就不同，进而人力资本储备与质量也有所差异，回馈国家发展与兑现后发潜力的能力也会受到影响。因此，教育的发展，尤其是公平的发展是国家经济、社会发展的根基，对于发展中国家，特别是贫困地区来说，要促进经济增长，就要取得技术进步，因此，需要增加教育投入，提高教育水平，以保证教育对经济增长传导机制各个环节的良性循环。

首先，政府要提高对各个层次学校教育的投入，提高教育质量。一方面，要增加对基础教育的投入，以实现基础教育的普及。大量研究证实，对贫困人口普及教育或进行适当的文化培训，是可以对该地区的经济发展起到促进作用的。因为教育可以提高贫困地区人口的劳动生产率，改善他们的生存状况，从而提高贫困地区对自然资源的管理水平，并增强当地的技术吸收能力。另一方面，要加大对中等、高等教育的投入，提高教育层次。因为中等和高等教育是培养科学和技术能力的教育层次，它们对经济增长、技术吸收及创新至关重要，而且还直接决定了老师和教育管理者的供给和质量。其次，注重教育的公平性。教育不应属于特定阶层与群体，更不应成为阻碍阶级流动的枷锁。相反，使各地区间、行业间、阶层间的民众能够公平地享有受教育权，是一个国家建立社会公平体系和培育社会能力的关键。特别是困难群众对于受教育权利的诉求，是拷问一个国家良心的标尺，也是衡量国家对教育投入重视程度和对公平受教育权维护程度的重要指标。对于发展中国家而言，提升教育公平性，让更多的人享有受教育权，可以提升人口的劳动参与率，改善低收入群体生活状况，从而提升全社会的劳动参与率，为国家实现后发赶超提供更加充足的人力资本储备，劳动者数量的增加，可以使劳动力重新配置到更多的生产活动中，进而影响经济增长。

### 三、注重人力资本相对超前投资

效率与公平始终是经济发展的两个主旋律，两者各有利弊，不应偏颇。本书并不否认注重效率的正确性，同意经济发展的目标是不断地提升经济增长效率。但本书所强调的是，经济增长效率并非经济发展全部，提升经济效率的目的也是实现经济发展，而所谓发展更应该体现为人的发展，让人民享有发展成果。否则，效率的提升并未带来社会的真正发展，"有增长、无发展"会带来严重的社会问题。伴随经济发展阶段的提升，效率应在经济发展中逐步让位于公平，退居辅助地位，公平与人的发展成为支撑国家持续发展的核心问题。

本书所提出的人力资本相对超前投资即是在经济发展效率提升的同时，强调更加注重人的发展与社会公平，让更广泛的人实现生存权与发展权的提升。这一发展理念需要后发国家在有限资源和财政能力约束下，更多地关注普通民众的发展，更多地投入教育与医疗卫生事业。但该发展理念并非旦夕间即可看见成效，需要稳定的、持续的政策实施，因此对于多数国家而言是更具有挑战性的发展方式。这要求一国政府具有稳定的执政地位、普世的执政理念、连贯的政策方向和强有力的执政能力。因此，人力资本相对超前投资是与西方短期发展理念所不同的长期发展理念，而本书证明，HCRAI 得分与长期经济增长有显著的正向相关关系，人力资本的相对超前投资即是对民众更多的关注与社会公平理念的倾注，也是国家执政能力的培育与政府政策稳定性的贯彻，从而实现后发国家赶超所需的社会能力。

### 四、发展中国家应寻求适合自身发展特点的发展道路

长期以来，西方主要经济体主导的"西方中心主义"宣扬西方文明在人类发展中的领先作用，倡导西方文明下的人类发展，并以其核心价值观评定世界各国的发展与人权，指责后发国家的弊端。西方经济学倡导的发展哲学主导了发展经济学的脉络，宣扬效率至上的发展理念，以其制定的世界准则圈定发展中国家的发展模式与道路选择。但本书指出，西方文明在诟病他国人权的同时，自身对于人本关怀的程度却十分有限，HCRAI 得分较低，更多的资源归少数群体与特权阶层享有。其长期的资源积累也无法磨灭对后发地区的掠夺与榨取，而后发国家却不能重走西方文明强盛时所经历的殖民道路，这要求发展中国家应该寻求适合自身发展的道路，而不必复制西方国家的教条。

中国的发展恰恰走出了一条与西方文明所不同的发展道路，这是一条符合中国国情的发展道路，即通过自我发展的方式推进人权建设。中国依靠国内资源推进公民权利和政治权利发展，保持社会政治稳定，创造了一个更加自由、更加开放和更多公民政治参与的社会。依靠人力资本的相对超前投资，中国为快速发展积蓄了重要战略资源——高质量的人力资本，从而保证了改革开放以来40年的高速及中高速增长。通过推进经济、社会、文化全面发展，大量消除贫困，提升教育水平，改善医疗卫生条件，完善社会保障体系，建设幼有所育、学有所教、劳有所得、病有所医、老有所养、住有所居、弱有所扶的全面小康社会。这对其他发展中国家具有相当正面的激励和鼓舞作用。

各国国情不同，社会政治制度有异，但发展是亘古不变的话题，各国也都面

临着公平与效率的权衡问题以及人权发展问题。中国的发展经验向发展中国家昭示了一个全新的发展思路，各国也应根据自身发展优势与发展阶段制定适合自身的发展道路，敢于创新、勇于探索，更加关注本国民众的发展，使发展成果惠及更广泛的人口，扶持弱势群体，为实现后发赶超储备人力资本。

### 五、把握"一带一路"机遇并加强合作

中国构建的"一带一路"框架包括政策沟通、设施联通、贸易畅通、资金融通、民心相通"五通"内涵，不仅是经济层面的合作，更是文化、思想、信息和发展等方式的互通与共享。"一带一路"建设，也是构建中国全方位开放新格局的必然要求，也是促进亚欧国家共同发展繁荣的必然选择。作为"共同体"，中国与"一带一路"沿线国家不是简单的双边贸易或区域合作，而是涵盖亚、欧、非三大洲，涉及西欧、日韩等发达国家，中亚、东欧等原苏东国家以及南亚、西亚、非洲等第三世界国家而构筑的命运共同体、利益共同体和人类共同体，是中国向世界传递东方智慧的重要通道，中国愿意与包括"一带一路"沿线国家在内的相关国家一道，共建美好愿景，让共建成果惠及更广泛的区域。

"一带一路"倡议的提出为沿线国家的共同发展与繁荣提供了全新的机遇，中国的发展理念通过"一带一路"传向沿线各国。沿线不少国家面临着政治稳定、经济发展、社会转型和政策调整等多方面的挑战。而加强人力资本相对超前投资，加大对本国民众的关注程度，通过吸引外部投资提升基础设施建设，尤其是医疗健康设施和教育基础设施的建设，为本国民众提供更加安全和便捷的生活以及更加公平和优质的教育是各国实现发展的重要保障。要加强国际交流与合作，抓住国际投资的机遇以提高本国的经济水平，同时加强沟通，借鉴其他国家的经验，帮助本国进行制度改革，如改革不合理的投资管理体制，改善监管水平以及提升行政效率等。在金融监管方面也要加强合作，帮助本国建立完善的金融体系和稳定的金融市场，从根本上促进国际投资政策的稳定和公平。

# 参考文献

［1］ Abramovitz M. Catching up, Forging Ahead, and Falling Behind ［J］. The Journal of Economic History, 1986, 46 (2): 385-406.

［2］ Acemoglu Daron, Newman F. The Labor Market and Corporate Structure ［J］. European Economic Review, 2002, 46 (10): 1733-1756.

［3］ Acemoglu D., Johnson S. Disease and Development: The Effect of Life Expectancy on Ecnomic Growth ［J］. Journal of Political Economy, 2007, 115 (6): 925-985.

［4］ Aghion P, Howitt P. A Model of Growth through Creative Destruction ［J］. Econometrica, 1992, 60 (2): 323-351.

［5］ Ali Moussa Iye. Pan-Africanism and the Renaissance of Africa: Will the 21st Century Beome "the Century of Africa"? ［J］. West Asia and Africa, 2017 (1): 34-43.

［6］ Aliber Robert. The Interest Rate Parity Theorem: A Reinterpretation ［J］. Journal of Political Economy, 1973, 81 (6): 1451-1459.

［7］ Aliber R. Z. The Iinterest Rate Parity Theorem: A Reinterpretation ［J］. The Journal of Political Economy, 1973, 81 (6): 1451-1459.

［8］ Almaz Zewde. Sorting Africa's Developmental Puzzle: The Participatory Social Learning Theory asan Alternative Approach ［M］. Lanham MD: University Press of America, 2010.

［9］ Amal Kanti Ray. Measurement of Social Development an International Comparison ［J］. Social Indicators Research, 2008 (86): 1-46.

［10］ Amano R. A., Wirjanto T. S. Government Expenditures and the Permanent-

Income Model [J]. Review of Economic Dynamics, 1998, 1 (3): 719–730.

[11] Andrzej Cielik, Michael Ryan. Explaining Japanese Direct Investment Flows Into an Enlarged Europe a Comparison of Gravity and Economic Potential Approaches [J]. Journal of the Japanese and International Economies, 2004, 18 (1): 12–37.

[12] Anton E. Kunst, Vivian Bos, Eero Lahelma, et al. Trends in Socioeconomic Inequalities in Self Asse ssed Health in 10 European Countries [J]. International Journal of Epidemiology, 2005 (34): 295–305.

[13] Bagchi–Sen S., Wheeler J. A Spatial and Temporal Model of Foreign Direct Investment in the United States [J]. Economic Geography, 1989, 65 (2): 113–129.

[14] Barro R. J. Determinants of Economic Growth: A Cross–country Empirical Study [J]. Cambridge, MA: The MIT Press, 1997.

[15] Barro R., Sala–i–Martin X. Convergence [J]. Journal of Political Economy, 1992, 100 (2): 223–251.

[16] Barro R., Sala–i–Martin X. Convergence across States and Regions [J]. Brookings Papers on Economic Activity, 1991 (1): 107–158.

[17] Barro R., Sala–i–Martin X. Economic Growth, 2nd Edition [M]. Cambridge, MA: The MIT Press, 2010.

[18] Barro R. J., Lee J. W. International Data on Educational Attainment: Updates and Implications [J]. Oxford Economic Papers, 2001, 53 (3): 541–563.

[19] Barro R. J. Human Capital and Growth: Theory and Evidence: A Comment – Science Direct [C]. Carnegie Rochester Conference, 1990.

[20] Bertelsmann Stiftung. Social Justice in the OECD – How Do Member States Compare? Sustainable Governance Indicators 2011 [EB/OL]. https://www.sgi-network.org/docs/publications/SGI11_ Social_ Justice_ OECD. pdf, 2011.

[21] Booysen Frederik. An Overview and Evaluation of Composite Indices of Development [J]. Social Indicators Research, 2002, 59 (2) : 115–151.

[22] Brant P. One Belt, One Road? China' s Com? Munity of Common Destiny [R]. The Interpreter 31, 2015.

[23] Brendan Kennelly, et al. Social Capital, Life Expectancy and Mortality Cross National Examination [J]. Social Science & Medicine, 2003 (56): 2367–2377.

[24] Brezis E. , Krugman P. Leapfrogging: A Theory of Cycle in National Technological Leadership [J] . American Economic Review, 1993, 45: 115-135.

[25] Bruce Katz. Six Ways Citie's Can Reach Their Economic Potential [J] . Diverse Perspectives on Critical Issues Livingcities, 2006: 8-12.

[26] Buckley P. J. , Casson M. Future of the Multinational Enterprise [M] . Berlin: Springer, 1976.

[27] Bussière M. , Schnatz B. Evaluating China's Integration in World Trade with a Gravity Mdel Based Benchmark [R] . ECB Working Paper , 2006.

[28] Carlson P. The European Health Divide: A Matter of Financial or Social Capital [J] . Social Science and Medicine, 2004 (9): 1985-1992.

[29] Carlucci F . Pisani S . A Multiattribute Measure of Human Development [J] . Social Indicators Research, 1995, 36 (2): 145-176.

[30] Carsten A. Holz. China's Economic Growth 1978 - 2025: What We Know Today About China's Economic Growth Tomorrow [J] . World Development, 2008, 36 (10): 1665-1691.

[31] Caves R. E. International Corporations: The Industrial Economics of Foreign Investment [J] . Economica, 1971, 38 (149): 1-27.

[32] Chadee D. Fear of Crime and Risk of Victimization: An Ethnic Comparison [J] . Social & Economic Studies, 2003, 52 (1): 74-97.

[33] Cheng L. K. , Ma Z. China's Outward Foreign Direct Investment [R] . Working Paper, 2007.

[34] Cho Y. Tien B . Sub-Saharan Africa's Recent Growth Spurt an Analysis of the Sources of Growth [R] . World Bank Policy Research Working Paper , 2014.

[35] Christaller W. The Principle of Central Place in Southern Germany [M] . New Jersey: Englewood, 1972.

[36] Clark C. Industrial Location and Economic Potential [J] . Lloyds Bank Review, 1966 (82): 1-17.

[37] Coughlin C. C. , Terza J. V. , Arromdee V . State Characteristics and the Location of Foreign Direct Investment within the United States [J] . Review of Economics and Statistics, 1991, 73 (4): 675-683.

[38] Daily C. China's Belt and Road Initiative to Boost Civil Aviation in Africa

[N]. China Daily, May 20, 2015.

[39] Dale W. Jorgenson, Khuong M. Vu. Potential Growth of the World Economy [J]. Journal of Policy Modeling, 2010, 32 (5): 615-631.

[40] Dasgupta P., Weale M. On Measuring the Quality of Life [J]. World Development, 1992, 20 (1): 119-131.

[41] David Van Hoose. E-commerce Economics [M]. London: Routledge, 2003.

[42] De Vires W. F. M. Meaningful Measures: Indicators on Progress, Progress on Indicators [J]. International Statistical Review, 2001, 11: 98-111.

[43] Despotis D. K. A Reassessment of the Human Development Index Via Data Envelopment Analysis [J]. Journal of the Operational Research Society, 2005, 56 (8): 969-980.

[44] Dunning J. H. Location and the Multinational Enterprise: A Neglected Factor? [J]. Journal of International Business Studies, 1998, 29 (1): 45-66.

[45] Dunning J. H. The Eclectic Paradigm of International Production: A Restatement and Some Possible Extensions [J]. Journal of International Business Studies, 1988, 19 (1): 1-31.

[46] Dunning J. H. Economic Analysis and the Multinational Enterprise [M]. London: Routledge, 1977.

[47] Elkan R. V. Catching up and Slowing Down: Learning and Growth Patterns in an Open Economy [J]. Journal of International Economics, 1996, 41 (1-2): 95-111.

[48] Filmer D., Schady N. The Medium-Term Effects of Scholarships in a Low-Income Country [J]. Journal of Human Resources, 2014, 49 (3): 663-694.

[49] Foster J.E. Lopez-Calva L.F., Szekely M. Measuring the Distribution of Human Development: Methodology and an Application to Mexico [J]. Journal of Human Development, 2005, 6 (1): 5-25.

[50] Fukuda-Parr S. Human Rights and Human Development [J]. Economic & Political Weekly, 2008, 35 (39): 3498-3499.

[51] Gerschenkron a Economic Backwardness in Historial Perspective [M]. Cambride, MA: The Belknap Press of Harvard University Press, 1979.

[52] Gerschenkron A . Problems in Measuring Long Term Growth in Income and Wealth [J] . Journal of the American Statistical Association, 1957 (52): 52450-52457.

[53] Gerschenkron A. Economic Backwardness in Historical Perspective: A Book of Essays [M] . Cambride, MA: The Belknap Press of Harvard University Press, 1962.

[54] Hamish Mcrae. Nobel Laureate in Economics: The Full Economic Potential of China [N] . China Securities Journal, 2010-02-09.

[55] Hanson G. Market Ptential, Increasing Returns and Geographic Concentration [R] . NBER Working Paper, 1998.

[56] Harrak F. A Multi-polar World in the Making: Opportunities and Risks for Africa [J] . West Asia and Africa, 2017 (1): 24-33.

[57] Harris C. The Market as a Factor in the Localization of Industry in the United States [J] . Annals of the Association of American Geographers, 1954 (64): 315-348.

[58] Head K. , Mayer T. Market Potential and the Location of Japanese Investments in the Europen Union [J] . The Review of Economics and Statistics , 2004, 86 (4): 959-972.

[59] Helmy H. E. An Approach to Quantifying Social Justice in Selected Developing Countries [J] . International Journal of Development Issues, 2013 (12): 67-84.

[60] Helpman E. A Simple Theory of International Trade with Multinational Corporations [J] . Journal of Political Economy, 1984, 92 (3): 451-471.

[61] Hicks D. A. The Inequality-adjusted Human Development Index: A Constructive Proposal [J] . World Development, 1997, 25 (8): 1283-1298.

[62] Hofman B. China's One Belt One Road Ini tiative: What We Know Thus Far [EB/OL] . https://blogs. worldbank. org/eastasiapacific/china-one-belt-one-road-initiative-what-we-know-thus-far, 2015-04-12.

[63] Hopkins C. P. Evidence for Differential Effects of apoE3 and apoE4 on HDL Metabolism [J] . Journal of Lipid Research, 2002, 43 (11): 1881-1889.

[64] Hortsmann I. , Markusen. Endogenous Market Structure in International Trade [J] . Journal of International Economics, 1992, 32 (1-2): 109-129.

［65］Hymer S. H. The International Operations of National Firms：A Study of Direct Foreign Investment ［M］. Cambridge，MA：The MIT Press，1976.

［66］Isard W. Methods of Regional Analysis, Science Studies Series 4 ［M］. Cambridge，MA：The MIT Press，1960.

［67］Islam N . Growth Empirics：A Panel Data Approach-A Reply ［J］. The Quarterly Journal of Economics，1998，113（1）：325-329.

［68］Islam N. Growth Empirics：A Panel Data Approach ［J］. The Quarterly Journal of Economics，1995，110（4）：1127-1170.

［69］Johan P. Mackenbach, Anton E. Kunst, Adrienne Cavelaars, et al. Socioeconomic Inequalities in Morbidity and Mortality in Western Europe ［J］. The Lancet，1997（6）：1655-1659.

［70］John M. Antle, Susan M. Capalbo, Keith Paustian and Md Kamar Ali. Estimating the Economic Potential for Agricultural Soil Carbon Sequestration in the Central United Stats Using an Aggregate Econometric - process Simulation Model ［J］. Climatic Change，2007，80（1）：145-171.

［71］José Antonio Rodríguez Martín，María del Mar Holgado Molina，José Antonio Salinas Fernández. An Index of Economic and Social Development in a Group of Countries in Africa ［EB/OL］. https：//link. springer. com/article/10. 1007/s11482-014-9330-6，2014-05-27.

［72］Junichiro Takeuchi. Japan Drops to 14th Place ［R］. SA142 Short-Term Forecast for the Japanese Economy，2010.

［73］Kauder B. ，Potrafke N. Globalization and Social Justice in OECD Countries ［J］. Review of World Economics，2015（151）：353-376.

［74］Keeble D. ，Owens P. L. ，Thompson C. ，Regional Accessibility and Economic Potential in the European Community ［J］. Reg. Stud. ，1982（16）：419-432.

［75］Keith M. Lewin. Educational Development in Sub-Saharan Africa and South Asia：Planning Progress and Profiling Poliy ［J］. Comparative Education Review，2013，278（3）：51-57.

［76］Kelley A. C. The Human Development Index：Handle With Care ［J］. Population & Development Review，1991，17（2）：315-324.

［77］Knack S. Keefer P. Institutions and Economic Performance：Institutional

Measures Cross-Country Test Using Alternative [J]. Economics and Politics, 1995, 7 (3): 207-227.

[78] Koyu Sakagami, Nobuyoshi Kobayashi and Ryoichi Kinoshita. Economic Potential and Its application for a Regional Growth Model With the Investment Plan of Transporation Facilities [J]. The Annals of Regional Science, 1969, 3 (2): 14-18.

[79] Krugman Paul. Exchange Rates and Policy Coordination [J]. Journal of International Economics, 1991,30 (1-2): 195-197.

[80] Krugman P. A Dynamic Spatial Model [R]. NBER Working Paper,1992.

[81] Kuemmerle W. The Drivers of Foreign Direct Investment Into Research and Development: An Empirical Investigation [J]. Journal of International Business Studies, 1999, 30 (1): 1-24.

[82] Lai D. Principal Component Analysis on Human Development Indicators of China [J]. Social Indicators Research, 2003, 61 (3): 319-330.

[83] Lai D. Temporal Analysis of Human Development Indicators: Principal Component Approach [J]. Social Indicators Research, 2001, 51 (3): 331-366.

[84] Lall S. The New Multinationals: The Spread of Third World Enterprises [M]. John Wiley & Sons, 1983.

[85] Lall S. The Rise of Multinationals from the Third World [J]. Third World Quarterly, 1983, 5 (3): 618-626.

[86] Leontief W. Strout A., Multi-regional Input-Output Analysis [M] //Barna T. Structural Interdependence and Economic Development. New York: St. Martin's Press, 1963.

[87] Levy M. Modernization and the Structure of Societies: A Setting for International Relations [M]. Princeton: Princeton University Press, 1966.

[88] Lewis W. A. The State of Development Theory [J]. The American Economic Review, 1984, 74 (1): 1-10.

[89] Lind N. A Compound Index of National Development [J]. Social Indicators Research, 1993, 28 (3): 267-284.

[90] Lind N. Some Thoughts on the Human [J]. Socialindicators Research, 1992, 27 (1): 89-101.

［91］Lisa L. Wood, Allen K. Miedema, Sheryl C. Cates . Modelling the Technical and Economic potential of Thermal Energy Storage Systems Using Pseudo-data analysis ［J］. Resource and Energy Economics, 1994, 16 （2）: 123-145.

［92］Louis T. Wells. Third World Multinationals: The Rise of Foreign Investment from Developing Countries ［M］. Cambridge, MA: The MIT Press, 1983.

［93］Lucas Robert E . On the Mechanics of Economic Development ［J］ . Journal of Monetary Economics, 1988 （22）: 3-42.

［94］Madsen J. B. , Mishra V. , Smyth R. Is the Output-Capital Ratio Constant in the Very Long Run? ［J］ . Manchester School, 2012, 80 （2）: 210-236.

［95］Majocchi A. Strange R. The FDI Location Decision: Does Liberalization Matter? ［J］ . Transnational Corporations, 2007, 16 （2）: 1-40.

［96］Mankiw N . G. , Romer D. Weil N . A Contribution to the Empirics of Economic Growth ［J］ . The Quarterly Journal of Economics, 1992, 107 （2）: 407-437.

［97］Martijn Huisman, Anton E. Kunst, Johan P. Mackenbach. Socioeconomic Nequalities in Morbidity among the Elderly: Euro-pean Overview ［J］. Social Science and Medicine, 2003 （57）: 861-873.

［98］Melaku Mulualem. OBOR: What Is In There for Africa? ［J］ . China Investment, 2017 （9）: 34-37.

［99］Merkel. Wolfgang and Heiko Giebler, Measuring Social Justice and Sustainable Governance in the OECD ［J］ . Academy of Sciences of the Czech Republic, 2009 （7）: 187-215.

［100］Miner S. China's Belt and Road Initiative ［J］ . Economic and Political Implications, 2016 （11）: 35-40.

［101］Nelson R. , Phelps E. Investment in Humans, Technological Diffusion, and Economic Growth ［J］ . American Economic Review, 1966 （56）: 69-75.

［102］Ngangue N. , Manfred K. The Impact of Life Expectancy on Economic Growth in Developing Countries ［J］ . Asian Economic and Financial Review, 2015 5 （4）: 653-660.

［103］Noorbakhash F. The Human Development Indices: Some Technical Issues and Alternative Indice ［J］ . Journal of International Development , 1998, 10 （5）: 589-605.

[104] Noorbakhsh F. Human Development and Regional Disparities in Iran: A Policy Model [J]. Journal of International Development, 2002, 14 (7): 927-949.

[105] North C. Douglass. Institutions and Economic Theory [J]. The American Economist, 1992, 36 (1): 3-6.

[106] Ohmae K. The End of the Nation State: The Rise of Regional Economies [M]. London: Harper, 1995.

[107] Phelps E. S. Post-crisis Economic Policies [J]. Journal of Policy Modeling, 2010, 32 (5): 596-603.

[108] Porter M. E. America's Green Strategy [J]. Scientific American, 1991, 264 (4): 193-246.

[109] Pradhan J. P. Multinationalization of Firms: A Comparison of China and India [R]. Hosei University, Tokyo: ICES, 2011.

[110] Qizilbash M. Sustainable Development: Concepts and Rankings [J]. Journal of Development Studies, 2001, 37 (3): 134-161.

[111] Ranis G., Stewart F., Samman E. Human Development: Beyond the HDI [J]. Social Science Electronic Publishing, 2007, 13 (3): 67-88.

[112] Ranis G., Stewart F., Ramirez A., Frances S. Economic Growth and Human Development [J]. World Development, 2000, 28 (2): 197-219.

[113] Rich D. C. Population Potential, Potential Transportation Cost and Industrial Location [J]. Area, 1978 (10): 222-226.

[114] Rodrik D. Who Needs the Nation-State? [J]. Economic Geography, 2013, 89 (1): 1-19.

[115] Romer Paul M. Increasing Returns and Long-Run Growth [J]. Journal of Political Economy, 1986 (94): 1002-1037.

[116] Ross D. R., Zimmermann K. F. Evaluating Reported Determinants of Labour Demand [J]. Labour Economics, 1995, 2 (1): 102-104.

[117] Sagar A. D., Najam A. The Human Development Index: A Critical Review 1 [J]. Ecological Economics, 1998, 25 (3): 249-264.

[118] Solow R. M. A Contribution to the Theory of Economic Growth [J]. Quarterly Journal of Economics, 1956 (70): 65-94.

[119] Srinivasan T. N. Human Development: A New Paradigm or Reinvention of

the Wheel? [J] . The American Economic Review, 1994, 84 (2) : 238-243.

[120] Stewart J. Q. , Empirical Mathematical Rules Concerning the Distribution and Equilibrium of Population [J] . Geogr. Rev. , 1947 (37): 461-485.

[121] Streeten P. Population Stabilizes, Economic Growth Continues? A Review Essay on Richard Easterlin's Growth Trumphant: The Twenty-first Century in Historical Perspective [J] . Population & Development Review, 1996, 22 (4): 773-780.

[122] Summers R. , Heston A . A New Set of International Comparisons of Real Product and Price levels Estimates for 130 countries 190-1985 [J] . Review of Income and Wealth, 1988, 34 (1): 25.

[123] Swaine D. Chinese Views and Commentary on the One Belt One Road Initiative [J] . China Leadership Monitor, 2015 (47): 1-24.

[124] Tapani Valkonen, Ari-Pekka Sihvonen, Eero Lahelma. Healthy Expectancy by Level of Education in Finland [J] . Social Science and Medicine, 1997 (6): 801-808.

[125] Tony Barber. Rebuilding Europe's Economic Potential [J] . European View, 2010, 9 (1): 11-17.

[126] Tridico P. Growth, Inequality and Poverty in Emerging and Transition Economies [J] . Transition Studies Review, 2010 (16): 979-1001.

[127] Vanhonacker W. R. , Pan Y. The Impact of National Culture, Business Scope, and Geographic Location on Joint Venture Operatins in China [J] . Journal of International Marketing, 1997, 5 (3) : 11-30.

[128] Von Thunen J. H. The Isolated State [M] . Berlin: Wiegandt, 1826.

[129] Walley J. , Wright J. Public Health: An Action Guide to Improving Health in Developing Countries [M] . Oxford: Oxford University Press, 2009.

[130] Wang X. W. , Ma X. J. , Ni K. P. A Study on the Relationship between the Trade and Energy Efficiency among the Countries along the Silk Road Economic Belt: Based on the DEA and Trade Gravitation Models [J] . Journal of Lanzhou University (Social Science Edition), 2015 (4): 7-15.

[131] Weber. Theory of Industrial Location [M] . Tübingen. J. C. B. Mohr, 1909.

[132] Weien Liang. New Ideas of the Reform in the View of Globalization: Shang-

hai Pilot Free Trade Zone and One Belt and One Road ［J］. Open Journal of Social Sciences, 2015, 3 (12): 149-155.

［133］Wheeler D., Mody A. International Investment Location Decisions: The Case of US Firms ［J］. Journal of International Economics, 1992, 33 (1): 57-76.

［134］Woo-Cumings M. The State, Democracy, and the Reform of the Corporate Sector in Korea ［M］// Pempel T. J. The Politics of the Asian Economic Crisis. Ithaca NY: Cornell University Press, 1999.

［135］Władysław Welfe. Growth Determinants of Poland's Economic Potential ［J］. Modeling and Control of Economic Systems, 2001, 34 (20): 341-348.

［136］Xavier Sala-i-Martin, Gernot Doppelhofer, Ronald I. Miller. Determinants of Long-Term Growth: A Bayesian Averaging of Classical Estimates (BACE) Approach ［J］. American Economic Review, 2004, 94 (4): 813-835.

［137］艾广乾, 秦贞兰. 基于未确知测度评价的区域经济发展潜力研究——以山东省为例 ［J］. 改革与开放, 2009 (4): 60-62.

［138］白津夫. 释放中部崛起后发潜力 ［J］. 瞭望, 2006 (14): 39.

［139］蔡昉. 经济增长方式转变与可持续性源泉 ［J］. 宏观经济研究, 2005 (12): 34-37, 41.

［140］曹亮. 先发优势和后发优势——兼论中国在东亚区域经济一体化进程中的战略定位和选择 ［J］. 财贸经济, 2007 (3): 24-28.

［141］曹普. 改革开放前中国农村合作医疗制度 ［J］. 当代中国史研究, 2007 (1): 112.

［142］陈洪安, 曾招荣. 西方人力资本与经济增长理论研究综述 ［J］. 财贸研究, 2009, 20 (2): 156-157.

［143］陈佳贵, 黄群慧. 工业发展、国情变化与经济现代化战略——中国成为工业大国的国情分析 ［J］. 中国社会科学, 2005 (4): 4-16, 205.

［144］陈民恳, 郑如莹. 基于全局因子分析的地区经济发展潜力研究 ［J］. 统计教育, 2008 (12): 34-37.

［145］陈平, 欧燕. 我国劳动力成本上升对 FDI 地区转移的影响——来自工业企业数据和 FDI 空间效应的证据 ［J］. 中山大学学报（社会科学版）, 2011, 51 (2): 185-191.

［146］陈石俊, 彭道宾, 李光东. 江西经济增长潜力问题研究 ［J］. 金融

与经济，2003（5）：32-37.

［147］陈秀山，王舒勃．论后发优势与跨越式发展［J］．教学与研究，2002（10）：22-28.

［148］陈永清，韦焕贤．人口受教育程度、ISO 9000 与区域质量竞争力——基于省际截面数据的实证研究［J］．广西民族大学学报（哲学社会科学版），2010，32（4）：121-126.

［149］陈钰芬．我国地区经济发展现状及其潜力分析［J］．数理统计与管理，2001，20（6）：14-18.

［150］陈宗胜，马军海，许颖悟．我国沿海地区的梯度发展趋势及环渤海地区的发展潜力探讨［J］．管理世界，2005（2）：6-40.

［151］程洪．对后发优势理论的反思——发展中国家现代化透视［J］．江汉大学学报（人文科学版），2003（2）：52-58.

［152］迟建新．中国参与非洲公共卫生治理：基于医药投资合作的视角［J］．西亚非洲，2017（1）：87-11.

［153］刁春和．"一带一路"战略下企业的投资机遇［J］．建筑，2015（17）：24-25.

［154］刁建欣．公平：永无止境的追求——浅谈社会主义公平与资本主义公平［J］．时代人物，2007（12）：86-87.

［155］丁赛．中国社会科学论坛（2013 年）：中国西部民族地区发展与小康社会建设会议综述［J］．民族研究，2014（1）：119-120.

［156］杜鹏，翟振武，陈卫．中国人口老龄化百年发展趋势［J］．人口研究，2005（6）：92-95.

［157］范定祥，欧绍华．碳排放强度控制与人文发展：基于中国的实证分析［J］．生态经济（学术版），2012（2）：63-66.

［158］方松华，杨起予．改革开放前后"两个 30 年"关系研究［J］．马克思主义研究，2014（3）：43-50，160.

［159］冯伟，邵军，徐康宁．市场规模、劳动力成本与外商直接投资：基于我国 1990—2009 年省级面板数据的研究［J］．南开经济研究，2011（6）：3-20.

［160］傅义强，王苑青．改革开放前后三十年经济发展的内在逻辑［J］．长春工程学院学报（社会科学版），2016，17（1）：9-13.

[161] 龚琪，薛丽洋，潘峰，等．生态足迹和人类发展指数的兰州市可持续发展分析［J］．西安科技大学学报，2012，32（1）：70-75．

[162] 苟晓霞．我国平均预期寿命变动的实证分析［J］．统计与决策，2011（22）：104-106．

[163] 谷民崇．公共服务支出对人类发展指数影响的逻辑思考与实证检验［J］．社会科学辑刊，2013（4）：51-56．

[164] 桂世勋．关于调整我国现行生育政策的思考［J］．江苏社会科学，2008（2）：165-169．

[165] 郭熙保，王松茂．我国技术后发优势战略的回顾与重构［J］．福建论坛（人文社会科学版），2004（3）：13-18．

[166] 哈米什·麦克雷．诺贝尔经济学奖得主：中国经济潜力十足［N］．中国证券报，2010-02-13．

[167] 韩立华，吕萍，韩瑞．黑龙江省经济发展潜力释放研究［J］．学习与探索，2009（3）：157-159．

[168] 何茂春，张冀兵，张雅芃，等．"一带一路"战略面临的障碍与对策［J］．新疆师范大学学报（哲学社会科学版），2015，36（3）：2，36-45．

[169] 何兴强，王利霞．中国FDI区位分布的空间效应研究［J］．经济研究，2008，43（11）：137-150．

[170] 何雄浪，刘芝芝．资源诅咒、后发优势与民族地区经济跨越式发展探讨［J］．民族学刊，2018，9（4）：21-26，98-100．

[171] 侯高岚．从后发优势视角看发展经济学的演化［J］．北京工业大学学报（社会科学版），2003（1）：23-27．

[172] 胡乃武，周帅，衣丰．中国经济增长潜力分析［J］．经济纵横，2010（10）：14-16．

[173] 胡英．中国分城镇乡村人口平均预期寿命探析［J］．人口与发展，2010，16（2）：41-47．

[174] 胡忠良，蒋茜．新技术革命条件下后发优势理论探寻［J］．开放导报，2014（1）：25-29．

[175] 黄晨熹．1964～2005年我国人口受教育状况的变动——基于人口普查/抽查资料的分析［J］．人口学刊，2011（4）：3-13．

[176] 黄鲁成，王吉武，卢文光．基于ANP的新技术产业化潜力评价研究

[J]．科学学与科学技术管理，2007（4）：122-125.

[177] 黄梅波，刘斯润．非洲经济发展模式及其转型——结构经济学视角的分析 [J]．国际经济合作，2014（3）：63-69.

[178] 黄少卿．三大红利、后发优势与中国经济增长潜力 [J]．探索与争鸣，2016（2）：88-93.

[179] 黄维德，柯迪．各国体面劳动水平测量研究 [J]．上海经济研究，2011（11）：40-48.

[180] 霍景东，夏杰长．公共支出与人类发展指数——对中国的实证分析：1990—2002 [J]．财经论丛（浙江财经学院学报），2005（4）：7-10.

[181] 贾海涛．印度经济发展的现状及潜力 [J]．江苏商论，2004（11）：32-34.

[182] 简新华，许辉．后发优势、劣势与跨越式发展 [J]．经济学家，2002（6）：30-36.

[183] 江心英．国际直接投资区位选择综合动因假说 [J]．国际贸易问题，2004（6）：66-69.

[184] 江心英．国际直接投资区位选择综合动因假说 [J]．国际贸易问题，2004（6）：66-69.

[185] 蒋冠宏，蒋殿春．中国对外投资的区位选择：基于投资引力模型的面板数据检验 [J]．世界经济，2012（9）：21-40.

[186] 蒋正华，张为民，朱力为．中国人口平均期望寿命的初步研究 [J]．人口与经济，1984（3）：14-20.

[187] 金明善，车维汉．赶超经济理论 [M]．北京：人民出版社，2001.

[188] 靳卫敏．改革开放前后30年经济发展的阶段性与联系性 [J]．濮阳职业技术学院学报，2015，28（3）：72-74.

[189] 孔令宽．制度变迁中的中国经济增长潜力释放研究 [D]．兰州大学博士学位论文，2008.

[190] 李稻葵．未来十年中国经济增长潜力非常高 [N]．证券日报，2011-05-28.

[191] 李红．谈人类发展指数的理论评价与应用 [J]．经济问题，2007（5）：14-15.

[192] 李建新．中国人口结构问题 [M]．北京：社会科学文献出版

社，2009.

［193］李晶，李晓颖．基于空间距离法的区域人类发展指数［J］．统计研究，2012，29（1）：61-67.

［194］李晶．在污染的迷雾中发展？——污染敏感的人类发展指数及其实证分析［J］．经济科学，2007（4）：94-108.

［195］李雷众．俄罗斯经济潜力巨大将重新崛起20年后超过英法［EB/OL］．http：//news. cri. cn/gb/1827/2004/11/06/521 @ 351350 _ 1. htm，2004 - 11-06.

［196］李玲，江宇．社会主义加市场是中国的核心竞争力［J］．中央社会主义学院学报，2017（2）：5-11.

［197］李猛，于津平．东道国区位优势与中国对外直接投资的相关性研究——基于动态面板数据广义矩估计分析［J］．世界经济研究，2011（6）：63-67.

［198］李清均．邓小平发展理论的构成：从反贫困角度的解说［J］．理论探讨，1997（5）：11-13.

［199］李善同，侯永志，翟凡．未来50年中国经济增长的潜力和预测［J］．经济研究参考，2003（2）：51-60.

［200］李伟峰．联合国历年人类发展报告述评［J］．国外理论动态，2003（7）：45-46.

［201］李伟杰，余亮．中国企业FDI区位选择：理论研究与实证分析［J］．当代经济管理，2009，31（4）：66-71.

［202］李晓西，刘一萌，宋涛．人类绿色发展指数的测算［J］．中国社会科学，2014（6）：69-95，207-208.

［203］李颖晖．教育程度与分配公平感：结构地位与相对剥夺视角下的双重考察［J］．社会，2015，35（1）：143-160.

［204］李俞．进行不平等调整后的人类可持续发展指数研究［D］．西南财经大学博士学位论文，2013.

［205］李宇，郑吉，金雪婷，等．“一带一路”投资环境综合评估及对策［J］．中国科学院院刊，2016，31（6）：671-677.

［206］李玉荣．改革开放前新中国公共卫生事业的发展及其基本经验［J］．理论学刊，2011（3）：51-55.

［207］联合国经济和社会事务部统计处．社会和人口统计体系［M］．许成钢，等译，中国财政经济出版社，1985.

［208］廉薇．"一带一路"战略下的对外投资新格局［N］.21世纪经济报道，2014-11-17（003）.

［209］廉颖婷．民事诉讼困扰"走出去"企业［N］．中国贸易报，2016-02-25（006）.

［210］梁星韵．"一带一路"背景下我国企业对外直接投资策略［J］．生产力研究，2015（8）：139-143.

［211］林斐．我国统筹经济社会发展的思路与着力点［J］．宏观经济管理，2004（12）：13-16.

［212］林毅夫．新结构经济学：反思经济发展与政策的理论框架［M］．北京：北京大学出版社，2012.

［213］林勇斌．我国人类绿色发展指数省际差异研究［D］．集美大学硕士学位论文，2016.

［214］林跃勤．"一带一路"构想：挑战与应对［J］．湖南财政经济学院学报，2015，31（2）：5-17.

［215］刘长生，简玉峰．寿命预期、教育资本与内生经济增长［J］．当代财经，2011（4）：15-25.

［216］刘海泉．"一带一路"战略的安全挑战与中国的选择［J］．太平洋学报，2015，23（2）：72-79.

［217］刘瑞翔，安同良．中国经济增长的动力来源与转换展望——基于最终需求角度的分析［J］．经济研究，2011，46（7）：30-41，64.

［218］刘喜梅．为何恶性传染病多发非洲［N］．人民政协报，2014-8-20（005）.

［219］刘向农．消费需求与投资需求协调增长［J］．数量经济技术经济研究，2002（12）：44-46.

［220］刘易斯．经济增长理论［M］．北京：商务印书馆，1983.

［221］刘渝琳，赵钰．我国人口素质衡量的指数改进及因素分析［J］．探索，2007（1）：101-105.

［222］柳雯雯．福建省城市社会发展指标体系实证分析研究［J］．内蒙古农业大学学报（社会科学版），2005（2）：66-68.

[223] 卢凌宇，刘鸿武．非洲的可持续发展：挑战与应对［J］．国际问题研究，2016（4）：50-65.

[224] 鲁明泓．制度因素与国际直接投资区位分布：一项实证研究［J］．经济研究，1999（7）：57-66.

[225] 陆德明，周莉珠．论企业的持续发展［J］．世界经济文汇，1999（4）：2-7.

[226] 陆康强．要素均衡：人类发展指数的算法改进与实证研究［J］．统计研究，2012，29（10）：45-51.

[227] 罗尔斯．无政府、国家与乌托邦［M］．北京：中国社会科学出版社，2008.

[228] 罗莉．基于一带一路理念下的企业对外直接投资区位选择［J］．商场现代化，2015（7）：10.

[229] 马骏．中国经济增长潜力下行的原因与政策含义［J］．中国金融，2010（18）：68-70.

[230] 马仁锋，张海燕，沈玉芳，等．省域尺度的区域发展潜力评价方法研究［J］．开发研究，2009（3）：18-23.

[231] 梅松，齐心．和谐社会评价指标体系的构建［J］．北京社会科学，2006（1）：62-66.

[232] 明洁，陈妹妹．劳动力成本上升对长三角制造业 FDI 的影响分析［J］．对外经贸实务，2013（3）：38-41.

[233] 牟永福，胡鸣铎．衡量和谐社会的三个指标体系［J］．理论学刊，2006（6）：66-70.

[234] 南亮进．日本的经济发展［M］．北京：经济管理出版社，1992.

[235] 裴长洪．中国企业对外投资与"一带一路"建设机遇［J］．财政监督，2017（3）：16-22.

[236] 彭军超，钱乐祥，李明杰．基于人类发展指数的云南省可持续发展能力探讨［J］．佛山科学技术学院学报（自然科学版），2007（5）：58-60.

[237] 彭凯，段元萍．日美对外投资经验对我国"一带一路"战略的启示［J］．改革与开放，2015（17）：43-45.

[238] 齐国强．非洲经济发展与外资流入：趋势及挑战［J］．国际经济合作，2015（9）：4-8.

［239］邱风，王利芳．我国城乡差距的新解读——基于社会发展水平的视角［J］．宏观经济研究，2009（12）：59-64．

［240］曲铁华，樊涛．新中国农村基础教育政策的变迁及影响因素探析［J］．东北师大学报（哲学社会科学版），2011（1）：147-153．

［241］上海财大区域经济研究中心．2007中国区域经济发展报告——中部塌陷与中部崛起［M］．上海：上海人民出版社，2007．

［242］申丽娟，吴江．城乡社会统筹评价指标体系实证分析——以重庆市为例［J］．西南师范大学学报（自然科学版），2009，34（2）：61-66．

［243］申现杰，肖金成．国际区域经济合作新形势与我国"一带一路"合作战略［J］．宏观经济研究，2014（11）：30-38．

［244］世界经济论坛．非洲会议代表认为非经济发展潜力大［EB/OL］．https：//business. sohu. com/20080606/n257328793. shtml，2008-06-06．

［245］宋维佳，许宏伟．对外直接投资区位选择影响因素研究［J］．财经问题研究，2012（10）：44-50．

［246］宋维佳．区位选择视角的我国企业对外直接投资研究［J］．东北财经大学学报，2008（2）：58-62．

［247］宋勇超．中国对外直接投资目的效果检验——以资源寻求型OFD为视角［J］．经济问题探索，2013（8）：123-129．

［248］孙劲松．公正与效率不是社会主义和资本主义的分水岭［J］．科学社会主义，2013（3）：10-11．

［249］孙泼泼．基于主成分分析的广州市经济社会发展综合评价研究［J］．技术与市场，2009，16（11）：49-50．

［250］谭晶荣，周英豪．影响FDI区位选择的因素分析［J］．商业研究，2005（20）：174-176．

［251］唐静，李鹏．改革开放前后三十年关系的认识和思考［J］．长春理工大学学报（社会科学版），2014，27（9）：7-9．

［252］田辉，孙剑平，朱英明．HSDI：植入环境敏感性因素的人类可持续发展指数［J］．中国软科学，2007（10）：86-92．

［253］田辉，孙剑平，朱英明．我国各地区经济社会发展的综合测度分析——基于HDI的研究［J］．经济管理，2008（2）：69-76．

［254］屠春友．构建社会主义和谐社会需要深入研究的几个问题［J］．理

论前沿，2005（8）：46-48.

［255］汪毅霖，蒋北．植入生态文明指标的省际间人类发展比较研究——基于主成分分析和自由发展的视角［J］．山西财经大学学报，2009，31（10）：45-52.

［256］汪毅霖．将政治文明嵌入人类发展指数的原理、方法和测量——基于主成分分析和自由发展的视角［J］．中共南京市委党校学报，2009（5）：34-43.

［257］王鸿诗，吴克昌，张强．和谐社会前景下公平与效率评价指标体系的构建［J］．统计与决策，2010（13）：35-37.

［258］王娟，方良静．中国对外直接投资区位选择的影响因素［J］．社会科学家，2011（9）：79-82.

［259］王军凤．和谐社会的评价指标体系［J］．统计与决策，2007（3）：59-60.

［260］王丽．中国对东盟直接投资影响因素研究［D］．山东大学硕士学位论文，2014.

［261］王林．后金融危机时期中国对外直接投资影响因素分析［D］．天津财经大学硕士学位论文，2012.

［262］王南．非洲："一带一路"不可或缺的参与者［J］．亚太安全与海洋研究，2015（5）：97-109，128.

［263］王鹏飞．我国对外直接投资区域选择的影响因素分析［J］．统计与决策，2014（22）：133-135.

［264］王胜，田涛．中国对外直接投资区位选择的影响因素研究——基于国别差异的视角［J］．世界经济研究，2013（12）：11.

［265］王秀刚，程静．从劳动力受教育程度角度看收入分配问题［J］．新视野，2012（6）：53-55.

［266］王学义．人口现代化的测度指标体系构建问题研究［J］．人口学刊，2006（4）：46-51.

［267］王亚鹏．"一带一路"与中国企业"走出去"问题研究［J］．中国市场，2015（46）：164，175.

［268］王宗光．中国与印度经济发展潜力的对比分析［J］．甘肃社会科学，2007（6）：108-111.

［269］危敬祥．正确处理教学改革中的几个关系［J］．华东交通大学学报，2005（S1）：16-17，20.

［270］韦森．大转折，中国改革的下一步［M］．北京：中信出版社，2012.

［271］韦森．中国经济高速增长原因再反思［J］．探索与争鸣，2015（1）：58-63.

［272］魏立桥．甘肃省2001~2015年经济增长潜力分析［J］．天水行政学院学报，2004（2）：17-20.

［273］魏延志．地区经济社会发展水平与城市居民教育不平等（1978—2006）——基于CGSS 2006的多层线性模型的分析［J］．青年研究，2013（2）：82-93，96.

［274］吴敬琏．重启改革议程：中国经济改革二十讲［M］．北京：生活·读书·新知三联书店，2012.

［275］吴艳华．基于经济发展视角的中国人类发展因素研究［J］．现代交际，2014（12）：120，119.

［276］吴涌汶．资本主义公平观与社会主义公平观［J］．探索，2008（1）：53-59.

［277］吴玉珊．关于社会发展评价体系的研究综述［J］．赤峰学院学报（汉文哲学社会科学版），2014（4）：45-48.

［278］吴志成．"一带一路"建设需要直面五大挑战［N］．上海证券报，2015-07-16（012）.

［279］吴志成．董柞壮．"一带一路"战略实施中的中国海外利益维护［J］．天津社会科学，2015（6）：69-75.

［280］吴忠民．"和谐社会"释义［J］．前线，2005（1）：28-29.

［281］武萌，贾培佩．和谐社会评价指标体系与评价模型［J］．合作经济与科技，2013（14）：24-25.

［282］项本武．东道国特征与中国对外直接投资的实证研究［J］．数量经济技术经济研究，2009（7）：33-46.

［283］肖巍，钱箭星．公平的发展：2015后议程之"钥"［J］．复旦大学学报（社会科学版），2015，57（5）：131-138.

［284］肖文涛．公共管理视野中的社会主义和谐社会建设［J］．甘肃行政学院学报，2005（4）：40-44.

[285] 谢识予. 经济增长的动因和中国的经济增长 [J]. 复旦大学学报（社会科学版），2000（5）：47-54.

[286] 谢彦明. 发挥县域经济后发优势问题研究 [D]. 四川农业大学硕士学位论文，2006.

[287] 徐康宁，陈健. 跨国公司价值链的区位选择及其决定因素 [J]. 经济研究，2008（3）：138-149.

[288] 薛琳，丁伟. 非洲经济的发展成效与结构制约 [J]. 亚非纵横，2014（3）：85-94，123-124.

[289] 杨成平. 我国企业对外直接投资区位选择的影响因素分析 [J]. 黑龙江对外经贸，2009（11）：25-27.

[290] 杨会良. 改革开放前我国教育财政体制的演变与特征 [J]. 河北大学学报（哲学社会科学版），2006（4）：58-63.

[291] 杨菊华. 生育政策与人口老龄化的国际比较 [J]. 探索与争鸣，2009（7）：14-16.

[292] 杨平. 以技术创新促进我国资源型城市产业转型 [J]. 产业与科技论坛，2009，8（12）：70-73.

[293] 杨秀平. 旅游业可持续发展潜力的量化测评研究 [J]. 科学技术与工程，2008（20）：5737-5740.

[294] 杨永恒，胡鞍钢，张宁. 基于主成分分析法的人类发展指数替代技术 [J]. 经济研究，2005（7）：4-17.

[295] 叶飞文. 要素投入与中国经济增长 [D]. 厦门大学博士学位论文，2003.

[296] 尹保华. 人与自然和谐发展需要加强生态伦理建设 [J]. 理论月刊，2004（12）：99-100.

[297] 于宏源. 论发展型政府理论与实践 [J]. 广东商学院学报，2004（6）：12-16.

[298] 袁富华. 中国经济增长潜力分析 [M]. 北京：中国社会科学出版社，2004.

[299] 袁晓龙. 四国经济增长潜力初步比较分析 [J]. 北京交通管理干部学院学报，2003（4）：34-37.

[300] 袁新涛. "一带一路"建设的国家战略分析 [J]. 理论月刊，2014

（11）：5-9.

［301］昝凌宏．后发优势与新疆区域经济跨越式发展［J］．中国管理信息化，2010，13（1）：55-57.

［302］曾国安，王继翔．发展中国家工业化的后发劣势与后发优势评析［J］．经济学动态，2003（10）：67-70.

［303］斋藤优．日本中小企业是怎样发展起来的［J］．中外管理，1995（12）：8-9.

［304］张德存．和谐社会评价指标体系的构建［J］．统计与决策，2005（115）：9-11.

［305］张杰．中国省际生态文明建设与人类发展的协调度研究［D］．西南财经大学硕士学位论文，2014.

［306］张军．张军自选集［M］．太原：山西大学出版社，2013.

［307］张李节．中国经济增长潜力研究［D］．中共中央党校博士学位论文，2005.

［308］张启良．由寿命长度看生命质量——人均预期寿命指标解读［J］．调研世界，2015（7）：59-60.

［309］张睿瞳．中国对外直接投资的宏观影响因素研究［D］．南京大学硕士学位论文，2011.

［310］张维迎．改革的逻辑［M］．上海：上海人民出版社，2010.

［311］张文木．通过"一带一路"看世界治理体制的中国方案［J］．世界社会主义研究，2017，2（8）：26-28.

［312］张五常．中国的经济制度［M］．北京：中信出版社，2009.

［313］张小媚．公平正义视角下以人为本与发展经济的关联［J］．湖北广播电视大学学报，2010，30（11）：67-68.

［314］张晓磊，张二震．"一带一路"战略的恐怖活动风险及中国对策［J］．国际贸易，2016（3）：27-32.

［315］张燕，谢建国．出口还是对外直接投资，中国企业"走出去"影响因素研究［J］．世界经济研究，2012（3）：63-68.

［316］张燕，徐建华，曾刚，等．中国区域发展潜力与资源环境承载力的空间关系分析［J］．资源科学，2009（8）：1328-1334.

［317］张远鹏，杨勇．中国对外直接投资区位选择的影响因素分析［J］．

世界经济与政治论坛, 2010 (6): 34-46.

[318] 张战仁, 吴玉鸣. 基于因子分析法的我国区域人类发展实证研究 [J]. 人口与经济, 2007 (5): 14-18.

[319] 张兆奇. 科学把握社会主义"和谐社会"的内涵 [J]. 理论学刊, 2004 (12): 25-26.

[320] 张忠. 哈萨克斯坦的经济潜力优势分析 [J]. 中亚信息, 2001 (12): 4-8.

[321] 张忠祥. 当前非洲经济转型的特点 [J]. 上海师范大学学报 (哲学社会科学版), 2016, 45 (2): 118-126.

[322] 赵春明, 吕洋. 中国对东盟直接投资影响因素的实证分析 [J]. 亚太经济, 2011 (1): 111-116.

[323] 赵丽秋. 人力资本投资与收入不平等——教育质量不平等的影响 [J]. 南方经济, 2006 (4): 15-23.

[324] 赵紫燕, 于晓萍, 董惠敏, 等. 中国的全面小康指数——指标体系建构及综合评价 [J]. 国家治理, 2016 (32): 3-24.

[325] 郑磊. 中国对东盟直接投资研究 [D]. 东北财经大学硕士学位论文, 2011.

[326] 郑立新. 我国经济快速增长的潜力较大. 经济研究参考, 2009 (10): 18-23.

[327] 郑宗生, 吴述尧, 何传启. 世界 120 个国家的生活质量比较 [J]. 理论与现代化, 2006 (4): 15-20.

[328] 周恭伟. 中国人类发展指标体系构建及各地人类发展水平比较研究 [J]. 人口研究, 2011, 35 (6): 78-89.

[329] 周其仁. 中国经济增长的基础 [J]. 教书育人, 2010 (14): 6-7.

[330] 周文, 冯文韬. 中国奇迹与国家建构——中国改革开放 40 年经验总结 [J]. 社会科学战线, 2018 (5): 27-36.

[331] 周昕, 牛蕊. 中国企业对外直接投资及其贸易效应——基于面板引力模型的实证研究 [J]. 国际经贸探索, 2012 (5): 69-81.

[332] 周玉渊. 从被发展到发展: 非洲发展理念的变迁 [J]. 世界经济与政治论坛, 2013 (2): 52-65.

[333] 朱钰, 刘润芳, 王佐仁. 关于地区经济发展潜力指标体系的思考

[J]．统计与信息论坛，2007（5）：65-68.

［334］邹嘉龄，刘春腊，尹国庆，唐志鹏．中国与"一带一路"沿线国家贸易格局及其经济贡献［J］．地理科学进展，2015，34（5）：598-605.

［335］左学金．21世纪中国人口再展望［J］．北京大学学报（哲学社会科学版），2012，49（5）：100-106.

# 附 录

## 附表 1 各国 HCRAI 指数得分及排名

HCRAI 指数得分及排名

| 国家/地区 | 1970年 | 排名 | 1978年 | 排名 | 1980年 | 排名 | 1985年 | 排名 | 1990年 | 排名 | 1995年 | 排名 | 2000年 | 排名 | 2005年 | 排名 | 2010年 | 排名 | 2013年 | 排名 | 2014年 | 排名 |
|---|---|---|---|---|---|---|---|---|---|---|---|---|---|---|---|---|---|---|---|---|---|---|
| 阿富汗 | -2.013 | 23 | -1.447 | 68 | | | | | | | | | | | | | | | | | -0.138 | 116 |
| 阿尔巴尼亚 | | | | | | | 1.863 | 3 | 1.709 | | 1.693 | 2 | 1.170 | 7 | 0.936 | 15 | 1.351 | 4 | 1.518 | 1 | 0.916 | 17 |
| 阿尔及利亚 | | | | | | | | | -0.116 | 56 | 0.413 | 26 | | | 0.468 | 34 | 0.772 | 13 | | | 0.720 | 32 |
| 安提瓜和巴布达 | | | | | | | | | | | | | | | | | -0.107 | 67 | | | 0.092 | 100 |
| 安哥拉 | | | | | | | | | -2.834 | 94 | | | | | | | -4.235 | 106 | | | | |
| 阿根廷 | 0.000 | 11 | 0.728 | 14 | 0.689 | 15 | 0.562 | 25 | | | | | 0.122 | 52 | 0.732 | 22 | 0.398 | 38 | 0.385 | 30 | 0.861 | 19 |
| 亚美尼亚 | | | | | | | | | | | | | 1.431 | 5 | 1.012 | 11 | | | | | | |
| 阿鲁巴 | | | | | | | | | | | | | -0.973 | 91 | -0.930 | 104 | -0.952 | 94 | | | 0.724 | 31 |

续表

| 国家/地区 | HCRAI 指数得分及排名 | | | | | | | | | | | | | | | | | | | | | |
| --- | --- | --- | --- | --- | --- | --- | --- | --- | --- | --- | --- | --- | --- | --- | --- | --- | --- | --- | --- | --- | --- | --- |
| | 1970年 | 排名 | 1978年 | 排名 | 1980年 | 排名 | 1985年 | 排名 | 1990年 | 排名 | 1995年 | 排名 | 2000年 | 排名 | 2005年 | 排名 | 2010年 | 排名 | 2013年 | 排名 | 2014年 | 排名 |
| 澳大利亚 | | | | | | | | | | | 0.795 | 14 | 0.802 | 14 | 0.788 | 19 | 0.529 | 28 | 0.419 | 25 | 0.661 | 39 |
| 奥地利 | | | | | | | -0.119 | 54 | -0.259 | 66 | -0.374 | 65 | -0.236 | 74 | -0.403 | 87 | -0.244 | 76 | -0.344 | 71 | -0.086 | 114 |
| 阿塞拜疆 | | | | | | | | | 0.330 | 33 | 1.121 | 10 | | | | | -0.547 | 88 | -0.751 | 79 | -0.523 | 136 |
| 巴哈马 | | | | | -0.011 | 53 | -0.768 | 65 | | | -0.835 | 74 | | | | | | | | | -0.700 | 142 |
| 巴林 | | | | | -0.449 | 63 | -0.315 | 60 | | | -0.020 | 52 | | | | | | | | | -0.323 | 129 |
| 孟加拉国 | | | | | 0.196 | 39 | -0.021 | 49 | 0.055 | 47 | | | | | 0.943 | 13 | | | | | 1.041 | 8 |
| 巴巴多斯 | | | | | | | -0.078 | 50 | -0.095 | 55 | | | -0.393 | 80 | | | -0.180 | 71 | | | 0.145 | 91 |
| 白俄罗斯 | | | | | | | | | 1.023 | 7 | 0.923 | 11 | | | | | 0.077 | 57 | 0.188 | 44 | 0.188 | 89 |
| 比利时 | | | -0.191 | 47 | -0.071 | 56 | 0.108 | 42 | -0.153 | 58 | 0.086 | 42 | 0.203 | 44 | | | -0.187 | 73 | 0.355 | 34 | 0.005 | 105 |
| 伯利兹 | | | | | | | | | | | | | | | -0.133 | 72 | -0.218 | 75 | -0.245 | 65 | 0.103 | 97 |
| 贝宁 | | | -0.779 | 61 | -1.108 | 73 | -0.683 | 63 | | | | | -0.719 | 86 | -0.568 | 92 | | | -0.344 | 70 | -0.255 | 121 |
| 百慕大 | | | | | -0.122 | 57 | | | | | | | | | | | -1.696 | 103 | -1.681 | 87 | | |
| 不丹 | | | | | | | | | | | | | | | -0.098 | 68 | 0.082 | 56 | 0.258 | 40 | 0.432 | 59 |
| 玻利维亚 | -0.257 | 16 | | | | | | | | | | | 0.189 | 46 | | | | | 0.191 | 88 | | |
| 波斯尼亚和黑塞哥维那 | | | | | | | | | | | | | | | | | | | | | 1.006 | 11 |
| 博茨瓦纳 | | | | | -0.058 | 55 | 0.042 | 47 | | | -1.938 | 85 | -2.561 | 105 | -2.332 | 114 | | | -1.448 | 86 | -1.196 | 156 |
| 巴西 | 0.102 | 9 | 0.291 | 27 | | | | | | | | | | | | | | | | | 0.229 | 84 |
| 文莱 | | | | | | | | | | | | | -0.646 | 85 | -0.597 | 93 | -0.627 | 90 | -0.625 | 75 | -0.453 | 135 |

续表

## HCRAI指数得分及排名

| 国家/地区 | 1970年 | 1970年排名 | 1978年 | 1978年排名 | 1980年 | 1980年排名 | 1985年 | 1985年排名 | 1990年 | 1990年排名 | 1995年 | 1995年排名 | 2000年 | 2000年排名 | 2005年 | 2005年排名 | 2010年 | 2010年排名 | 2013年 | 2013年排名 | 2014年 | 2014年排名 |
|---|---|---|---|---|---|---|---|---|---|---|---|---|---|---|---|---|---|---|---|---|---|---|
| 保加利亚 | | | | | 1.032 | 6 | 0.874 | 12 | 0.749 | 21 | 1.145 | 8 | 0.952 | 10 | 0.532 | 32 | 0.298 | 42 | 0.353 | 35 | 0.383 | 65 |
| 布基纳法索 | | | -1.266 | 65 | -1.415 | 75 | -1.078 | 75 | -1.450 | 88 | | | | | -1.379 | 99 | -1.356 | 99 | -1.124 | 84 | -0.739 | 144 |
| 布隆迪 | | | | | -0.973 | 72 | -1.100 | 76 | -0.898 | 79 | | | | | -0.325 | 84 | -0.173 | 70 | 0.132 | 48 | 0.207 | 85 |
| 柬埔寨 | | | | | | | | | | | | | -0.011 | 64 | | | | | | | 0.750 | 29 |
| 喀麦隆 | | | | | -0.904 | 71 | -1.129 | 77 | -0.975 | 81 | | | -1.418 | 99 | -1.715 | 110 | | | | | -1.341 | 158 |
| 加拿大 | | | | | | | | | 0.315 | 36 | 0.499 | 23 | -0.033 | 67 | | | | | | | 0.048 | 101 |
| 佛得角 | | | | | | | | | | | | | 0.695 | 18 | 0.576 | 29 | 0.636 | 18 | 0.646 | 17 | 0.795 | 24 |
| 中非共和国 | | | -0.471 | 55 | -0.748 | 67 | -0.924 | 70 | -1.356 | 86 | | | -1.207 | 96 | -2.388 | 115 | -3.213 | 105 | | | -1.327 | 157 |
| 乍得 | | | | | | | -1.387 | 80 | | | | | | | | | | | | | -2.113 | 170 |
| 智利 | -0.007 | 12 | 0.968 | 9 | 0.609 | 20 | 1.132 | 6 | | | | | 0.663 | 20 | 0.922 | 17 | 1.078 | 8 | 0.941 | 6 | 1.002 | 12 |
| 中国 | 1.209 | 3 | 2.447 | 1 | 2.374 | 1 | 1.771 | 4 | 1.589 | 3 | 1.438 | 5 | 0.920 | 11 | 1.054 | 8 | 0.766 | 14 | 0.401 | 26 | 0.409 | 62 |
| 哥伦比亚 | 0.803 | 4 | 0.769 | 12 | 0.581 | 24 | 0.525 | 27 | | | 0.124 | 37 | 0.263 | 38 | 0.500 | 33 | | | | | 0.194 | 87 |
| 科摩罗 | | | | | | | | | | | | | | | | | | | 0.131 | 49 | 0.422 | 60 |
| 刚果（布） | | | -0.438 | 54 | -0.402 | 62 | 0.069 | 44 | -0.080 | 53 | | | | | | | | | | | 0.760 | 26 |
| 刚果（金） | | | | | | | | | | | | | | | | | | | | | -1.728 | 167 |
| 哥斯达黎加 | 0.634 | 6 | | | 1.037 | 5 | 1.032 | 7 | 0.850 | 15 | | | | | | | | | 0.783 | 10 | 0.759 | 28 |
| 科特迪瓦 | | | -1.392 | 67 | -1.569 | 77 | -1.273 | 78 | | | | | | | | | | | | | -2.237 | 171 |

续表

HCRAI 指数得分及排名

| 国家/地区 | 1970年 | 排名 | 1978年 | 排名 | 1980年 | 排名 | 1985年 | 排名 | 1990年 | 排名 | 1995年 | 排名 | 2000年 | 排名 | 2005年 | 排名 | 2010年 | 排名 | 2013年 | 排名 | 2014年 | 排名 |
|---|---|---|---|---|---|---|---|---|---|---|---|---|---|---|---|---|---|---|---|---|---|---|
| 克罗地亚 | | | | | | | | | | | 0.102 | 39 | 0.025 | 62 | 0.074 | 62 | 0.144 | 54 | | | 0.394 | 63 |
| 古巴 | | | 1.383 | 3 | 1.571 | 2 | 1.167 | 5 | 0.987 | 9 | 1.122 | 9 | 0.980 | 8 | 1.441 | 2 | 1.885 | 1 | 1.065 | 4 | | |
| 塞浦路斯 | | | 1.104 | 6 | 0.558 | 25 | 0.249 | 35 | −0.202 | 63 | −0.011 | 51 | −0.279 | 76 | −0.379 | 76 | −0.299 | 79 | −0.249 | 66 | 0.023 | 104 |
| 捷克 | | | | | | | | | 0.313 | 37 | 0.253 | 35 | 0.360 | 33 | 0.080 | 33 | 0.163 | 53 | 0.337 | 36 | 0.517 | 49 |
| 丹麦 | | | 0.069 | 40 | 0.037 | 50 | −0.184 | 56 | −0.486 | 73 | −0.702 | 71 | −0.490 | 83 | −0.497 | 83 | −0.544 | 86 | 0.011 | 57 | 0.115 | 94 |
| 吉布提 | | | | | | | | | | | | | −1.722 | 109 | −1.600 | 101 | | | | | −1.367 | 159 |
| 多米尼加 | | | | | | | | | | | | | | | | | | | | | 0.657 | 40 |
| 多米尼加共和国 | | | | | | | | | | | | | | | | | | | | | 0.279 | 77 |
| 厄瓜多尔 | | | | | 0.142 | 31 | 0.369 | 46 | 0.796 | 18 | | | | | | | 0.410 | 37 | 0.844 | 9 | 0.775 | 25 |
| 埃及 | | | 0.627 | 19 | 0.402 | 29 | 0.342 | 32 | 0.549 | 28 | | | 0.106 | 53 | 0.388 | 53 | 0.454 | 33 | 0.385 | 31 | 0.608 | 44 |
| 萨尔瓦多 | 0.240 | 7 | 0.092 | 37 | | | | | | | | | | | 0.388 | 41 | | | 0.391 | 29 | 0.434 | 58 |
| 赤道几内亚比绍 | | | | | | | | | | | | | | | −2.305 | 104 | | | | | −3.633 | 174 |
| 厄立特里亚 | | | | | | | | | | | −1.001 | 78 | −0.454 | 81 | | | −0.535 | 85 | | | | |
| 爱沙尼亚 | | | | | | | | | | | 0.098 | 40 | 0.329 | 35 | 0.094 | 35 | 0.172 | 52 | 0.051 | 54 | 0.257 | 80 |
| 埃塞俄比亚 | | | | | | | | | | | −1.332 | 80 | −0.531 | 84 | 0.117 | 57 | 0.262 | 45 | | | 0.323 | 69 |
| 斐济 | | | | | 0.165 | 44 | 0.041 | 48 | −0.397 | 51 | | | | | | | | | | | 0.416 | 61 |
| 芬兰 | 0.767 | 5 | 0.007 | 42 | 0.136 | 47 | −0.080 | 51 | | | −0.052 | 54 | 0.052 | 59 | −0.123 | 59 | −0.161 | 69 | 0.302 | 38 | 0.098 | 98 |

续表

HCRAI指数得分及排名

| 国家/地区 | 1970年 | 排名 | 1978年 | 排名 | 1980年 | 排名 | 1985年 | 排名 | 1990年 | 排名 | 1995年 | 排名 | 2000年 | 排名 | 2005年 | 排名 | 2010年 | 排名 | 2013年 | 排名 | 2014年 | 排名 |
|---|---|---|---|---|---|---|---|---|---|---|---|---|---|---|---|---|---|---|---|---|---|---|
| 法国 | | | -0.093 | 45 | 0.015 | 51 | 0.057 | 46 | | | 0.023 | 47 | -0.027 | 66 | -0.033 | 66 | 0.185 | 51 | 0.048 | 55 | 0.239 | 81 |
| 加蓬 | | | -1.535 | 70 | -1.807 | 79 | | | | | -1.851 | 84 | | | | | | | | | -1.582 | 164 |
| 冈比亚 | | | | | | | | | | | | | | | | | -0.567 | 89 | | | | |
| 格鲁吉亚 | | | | | | | | | | | 1.781 | 1 | 1.485 | 3 | 1.283 | 5 | | | 0.994 | 5 | 1.060 | 7 |
| 德国 | | | | | | | | | | | -0.323 | 62 | 0.000 | 63 | -0.230 | 77 | | | -0.031 | 59 | 0.045 | 102 |
| 加纳 | | | | | | | | | | | | | | | | | | | -0.881 | 82 | -0.358 | 132 |
| 希腊 | | | 0.319 | 26 | 0.533 | 27 | 0.658 | 21 | 0.352 | 31 | 0.297 | 32 | 0.163 | 49 | 0.284 | 49 | 0.498 | 31 | 0.717 | 13 | 0.955 | 15 |
| 格林纳达 | | | | | 1.379 | 3 | | | | | | | | | | | | | | | 0.437 | 57 |
| 危地马拉 | -0.637 | 19 | -0.511 | 57 | | | -0.903 | 68 | | | -0.488 | 68 | | | | | | | -0.073 | 60 | 0.094 | 99 |
| 几内亚 | | | | | | | | | -1.501 | 89 | | | | | -0.819 | 102 | | | | | -0.318 | 126 |
| 几内亚比绍 | | | | | | | | | | | | | | | -0.905 | 103 | | | | | -0.808 | 146 |
| 圭亚那 | | | | | | | 0.659 | 20 | | | 0.069 | 54 | | | 0.445 | 35 | -0.875 | 92 | | | -0.808 | 147 |
| 海地 | | | | | | | | | | | | | | | | | | | | | -0.148 | 117 |
| 洪都拉斯 | | | -0.356 | 52 | 0.249 | 36 | 0.290 | 34 | -0.090 | 54 | 0.085 | 43 | | | 0.043 | 64 | 0.939 | 10 | 0.657 | 15 | 0.713 | 33 |
| 中国香港 | | | | | 0.588 | 22 | | | | | | | | | | | | | 0.371 | 32 | 0.473 | 54 |
| 匈牙利 | | | 0.196 | 33 | 0.180 | 40 | 0.170 | 39 | | | 0.253 | 36 | 0.199 | 45 | -0.126 | 71 | -0.100 | 65 | 0.083 | 51 | 0.172 | 90 |
| 冰岛 | | | 0.398 | 24 | | | | | | | | | -0.026 | 65 | | | 0.620 | 20 | 0.359 | 33 | 0.638 | 42 |
| 印度 | | | 0.746 | 13 | | | | | | | | | 0.255 | 40 | | | 0.133 | 55 | | | 0.503 | 50 |
| 印度尼西亚 | 0.184 | 8 | | | | | | | | | 0.301 | 31 | 0.566 | 26 | 0.409 | 38 | -0.187 | 72 | -0.154 | 62 | 0.139 | 92 |

续表

HCRAI 指数得分及排名

| 国家/地区 | 1970年 | 排名 | 1978年 | 排名 | 1980年 | 排名 | 1985年 | 排名 | 1990年 | 排名 | 1995年 | 排名 | 2000年 | 排名 | 2005年 | 排名 | 2010年 | 排名 | 2013年 | 排名 | 2014年 | 排名 |
|---|---|---|---|---|---|---|---|---|---|---|---|---|---|---|---|---|---|---|---|---|---|---|
| 伊朗 | | | | | | | | | | | 0.540 | 19 | 0.536 | 28 | 0.285 | 47 | 0.286 | 43 | 0.616 | 18 | 1.000 | 13 |
| 伊拉克 | | | -0.273 | 50 | -0.845 | 69 | -0.942 | 71 | | | | | | | | | | | | | -0.843 | 148 |
| 爱尔兰 | | | 0.290 | 28 | 0.316 | 31 | 0.126 | 41 | -0.274 | 67 | -0.394 | 66 | -0.334 | 78 | -0.280 | 80 | 0.210 | 47 | 0.201 | 43 | 0.294 | 74 |
| 以色列 | | | 0.675 | 16 | 0.721 | 13 | | | 0.173 | 43 | 0.022 | 48 | -0.062 | 68 | 0.377 | 42 | | | 0.187 | 45 | 0.391 | 64 |
| 意大利 | | | 0.268 | 30 | 0.311 | 32 | 0.155 | 40 | -0.238 | 65 | 0.087 | 41 | 0.041 | 61 | 0.100 | 58 | 0.443 | 34 | 0.303 | 37 | 0.545 | 46 |
| 牙买加 | | | | | | | | | | | | | -0.165 | 70 | | | | | | | 0.630 | 43 |
| 日本 | | | 0.273 | 29 | 0.610 | 19 | 0.212 | 36 | -0.118 | 57 | -0.369 | 64 | -0.386 | 79 | -0.033 | 67 | 0.192 | 49 | 0.207 | 41 | 0.446 | 55 |
| 约旦 | | | 0.915 | 10 | 0.755 | 12 | 0.596 | 24 | 0.967 | 12 | | | 0.851 | 13 | 1.030 | 10 | 0.534 | 27 | | | 0.533 | 47 |
| 哈萨克斯坦 | | | | | | | | | 0.724 | 23 | | | 0.364 | 31 | -0.765 | 101 | | | -0.830 | 81 | -0.600 | 140 |
| 肯尼亚 | | | 0.632 | 18 | 0.669 | 16 | 0.810 | 16 | 0.710 | 24 | | | -1.052 | 93 | | | | | | | | |
| 基里巴斯 | | | 0.264 | 31 | 0.716 | 14 | 0.751 | 18 | | | 0.361 | 29 | 0.244 | 42 | 0.393 | 40 | | | | | -0.364 | 133 |
| 科威特 | | | -0.830 | 62 | | | -0.799 | 67 | -0.401 | 71 | -0.899 | 76 | | | | | 0.938 | 11 | 0.498 | 23 | 0.373 | 67 |
| 吉尔吉斯斯坦 | -0.037 | 13 | | | | | | | 1.389 | 4 | 1.459 | 4 | 1.914 | 1 | 1.648 | 1 | | | -1.856 | 88 | -1.080 | 152 |
| 老挝 | | | | | | | -1.342 | 79 | | | -0.559 | 69 | 0.046 | 60 | 0.256 | 50 | 1.385 | 3 | 1.101 | 3 | 1.198 | 6 |
| 拉脱维亚 | | | | | | | | | -0.021 | 50 | 0.005 | 50 | 0.364 | 32 | 0.230 | 52 | -0.216 | 74 | -0.294 | 68 | -0.050 | 109 |
| 黎巴嫩 | | | | | | | | | | | | | 0.561 | 27 | 0.770 | 20 | -0.022 | 62 | -0.186 | 63 | -0.103 | 115 |
| 莱索托 | -0.278 | 17 | 0.557 | 22 | 0.293 | 33 | 0.987 | 9 | 0.598 | 27 | -0.249 | 60 | -1.180 | 94 | -2.116 | 113 | | | -2.342 | 89 | -1.727 | 166 |
| 利比里亚 | -1.713 | 22 | -1.237 | 63 | | | | | | | | | 0.177 | 48 | | | | | | | 0.258 | 79 |

续表

HCRAI 指数得分及排名

| 国家/地区 | 1970年得分 | 1970年排名 | 1978年得分 | 1978年排名 | 1980年得分 | 1980年排名 | 1985年得分 | 1985年排名 | 1990年得分 | 1990年排名 | 1995年得分 | 1995年排名 | 2000年得分 | 2000年排名 | 2005年得分 | 2005年排名 | 2010年得分 | 2010年排名 | 2013年得分 | 2013年排名 | 2014年得分 | 2014年排名 |
|---|---|---|---|---|---|---|---|---|---|---|---|---|---|---|---|---|---|---|---|---|---|---|
| 利比亚 | | | | | | | | | | | | | | | | | | | | | 0.116 | 93 |
| 列支敦士登 | | | | | | | | | | | | | | | | | -1.407 | 101 | | | | |
| 立陶宛 | | | | | | | | | | | 0.497 | 24 | 0.658 | 21 | 0.225 | 53 | 0.036 | 59 | -0.104 | 61 | -0.062 | 110 |
| 卢森堡 | | | | | -0.882 | 70 | | | | | -1.417 | 81 | -1.186 | 95 | | | -1.385 | 100 | | | -1.099 | 154 |
| 中国澳门 | | | | | | | | | 0.113 | 46 | | | | | | | | | | | | |
| 马达加斯加 | | | | | -0.612 | 66 | | | -0.528 | 74 | | | | | 0.693 | 23 | | | | | 0.992 | 14 |
| 马拉维 | -0.603 | 59 | | | -0.779 | 68 | -0.977 | 73 | -1.201 | 84 | -0.987 | 77 | -0.743 | 88 | -0.645 | 97 | -0.270 | 78 | | | 1.272 | 4 |
| 马来西亚 | | | | | 0.596 | 21 | 0.379 | 30 | 0.318 | 34 | 0.011 | 49 | 0.151 | 50 | 0.202 | 54 | -0.100 | 66 | -0.261 | 67 | -0.171 | 119 |
| 马尔代夫 | | | | | | | | | | | | | 0.324 | 36 | | | | | | | 0.524 | 48 |
| 马里 | -1.589 | 72 | | | -1.918 | 80 | -1.668 | 81 | -1.725 | 90 | -2.194 | 86 | -1.416 | 98 | | | -1.451 | 102 | | | -0.720 | 143 |
| 马耳他 | 1.014 | 7 | | | 0.895 | 8 | 0.841 | 14 | 0.387 | 30 | 0.539 | 20 | 0.229 | 43 | 0.402 | 39 | 0.721 | 16 | 0.146 | 46 | | |
| 毛里塔尼亚 | | | | | | | | | -0.609 | 78 | -0.760 | 73 | | | -0.524 | 90 | -1.075 | 96 | -0.881 | 83 | -1.451 | 162 |
| 毛里求斯 | 0.856 | 11 | | | 0.847 | 10 | 0.814 | 15 | 0.253 | 40 | | | 0.087 | 56 | 0.248 | 51 | 0.020 | 60 | 0.111 | 50 | 2.255 | 1 |
| 墨西哥 | 0.483 | 23 | | | 0.174 | 41 | | | 0.264 | 39 | 0.369 | 28 | -0.173 | 71 | 0.014 | 65 | 0.220 | 46 | 0.072 | 52 | 0.297 | 72 |
| 密克罗尼西亚 | | | | | | | | | | | | | | | | | | | | | | |
| 摩尔多瓦 | | | | | | | | | 0.970 | 11 | 1.438 | 6 | 1.452 | 4 | 1.040 | 9 | 0.493 | 32 | 0.140 | 47 | -1.035 | 151 |
| 蒙古国 | | | | | | | | | -0.166 | 59 | -0.188 | 59 | 0.416 | 57 | 0.661 | 24 | 0.265 | 44 | 0.440 | 56 | 0.335 | 68 |

续表

HCRAI指数得分及排名

| 国家/地区 | 1970年 | 排名 | 1978年 | 排名 | 1980年 | 排名 | 1985年 | 排名 | 1990年 | 排名 | 1995年 | 排名 | 2000年 | 排名 | 2005年 | 排名 | 2010年 | 排名 | 2013年 | 排名 | 2014年 | 排名 |
|---|---|---|---|---|---|---|---|---|---|---|---|---|---|---|---|---|---|---|---|---|---|---|
| 黑山 | | | | | | | | | | | | | 0.083 | 58 | 0.650 | 26 | 0.632 | 19 | | | 0.854 | 20 |
| 摩洛哥 | | | -0.379 | 53 | | | | | -0.194 | 62 | -0.125 | 55 | | | 0.284 | 48 | 0.564 | 25 | | | 0.680 | 38 |
| 莫桑比克 | | | | | | | -2.173 | 85 | | | -1.774 | 83 | -1.363 | 97 | -1.101 | 106 | -1.273 | 97 | -1.270 | 85 | -0.798 | 145 |
| 缅甸 | | | | | | | | | | | | | | | | | | | | | -0.079 | 112 |
| 纳米比亚 | | | | | | | | | | | -0.889 | 75 | | | -1.869 | 111 | | | | | -1.115 | 155 |
| 尼泊尔 | | | -0.302 | 51 | | | -0.210 | 57 | 0.202 | 42 | 0.518 | 22 | 0.907 | 12 | 1.201 | 7 | 1.539 | 2 | 1.501 | 2 | 1.576 | 2 |
| 荷兰 | | | 0.068 | 41 | 0.172 | 42 | 0.181 | 38 | -0.001 | 49 | 0.085 | 44 | -0.099 | 69 | -0.221 | 76 | -0.050 | 63 | | | 0.306 | 70 |
| 新西兰 | | | | | 0.452 | 28 | 0.210 | 37 | 0.142 | 45 | 0.467 | 25 | 0.630 | 22 | 0.649 | 27 | 0.817 | 12 | 0.531 | 22 | 0.705 | 34 |
| 尼加拉瓜 | -0.192 | 15 | | | 0.201 | 38 | -0.088 | 53 | 1.080 | 6 | 0.586 | 17 | | | | | | | | | 1.224 | 5 |
| 尼日尔 | | | -2.089 | 74 | -2.509 | 83 | | | -1.974 | 92 | | | | | -1.070 | 105 | -0.903 | 93 | | | -0.323 | 127 |
| 尼日利亚 | | | -1.315 | 66 | -1.749 | 78 | -1.009 | 74 | | | | | -1.538 | 100 | -1.880 | 112 | | | | | -2.696 | 172 |
| 挪威 | | | 0.075 | 39 | 0.062 | 49 | -0.298 | 58 | -0.360 | 69 | -0.239 | 59 | -0.235 | 73 | -0.394 | 86 | -0.544 | 87 | -0.637 | 76 | -0.325 | 130 |
| 阿曼 | | | -1.783 | 73 | -2.122 | 81 | -1.978 | 83 | -1.042 | 82 | -0.723 | 72 | | | -0.611 | 94 | | | | | -0.207 | 120 |
| 巴基斯坦 | | | 0.363 | 25 | 0.172 | 43 | | | -0.078 | 52 | | | | | -0.256 | 79 | | | -0.488 | 73 | -0.257 | 122 |
| 帕劳 | | | | | | | | | | | | | | | | | | | | | -0.318 | 125 |
| 巴拿马 | 0.046 | 10 | 1.321 | 4 | 1.063 | 4 | 0.635 | 23 | 0.770 | 20 | 0.863 | 12 | 0.516 | 29 | 0.658 | 25 | 0.542 | 26 | 0.052 | 53 | 0.283 | 76 |
| 巴布亚新几内亚 | | | | | | | | | | | -1.579 | 82 | | | 0.326 | 45 | | | | | -0.879 | 149 |
| 巴拉圭 | 1.684 | 2 | | | 0.620 | 18 | 0.774 | 17 | 0.316 | 35 | 0.285 | 33 | 0.623 | 23 | 0.977 | 12 | 0.567 | 24 | | | 0.230 | 82 |
| 秘鲁 | -0.592 | 18 | | | 0.384 | 30 | 0.647 | 22 | 0.620 | 25 | 0.388 | 27 | 0.711 | 17 | 0.750 | 21 | 0.503 | 30 | | | 0.377 | 66 |

续表

HCRAI 指数得分及排名

| 国家/地区 | 1970年 | 排名 | 1978年 | 排名 | 1980年 | 排名 | 1985年 | 排名 | 1990年 | 排名 | 1995年 | 排名 | 2000年 | 排名 | 2005年 | 排名 | 2010年 | 排名 | 2013年 | 排名 | 2014年 | 排名 |
|---|---|---|---|---|---|---|---|---|---|---|---|---|---|---|---|---|---|---|---|---|---|---|
| 菲律宾 | | | 1.180 | 5 | 0.927 | 7 | 0.944 | 10 | 0.814 | 16 | 0.539 | 21 | | | 0.569 | 30 | | | -0.008 | 58 | -0.076 | 111 |
| 波兰 | | | | | | | | | 0.957 | 13 | 0.614 | 16 | 0.588 | 24 | 0.445 | 36 | 0.327 | 40 | 0.425 | 24 | 0.473 | 53 |
| 葡萄牙 | | | 0.666 | 17 | 0.587 | 23 | | | 0.045 | 48 | 0.331 | 30 | 0.245 | 41 | 0.143 | 56 | 0.341 | 39 | 0.602 | 19 | 0.704 | 35 |
| 波多黎各 | | | | | | | | | | | | | | | | | 0.005 | 61 | -0.371 | 72 | | |
| 卡塔尔 | | | | | -1.159 | 74 | -0.660 | 62 | -0.351 | 68 | -0.194 | 58 | | | -1.231 | 107 | -1.762 | 104 | | | -1.430 | 161 |
| 韩国 | | | 0.621 | 20 | 0.665 | 17 | 0.490 | 28 | 0.158 | 44 | -0.051 | 53 | 0.182 | 47 | 0.414 | 37 | 0.738 | 15 | 0.647 | 16 | 0.735 | 30 |
| 罗马尼亚 | | | | | | | | | 0.799 | 17 | 0.621 | 15 | 0.666 | 19 | 0.305 | 46 | 0.307 | 41 | | | 0.200 | 86 |
| 俄罗斯 | | | | | | | | | 0.273 | 38 | -0.296 | 61 | | | -0.619 | 95 | | | -0.812 | 80 | -0.565 | 139 |
| 卢旺达 | | | -0.505 | 56 | -0.557 | 65 | -0.742 | 64 | -2.647 | 93 | | | -1.014 | 92 | -0.121 | 69 | 0.206 | 48 | 0.393 | 28 | 0.475 | 52 |
| 萨摩亚 | | | | | | | | | | | | | 0.586 | 25 | | | | | | | 0.582 | 45 |
| 圣多美和普林西比 | | | | | | | | | | | | | | | 0.335 | 43 | 0.192 | 50 | | | | |
| 沙特阿拉伯 | | | | | | | | | | | | | | | -0.666 | 98 | | | -0.680 | 77 | 0.105 | 96 |
| 塞内加尔 | | | -1.258 | 64 | -1.473 | 76 | -0.951 | 72 | | | | | | | -0.751 | 99 | -0.447 | 82 | | | -0.285 | 123 |
| 塞尔维亚 | | | | | | | | | | | | | | | 0.632 | 28 | 0.581 | 23 | 0.543 | 21 | -0.010 | 108 |
| 塞舌尔 | | | | | | | | | | | | | | | | | | | | | 0.699 | 37 |
| 塞拉利昂 | | | -1.583 | 71 | | | -1.788 | 82 | -1.784 | 91 | | | | | -0.547 | 91 | -0.421 | 81 | -0.709 | 78 | -1.739 | 168 |
| 新加坡 | | | | | | | | | | | | | | | | | | | | | -0.003 | 106 |
| 斯洛伐克 | | | | | | | | | | | 0.253 | 34 | 0.127 | 51 | -0.159 | 73 | -0.245 | 77 | -0.189 | 64 | 0.023 | 103 |
| 斯洛文尼亚 | | | | | | | | | | | -0.165 | 56 | 0.084 | 57 | 0.327 | 44 | 0.506 | 29 | 0.675 | 14 | 0.649 | 41 |

续表

HCRAI指数得分及排名

| 国家/地区 | 1970年 | 排名 | 1978年 | 排名 | 1980年 | 排名 | 1985年 | 排名 | 1990年 | 排名 | 1995年 | 排名 | 2000年 | 排名 | 2005年 | 排名 | 2010年 | 排名 | 2013年 | 排名 | 2014年 | 排名 |
|---|---|---|---|---|---|---|---|---|---|---|---|---|---|---|---|---|---|---|---|---|---|---|
| 所罗门群岛 |  |  | 0.182 | 34 | -0.194 | 60 |  |  | -0.970 | 80 |  |  | -0.721 | 87 | 0.093 | 60 |  |  |  |  | -0.167 | 118 |
| 南非 |  |  |  |  |  |  |  |  | -0.562 | 75 |  |  |  |  |  |  |  |  | -2.613 | 90 | -1.898 | 169 |
| 南苏丹 |  |  |  |  |  |  |  |  |  |  |  |  |  |  |  |  |  |  |  |  | -1.590 | 165 |
| 西班牙 |  |  | 0.574 | 21 | 0.798 | 11 | 0.872 | 13 | 0.229 | 41 | 0.551 | 18 | 0.339 | 34 | 0.179 | 55 | 0.611 | 21 | 0.766 | 12 | 0.845 | 21 |
| 斯里兰卡 | 1.834 | 1 |  |  |  |  | 2.003 | 1 |  |  |  |  |  |  |  |  | 1.234 | 6 | 0.909 | 7 | 1.007 | 10 |
| 圣卢西亚 |  |  |  |  |  |  | 1.001 | 8 |  |  |  |  |  |  | 0.050 | 63 |  |  |  |  |  |  |
| 苏丹 |  |  |  |  |  |  |  |  |  |  |  |  |  |  | -0.757 | 100 | -1.354 | 98 |  |  | -1.087 | 153 |
| 圣文森特和格林纳丁斯 |  |  |  |  |  |  |  |  |  |  |  |  | 0.087 | 55 |  |  |  |  |  |  |  |  |
| 苏里南 |  |  |  |  |  |  | 0.311 | 33 | 0.978 | 10 |  |  |  |  |  |  |  |  |  |  | -0.527 | 137 |
| 斯威士兰 | -0.167 | 14 |  |  | -0.500 | 64 | 0.068 | 45 |  |  |  |  | -2.243 | 103 | -3.037 | 116 |  |  | -3.533 | 91 | -2.894 | 173 |
| 瑞典 |  |  | 0.090 | 38 | -0.024 | 54 | -0.145 | 55 | -0.451 | 72 | 0.106 | 38 | 0.316 | 37 | -0.209 | 74 | -0.148 | 68 | 0.022 | 56 | -0.086 | 113 |
| 瑞士 |  |  |  |  | -0.212 | 61 | -0.311 | 59 | -0.596 | 77 | -0.629 | 70 | -0.473 | 82 | -0.453 | 88 | -0.448 | 83 |  |  | -0.311 | 124 |
| 叙利亚 |  |  | 0.676 | 15 | 0.541 | 26 | 0.534 | 26 | 1.013 | 8 | 1.521 | 3 |  |  | 1.248 | 6 |  |  |  |  |  |  |
| 塔吉克斯坦 |  |  |  |  |  |  |  |  |  |  | 1.432 | 7 | 1.615 | 2 | 1.417 | 3 | 1.268 | 5 | 0.897 | 8 | 0.924 | 16 |
| 坦桑尼亚 |  |  |  |  |  |  |  |  |  |  | -1.244 | 79 |  |  |  |  | -0.343 | 80 | -0.305 | 69 | 0.109 | 95 |
| 泰国 |  |  | 0.973 | 8 | 0.881 | 9 | 0.937 | 11 | 0.439 | 29 | 0.044 | 46 |  |  | 0.553 | 31 | 0.426 | 36 | 0.293 | 39 | 0.500 | 51 |
| 马其顿共和国 |  |  |  |  |  |  |  |  |  |  |  |  |  |  |  |  |  |  |  |  | 0.703 | 36 |
| 东帝汶 |  |  |  |  |  |  |  |  |  |  |  |  |  |  | 0.951 | 9 |  |  |  |  | 0.802 | 23 |

HCRAI指数得分及排名

| 国家/地区 | 1970年 | 排名 | 1978年 | 排名 | 1980年 | 排名 | 1985年 | 排名 | 1990年 | 排名 | 1995年 | 排名 | 2000年 | 排名 | 2005年 | 排名 | 2010年 | 排名 | 2013年 | 排名 | 2014年 | 排名 |
|---|---|---|---|---|---|---|---|---|---|---|---|---|---|---|---|---|---|---|---|---|---|---|
| 多哥 | | | 0.161 | 35 | 0.073 | 48 | | | -0.222 | 64 | | | -0.193 | 72 | -0.255 | 78 | | | | | 0.267 | 78 |
| 汤加 | | | 2.146 | 2 | | | 1.878 | 2 | | | | | 0.740 | 16 | | | | | | | 0.824 | 22 |
| 特立尼达和多巴哥 | | | | | | | -0.770 | 66 | | | | | | | | | | | | | -1.404 | 160 |
| 突尼斯 | | | 0.129 | 36 | 0.008 | 52 | 0.433 | 29 | 0.732 | 22 | 0.857 | 13 | 0.794 | 15 | 0.933 | 16 | 1.078 | 7 | 0.779 | 11 | 1.018 | 9 |
| 土耳其 | | | -0.633 | 60 | | | | | -0.576 | 76 | -0.452 | 67 | | | -0.313 | 83 | -0.078 | 64 | 0.395 | 27 | 0.289 | 75 |
| 土库曼斯坦 | | | | | | | | | | | -2.375 | 87 | | | | | | | | | -1.553 | 163 |
| 乌干达 | -0.775 | 20 | -0.260 | 48 | 0.285 | 34 | -0.909 | 69 | -1.188 | 83 | -0.786 | 90 | | | | | -1.001 | 95 | | | -0.421 | 134 |
| 乌克兰 | | | | | | | | | 0.942 | 14 | 1.346 | 6 | 0.817 | 18 | 0.701 | 17 | 0.561 | 20 | | | 0.905 | 18 |
| 阿拉伯联合酋长国 | | | -1.515 | 69 | -2.380 | 82 | -2.093 | 84 | -1.308 | 85 | | | | | | | | | | | -0.972 | 150 |
| 英国 | | | 0.215 | 32 | 0.203 | 37 | 0.107 | 43 | -0.171 | 60 | | | -0.245 | 75 | -0.212 | 75 | 0.061 | 58 | 0.206 | 42 | -0.006 | 107 |
| 美国 | | | -0.068 | 43 | 0.156 | 45 | -0.427 | 61 | -0.188 | 61 | -0.331 | 63 | -0.757 | 89 | -0.625 | 96 | -0.517 | 84 | -0.589 | 74 | -0.323 | 128 |
| 乌拉圭 | | | | | | | | | 0.775 | 19 | | | 0.260 | 39 | 0.941 | 14 | 0.433 | 35 | | | 0.303 | 71 |
| 乌兹别克斯坦 | | | | | | | | | 1.096 | 5 | | | 0.962 | 9 | 1.319 | 4 | 0.601 | 22 | | | 0.295 | 73 |
| 瓦努阿图 | | | | | | | | | | | | | 0.096 | 54 | | | | | | | 0.230 | 83 |
| 委内瑞拉 | | | -0.167 | 46 | -0.152 | 58 | -0.081 | 52 | 0.337 | 32 | | | -0.310 | 77 | | | | | | | -0.350 | 131 |
| 赞比亚 | | | -0.268 | 49 | | | | | -1.382 | 87 | | | | | | | | | | | | |
| 津巴布韦 | -0.835 | 21 | -0.081 | 44 | -0.177 | 59 | 0.726 | 19 | -0.036 | 51 | | | -2.137 | 102 | | | | | | | -0.607 | 141 |

## 附表 2　各国 DPI 指数得分及排名

DPI 指数得分及排名

| 国家/地区 | 1975年 | 排名 | 1978年 | 排名 | 1980年 | 排名 | 1985年 | 排名 | 1990年 | 排名 | 1995年 | 排名 | 2000年 | 排名 | 2005年 | 排名 | 2010年 | 排名 | 2015年 | 排名 |
|---|---|---|---|---|---|---|---|---|---|---|---|---|---|---|---|---|---|---|---|---|
| 阿尔巴尼亚 | -0.267 | 41 | | | | | 1.892 | 7 | 1.854 | 6 | -4.991 | 87 | 0.955 | 18 | 0.545 | 29 | 1.044 | 15 | 1.048 | 30 |
| 阿尔及利亚 | -0.240 | 40 | 0.059 | 32 | 0.162 | 33 | | | -0.636 | 62 | 0.073 | 31 | | | 0.039 | 53 | 0.439 | 26 | 0.602 | 40 |
| 阿富汗 | | | -0.232 | 41 | | | | | | | | | | | | | | | 2.210 | 10 |
| 阿根廷 | -0.398 | 45 | 1.190 | 13 | 0.802 | 16 | -0.094 | 43 | | | | | -0.505 | 72 | 0.189 | 42 | -0.106 | 55 | -0.050 | 85 |
| 阿拉伯埃及共和国 | | | | | | | 0.322 | 31 | 0.545 | 26 | | | | | | | 0.270 | 33 | -0.003 | 76 |
| 阿拉伯联合酋长国 | | | -2.415 | 73 | -3.115 | 83 | -2.931 | 85 | -2.050 | 93 | | | | | | | | | -1.455 | 165 |
| 叙利亚 | 0.515 | 22 | 0.237 | 28 | 0.208 | 31 | 0.059 | 38 | 0.838 | 18 | 1.109 | 14 | | | 1.063 | 17 | | | | |
| 阿鲁巴 | | | | | | | | | | | | | -1.647 | 99 | -1.581 | 110 | -1.517 | 100 | | |
| 阿曼 | | | -2.501 | 74 | -2.754 | 82 | -2.747 | 84 | -1.715 | 91 | -1.081 | 81 | | | -1.231 | 103 | | | -0.727 | 145 |
| 阿塞拜疆 | | | | | | | | | 0.037 | 41 | 1.727 | 9 | | | | | -0.946 | 92 | -0.500 | 135 |
| 埃塞俄比亚 | | | | | | | | | | | 2.883 | 3 | 3.392 | 2 | 4.353 | 2 | 3.362 | 2 | 1.821 | 15 |
| 爱尔兰 | 1.533 | 12 | -0.508 | 46 | -0.338 | 54 | -0.634 | 59 | -0.995 | 79 | -0.853 | 76 | -1.014 | 91 | -0.949 | 94 | -0.381 | 66 | -0.342 | 119 |
| 爱沙尼亚 | | | | | | | | | | | -0.210 | 41 | -0.232 | 54 | -0.514 | 78 | -0.358 | 64 | -0.332 | 117 |
| 安道尔 | | | | | | | | | | | | | | | | | | | -0.868 | 150 |
| 安哥拉 | | | | | | | | | -2.953 | 94 | | | | | | | -4.529 | 106 | -1.871 | 178 |
| 安提瓜和巴布达 | | | | | | | | | -0.995 | 78 | -0.784 | 75 | -0.914 | 87 | -1.067 | 98 | -0.626 | 81 | -0.734 | 146 |
| 奥地利 | | | | | | | | | | | | | | | | | -0.834 | 89 | -0.650 | 143 |
| 澳大利亚 | | | | | | | | | | | 0.208 | 25 | 0.126 | 41 | 0.126 | 48 | -0.064 | 52 | 0.515 | 44 |

续表

DPI 指数得分及排名

| 国家/地区 | 1975年 | 排名 | 1978年 | 排名 | 1980年 | 排名 | 1985年 | 排名 | 1990年 | 排名 | 1995年 | 排名 | 2000年 | 排名 | 2005年 | 排名 | 2010年 | 排名 | 2015年 | 排名 |
|---|---|---|---|---|---|---|---|---|---|---|---|---|---|---|---|---|---|---|---|---|
| 巴巴多斯 | | | | | | | -0.829 | 65 | -0.783 | 67 | | | -1.046 | 92 | | | -0.717 | 84 | -0.617 | 141 |
| 巴布亚新几内亚 | | | | | | | | | | | | | | | 0.638 | 25 | | | -0.840 | 148 |
| 巴哈马 | | | | | -0.665 | 64 | -1.566 | 81 | | | -1.152 | 83 | | | | | | | -1.617 | 171 |
| 巴基斯坦 | 0.754 | 19 | 1.632 | 7 | 1.424 | 6 | | | 0.721 | 22 | -1.131 | 82 | | | 0.175 | 44 | | | -0.057 | 87 |
| 巴拉圭 | 2.989 | 2 | | | 0.343 | 25 | 0.645 | 22 | -0.017 | 42 | -0.126 | 39 | 0.292 | 33 | 0.820 | 20 | 0.344 | 31 | -0.345 | 120 |
| 巴林 | | | | | -1.127 | 73 | -1.105 | 70 | | | -0.499 | 62 | | | | | | | -0.868 | 149 |
| 巴拿马 | 3.624 | 1 | 0.810 | 16 | 0.629 | 18 | 0.019 | 40 | 0.277 | 37 | 0.133 | 29 | -0.037 | 48 | 0.144 | 47 | 0.085 | 45 | -0.622 | 142 |
| 巴西 | | | | | | | | | | | | | | | | | | | -0.094 | 92 |
| 白俄罗斯 | | | | | -0.817 | 70 | | | 0.601 | 24 | 0.569 | 19 | 0.606 | 24 | | | -0.321 | 63 | -0.026 | 81 |
| 百慕大 | | | | | | | | | | | | | | | | | -2.299 | 103 | | |
| 保加利亚 | | | | | 0.552 | 21 | 0.317 | 32 | 0.230 | 38 | 0.612 | 17 | | | 0.053 | 50 | -0.131 | 57 | -0.010 | 79 |
| 贝宁 | -0.680 | 52 | 0.321 | 25 | -0.251 | 49 | 0.871 | 14 | -0.888 | 71 | -0.350 | 50 | 0.130 | 38 | 0.104 | 49 | | | 1.310 | 25 |
| 比利时 | 0.963 | 15 | -1.058 | 64 | -0.773 | 69 | -0.683 | 62 | -0.830 | 68 | -0.440 | 57 | -0.475 | 69 | -0.961 | 95 | -0.775 | 87 | 0.005 | 74 |
| 比绍 | | | | | | | | | | | | | | | 0.396 | 34 | | | 1.386 | 22 |
| 冰岛 | 1.216 | 14 | -0.676 | 51 | -0.529 | 58 | -0.641 | 60 | | | | | -0.710 | 79 | -0.628 | 84 | 0.034 | 49 | -0.064 | 88 |
| 波多黎各 | | | | | | | | | | | | | | | | | -0.564 | 77 | | |
| 波兰 | | | | | | | | | 0.536 | 27 | 0.048 | 33 | 0.014 | 45 | -0.140 | 60 | -0.190 | 60 | -0.048 | 84 |
| 波斯尼亚和黑塞哥维那 | | | | | | | | | | | | | 0.057 | 43 | | | | | 0.579 | 41 |
| 玻利维亚 | | | | | | | | | | | | | | | | | | | -0.036 | 83 |

续表

DPI 指数得分及排名

| 国家/地区 | 1975年 | 排名 | 1978年 | 排名 | 1980年 | 排名 | 1985年 | 排名 | 1990年 | 排名 | 1995年 | 排名 | 2000年 | 排名 | 2005年 | 排名 | 2010年 | 排名 | 2015年 | 排名 |
|---|---|---|---|---|---|---|---|---|---|---|---|---|---|---|---|---|---|---|---|---|
| 伯利兹 | -0.170 | 38 | | | -0.237 | 48 | -0.191 | 49 | | | | | | | -0.615 | 83 | -0.543 | 76 | -0.581 | 140 |
| 博茨瓦纳 | | | 0.205 | 29 | | | | | | | -1.531 | 85 | -3.091 | 105 | -2.867 | 115 | | | -1.502 | 167 |
| 不丹 | | | | | | | | | | | | | | | -0.150 | 62 | 0.042 | 47 | 0.058 | 69 |
| 布基纳法索 | 0.129 | 30 | 0.172 | 30 | -0.016 | 38 | 0.992 | 13 | -0.563 | 59 | | | | | -0.107 | 59 | 0.239 | 34 | 1.512 | 19 |
| 布隆迪 | -0.579 | 49 | | | 1.002 | 15 | 0.484 | 29 | 1.218 | 13 | | | | | 4.647 | 1 | 5.142 | 1 | 4.692 | 2 |
| 赤道几内亚 | 1.731 | 10 | | | | | | | | | | | -2.716 | 104 | | | | | -3.695 | 184 |
| 韩国 | 0.065 | 10 | | | 0.257 | 31 | -0.136 | 28 | -0.518 | 57 | -0.479 | 59 | -0.472 | 68 | -0.228 | 64 | 0.178 | 41 | -0.074 | 90 |
| 丹麦 | | | -0.805 | 55 | -0.668 | 55 | -0.993 | 65 | -1.228 | 89 | -0.978 | 78 | -1.174 | 96 | -1.166 | 102 | -1.139 | 97 | -0.372 | 121 |
| 德国 | | | | | | | | | | | -0.705 | 71 | | | | | | | -0.495 | 134 |
| 东帝汶 | | | | | | | | | | | | | | | 1.161 | 14 | 1.784 | 9 | 0.061 | 68 |
| 多哥 | -0.198 | 39 | 0.907 | 15 | | | 0.778 | 17 | 0.365 | 32 | | | 1.266 | 15 | | | | | 2.252 | 9 |
| 多米尼加 | | | | | | | | | | | | | | | | | | | -0.005 | 77 |
| 多米尼加共和国 | -0.296 | 42 | | | | | | | | | | | | | | | | | -0.269 | 110 |
| 俄罗斯 | | | | | | | | | -0.323 | 51 | -0.467 | 58 | | | -1.154 | 100 | | | -0.738 | 147 |
| 厄瓜多尔 | -0.376 | 44 | | | -0.336 | 53 | -0.179 | 53 | 0.423 | 29 | | | | | | | | | 0.192 | 60 |
| 厄立特里亚 | | | | | | | | | | | 1.918 | 8 | 1.715 | 8 | | | 1.662 | 10 | | |
| 法国 | -0.746 | 53 | | | -0.687 | 63 | -0.741 | 66 | | | -0.485 | 61 | -0.703 | 78 | -0.695 | 85 | -0.401 | 70 | -0.280 | 111 |
| 菲律宾 | 1.944 | 9 | 1.313 | 10 | 1.065 | 13 | 1.126 | 12 | 0.863 | 17 | 0.390 | 21 | | | 0.550 | 28 | | | -0.115 | 93 |
| 斐济 | 0.287 | 28 | | | -0.264 | 51 | -0.450 | 52 | | | | | | | | | | | -0.186 | 99 |

续表

DPI 指数得分及排名

| 国家/地区 | 1975年 | 排名 | 1978年 | 排名 | 1980年 | 排名 | 1985年 | 排名 | 1990年 | 排名 | 1995年 | 排名 | 2000年 | 排名 | 2005年 | 排名 | 2010年 | 排名 | 2015年 | 排名 |
|---|---|---|---|---|---|---|---|---|---|---|---|---|---|---|---|---|---|---|---|---|
| 芬兰 | -0.820 | 55 | -0.842 | 58 | -0.559 | 61 | -0.886 | 66 | -1.139 | 86 | -0.483 | 60 | -0.626 | 75 | -0.787 | 89 | -0.750 | 86 | -0.380 | 123 |
| 佛得角 | | | | | | | | | | | | | 0.459 | 28 | 0.280 | 40 | 0.393 | 29 | 0.305 | 53 |
| 冈比亚 | | | | | | | | | | | -1.059 | 80 | | | | | 1.075 | 14 | 1.126 | 27 |
| 刚果（布） | | | | | | | | | 1.329 | 10 | | | | | | | | | -0.192 | 100 |
| 刚果（金） | -0.437 | 47 | -0.493 | 45 | -0.040 | 39 | 1.663 | 9 | | | | | | | | | | | 2.183 | 11 |
| 哥伦比亚 | 0.016 | 34 | 0.456 | 21 | 0.336 | 26 | 0.190 | 33 | | | -0.318 | 48 | -0.207 | 52 | | | | | -0.031 | 82 |
| 哥斯达黎加 | | | | | 0.588 | 20 | 0.509 | 26 | 0.329 | 35 | | | | | | | | | 0.170 | 62 |
| 格林纳达 | | | | | 1.276 | 9 | | | | | | | | | | | | | -0.184 | 98 |
| 格鲁吉亚 | | | | | | | | | | | 1.677 | 11 | 1.612 | 10 | 1.140 | 15 | | | 0.419 | 47 |
| 古巴 | 0.410 | 25 | 0.754 | 17 | 1.122 | 12 | 0.568 | 23 | 0.439 | 28 | 0.308 | 22 | 0.487 | 26 | 0.966 | 18 | 1.491 | 11 | 0.385 | 48 |
| 圭亚那 | | | | | | | 0.794 | 16 | | | | | | | 0.478 | 31 | -1.068 | 94 | -1.105 | 160 |
| 哈萨克斯坦 | | | | | | | | | 0.314 | 36 | | | 0.128 | 40 | | | | | -1.074 | 157 |
| 海地 | | | | | | | | | | | | | | | | | | | 0.965 | 32 |
| 荷兰 | -0.949 | 58 | -0.803 | 54 | -0.532 | 59 | -0.616 | 57 | -0.736 | 66 | -0.385 | 52 | -0.779 | 83 | -0.887 | 93 | -0.642 | 83 | -0.265 | 106 |
| 黑山 | | | | | | | | | | | | | | | 0.182 | 43 | 0.205 | 38 | 0.334 | 51 |
| 洪都拉斯 | 0.038 | 33 | -0.333 | 43 | 0.360 | 23 | 0.117 | 36 | | | | | | | | | 0.924 | 16 | 0.369 | 49 |
| 基里巴斯 | -0.005 | 35 | 0.024 | 33 | 1.257 | 10 | 1.662 | 10 | 1.427 | 9 | 0.579 | 18 | 0.259 | 18 | 0.400 | 35 | | | 0.558 | 42 |
| 吉布提 | | | | | | | | | | | | | -1.672 | 100 | -1.410 | 107 | | | -1.288 | 162 |
| 吉尔吉斯斯坦 | | | | | | | | | 1.580 | 7 | 2.100 | 7 | 3.264 | 5 | 2.635 | 3 | 2.212 | 6 | 1.864 | 14 |
| 几内亚 | | | | | | | | | -0.949 | 76 | | | | | 1.118 | 16 | | | 0.805 | 33 |

续表

DPI指数得分及排名

| 国家/地区 | 1975年 | 排名 | 1978年 | 排名 | 1980年 | 排名 | 1985年 | 排名 | 1990年 | 排名 | 1995年 | 排名 | 2000年 | 排名 | 2005年 | 排名 | 2010年 | 排名 | 2015年 | 排名 |
|---|---|---|---|---|---|---|---|---|---|---|---|---|---|---|---|---|---|---|---|---|
| 加拿大 | -0.796 | 54 | | | | | | | -0.421 | 53 | -0.095 | 37 | -0.711 | 80 | | | | | -0.467 | 131 |
| 加纳 | | | | | | | | | | | | | 1.465 | 13 | 0.672 | 24 | | | -0.405 | 125 |
| 加蓬 | -3.103 | 73 | -2.299 | 72 | -2.452 | 81 | | | | | | | | | | | | | -1.652 | 172 |
| 柬埔寨 | | | | | | | | | | | | | 1.203 | 16 | | | | | 1.234 | 26 |
| 捷克共和国 | | | | | | | 0.793 | 17 | -0.301 | 49 | -0.316 | 47 | -0.247 | 55 | -0.545 | 80 | -0.390 | 67 | -0.073 | 89 |
| 津巴布韦 | 0.291 | 27 | -0.168 | 39 | -0.263 | 50 | | | -0.106 | 43 | | | -1.767 | 101 | | | | | -0.252 | 105 |
| 喀麦隆 | -1.257 | 63 | | | | | -1.238 | 73 | -1.109 | 83 | | | -1.136 | 94 | -1.530 | 108 | | | -0.450 | 129 |
| 卡塔尔 | | | | | | | -1.482 | 79 | -1.076 | 80 | -0.713 | 72 | | | -1.901 | 113 | -2.361 | 104 | -1.825 | 177 |
| 科摩罗 | | | | | | | -1.274 | 76 | | | | | | | | | | | 0.293 | 54 |
| 科特迪瓦 | -2.559 | 72 | -1.800 | 71 | -1.890 | 80 | | | | | | | | | | | | | -2.033 | 180 |
| 科威特 | | | -1.706 | 70 | -1.825 | 79 | -1.608 | 82 | -1.099 | 81 | -1.225 | 84 | | | | | | | -1.566 | 169 |
| 克罗地亚 | | | | | | | | | | | -0.436 | 54 | -0.560 | 73 | -0.533 | 79 | -0.379 | 65 | -0.137 | 95 |
| 肯尼亚 | | | 1.227 | 11 | 1.279 | 8 | 1.837 | 8 | | | | | -0.351 | 58 | 0.053 | 51 | | | 0.666 | 38 |
| 拉脱维亚 | | | | | | | | | | | -0.246 | 44 | -0.167 | 51 | -0.349 | 71 | -0.526 | 75 | -0.568 | 139 |
| 莱索托 | 0.300 | 26 | 2.117 | 4 | 1.383 | 7 | 3.614 | 1 | 1.539 | 8 | 0.624 | 16 | -0.501 | 71 | -1.679 | 111 | | | -0.891 | 153 |
| 老挝 | | | | | | | -1.285 | 77 | 2.066 | 5 | 0.699 | 15 | 1.115 | 17 | 1.244 | 13 | 0.274 | 32 | -0.266 | 108 |
| 黎巴嫩 | | | | | | | | | | | | | -0.034 | 47 | 0.235 | 41 | 0.466 | 25 | 0.001 | 75 |
| 立陶宛 | | | -0.838 | 57 | | | | | | | 0.079 | 30 | 0.130 | 39 | -0.358 | 72 | -0.475 | 72 | -0.549 | 138 |
| 利比里亚 | | | | | | | | | | | | | 2.611 | 5 | | | | | 1.383 | 23 |
| 利比亚 | | | | | | | | | | | | | | | | | | | -0.166 | 96 |

DPI 指数得分及排名

| 国家/地区 | 1975年 | 排名 | 1978年 | 排名 | 1980年 | 排名 | 1985年 | 排名 | 1990年 | 排名 | 1995年 | 排名 | 2000年 | 排名 | 2005年 | 排名 | 2010年 | 排名 | 2015年 | 排名 |
|---|---|---|---|---|---|---|---|---|---|---|---|---|---|---|---|---|---|---|---|---|
| 列支敦士登 | -2.069 | 68 | | | | | | | | | | | | | | | -2.015 | 102 | -2.094 | 181 |
| 卢森堡 | | | -1.478 | 69 | -1.596 | 76 | | | | | -1.665 | 86 | -1.876 | 102 | | | -1.990 | 101 | -1.616 | 170 |
| 卢旺达 | | | 1.400 | 9 | 1.181 | 11 | 0.498 | 28 | -1.757 | 92 | 0.187 | 27 | 0.936 | 19 | 1.973 | 9 | 1.885 | 8 | 2.107 | 12 |
| 罗马尼亚 | | | | | | | | | 0.388 | 31 | | | 0.308 | 31 | -0.209 | 63 | -0.157 | 59 | -0.265 | 107 |
| 马达加斯加 | | | | | -0.047 | 40 | | | 0.884 | 16 | | | | | 2.899 | 5 | | | 4.113 | 5 |
| 马尔代夫 | | | | | | | | | | | | | -0.115 | 49 | | | | | -0.420 | 127 |
| 马耳他 | 0.440 | 23 | 0.304 | 26 | 0.299 | 27 | 0.161 | 34 | -0.296 | 48 | -0.182 | 40 | -0.417 | 64 | -0.229 | 65 | 0.168 | 42 | -0.246 | 103 |
| 马拉维 | -1.119 | 60 | 1.736 | 6 | 1.495 | 5 | 1.911 | 6 | 0.941 | 15 | 3.353 | 1 | 2.238 | 7 | 2.356 | 7 | 2.590 | 4 | 4.278 | 4 |
| 马来西亚 | | | | | 0.190 | 32 | -0.182 | 48 | -0.205 | 45 | -0.531 | 64 | -0.408 | 63 | -0.340 | 70 | -0.577 | 79 | -0.524 | 137 |
| 马里 | -1.920 | 67 | 0.467 | 19 | -0.221 | 47 | 0.783 | 18 | -0.651 | 64 | 0.009 | 35 | 0.269 | 34 | | | 0.013 | 50 | 0.204 | 58 |
| 毛里求斯 | | | 0.425 | 23 | 0.614 | 19 | 0.512 | 25 | -0.278 | 47 | | | -0.467 | 66 | -0.281 | 68 | -0.434 | 71 | -0.291 | 113 |
| 毛里塔尼亚 | | | | | | | | | -0.220 | 46 | -0.222 | 42 | | | -0.058 | 58 | -0.640 | 82 | 0.016 | 72 |
| 美国 | -0.852 | 56 | -0.936 | 62 | -0.545 | 60 | -1.252 | 74 | -0.927 | 74 | -0.688 | 70 | -1.443 | 98 | -1.292 | 106 | -1.108 | 96 | -1.046 | 156 |
| 蒙古国 | | | | | | | | | -0.434 | 54 | 0.206 | 26 | 0.923 | 20 | 0.773 | 22 | 0.127 | 44 | -0.117 | 94 |
| 孟加拉国 | | | | | 2.170 | 3 | 1.577 | 11 | 1.240 | 11 | | | | | 1.898 | 10 | | | 1.558 | 18 |
| 秘鲁 | -0.658 | 51 | | | 0.232 | 30 | 0.503 | 27 | 0.350 | 34 | 0.033 | 34 | 0.300 | 32 | 0.359 | 36 | 0.138 | 43 | -0.056 | 86 |
| 密克罗尼西亚 | | | | | | | | | | | | | | | | | | | -0.311 | 115 |
| 缅甸 | | | | | | | | | | | 1.709 | 10 | 2.370 | 6 | 1.314 | 12 | 0.655 | 21 | 0.712 | 37 |
| 摩尔多瓦 | | | | | | | | | 0.805 | 20 | | | | | | | | | 0.732 | 35 |
| 摩洛哥 | -1.627 | 66 | -0.523 | 47 | | | | | -0.450 | 55 | -0.373 | 51 | -0.166 | 50 | 0.012 | 54 | 0.392 | 54 | 0.721 | 36 |

续表

| 国家/地区 | DPI 指数得分及排名 | | | | | | | | | | | | | | | | | | |
|---|---|---|---|---|---|---|---|---|---|---|---|---|---|---|---|---|---|---|---|---|
| | 1975年 | 排名 | 1978年 | 排名 | 1980年 | 排名 | 1985年 | 排名 | 1990年 | 排名 | 1995年 | 排名 | 2000年 | 排名 | 2005年 | 排名 | 2010年 | 排名 | 2015年 | 排名 |
| 莫桑比克 | 2.266 | 5 | -0.093 | 36 | | | -1.302 | 78 | | | 2.015 | 6 | 0.024 | 44 | 0.393 | 35 | 1.154 | 12 | 1.766 | 16 |
| 墨西哥 | | | | | -0.358 | 55 | | | -0.310 | 50 | -0.250 | 45 | -0.789 | 84 | -0.570 | 82 | -0.254 | 62 | -0.218 | 101 |
| 纳米比亚 | | | | | | | | | | | -0.741 | 74 | | | -2.332 | 114 | | | -1.482 | 166 |
| 南非 | | | | | | | | | -1.143 | 87 | | | | | | | | | -1.754 | 174 |
| 南苏丹 | | | | | | | | | | | | | | | | | | | -0.929 | 154 |
| 尼泊尔 | -1.403 | 64 | 3.501 | 2 | | | 2.685 | 4 | 2.439 | 4 | 2.721 | 4 | 2.684 | 4 | 3.015 | 4 | 3.056 | 3 | 2.610 | 7 |
| 尼加拉瓜 | 2.436 | 3 | | | 0.372 | 22 | -0.133 | 44 | 2.701 | 2 | 0.412 | 20 | | | | | | | 1.086 | 28 |
| 尼日尔 | 0.154 | 29 | -1.317 | 68 | -1.815 | 78 | -0.157 | 46 | -0.885 | 70 | | | | | 1.400 | 11 | 2.101 | 7 | 3.007 | 6 |
| 尼日利亚 | | | -1.221 | 67 | -1.802 | 77 | -1.118 | 71 | -1.103 | 82 | -0.679 | 69 | -0.720 | 81 | -1.575 | 109 | -1.146 | 98 | -2.572 | 182 |
| 挪威 | -0.869 | 57 | -0.797 | 53 | -0.648 | 63 | | | -0.644 | 63 | -0.231 | 43 | -0.922 | 88 | -1.067 | 97 | | | -0.711 | 144 |
| 帕劳 | | | | | | | | | | | | | | | | | | | -0.888 | 151 |
| 葡萄牙 | -0.426 | 46 | -0.036 | 34 | 0.018 | 37 | | | | | | | -0.407 | 62 | -0.500 | 77 | -0.219 | 61 | 0.089 | 67 |
| 马其顿 | | | | | | | | | | | | | | | | | | | 0.213 | 57 |
| 日本 | 0.435 | 24 | -0.584 | 49 | -0.074 | 43 | -0.594 | 56 | -0.858 | 69 | -0.870 | 77 | -1.072 | 93 | -0.696 | 86 | -0.395 | 68 | -0.267 | 109 |
| 瑞典 | 2.152 | 7 | -0.786 | 52 | -0.737 | 67 | -0.959 | 68 | -1.195 | 88 | -0.439 | 56 | -0.367 | 60 | -0.875 | 90 | -0.741 | 85 | -0.372 | 122 |
| 瑞士 | | | -0.929 | 72 | -0.929 | 72 | -1.133 | 72 | -1.344 | 90 | -1.024 | 79 | -1.160 | 95 | -1.123 | 99 | -1.048 | 93 | -0.888 | 152 |
| 萨尔瓦多 | -0.646 | 50 | -0.076 | 50 | | | | | | | | | -0.342 | 57 | -0.020 | 56 | 0.196 | 40 | 0.137 | 66 |
| 萨摩亚 | | | | | | | | | | | | | 0.256 | 36 | | | | | 0.153 | 64 |
| 塞尔维亚 | | | | | | | | | | | | | | | 0.173 | 45 | 0.199 | 39 | 0.013 | 73 |
| 塞拉利昂 | -2.530 | 71 | -0.867 | 59 | | | -0.266 | 50 | 0.967 | 14 | | | | | | | | | 4.677 | 3 |

续表

DPI 指数得分及排名

| 国家/地区 | 1975年 | 排名 | 1980年 | 排名 | 1985年 | 排名 | 1990年 | 排名 | 1995年 | 排名 | 2000年 | 排名 | 2005年 | 排名 | 2010年 | 排名 | 2015年 | 排名 |
|---|---|---|---|---|---|---|---|---|---|---|---|---|---|---|---|---|---|---|
| 塞内加尔 | -1.090 | 65 | -1.257 | 74 | -0.530 | 54 | | | | | | | -0.405 | 74 | 0.209 | 36 | 1.659 | 17 |
| 塞浦路斯 | 0.461 | 20 | -0.047 | 41 | -0.477 | 53 | -0.905 | 73 | -0.635 | 67 | -0.941 | 90 | -1.032 | 96 | -0.875 | 90 | -0.507 | 136 |
| 塞古尔 | | | | | | | | | | | | | -1.160 | 101 | -0.920 | 91 | -3.864 | 185 |
| 沙特阿拉伯 | | | | | | | | | | | | | -1.291 | 105 | | | -1.766 | 175 |
| 圣多美和普林西比 | | | | | | | | | | | | | 0.616 | 26 | 0.687 | 20 | 1.480 | 20 |
| 圣基茨和尼维斯 | | | | | | | | | | | | | | | | | -1.092 | 159 |
| 圣卢西亚 | | | | | 0.537 | 24 | | | | | | | -0.496 | 76 | | | -0.430 | 128 |
| 圣马力诺 | | | | | | | | | | | | | | | | | -2.780 | 183 |
| 圣文森特和格林纳丁斯 | | | | | | | | | | | -0.458 | 65 | | | | | -0.486 | 133 |
| 斯里兰卡 | | | | | 2.704 | 3 | | | | | | | | | 1.079 | 13 | 0.528 | 43 |
| 斯洛伐克 | | | | | | | | | -0.296 | 46 | -0.469 | 67 | -0.775 | 88 | -0.785 | 88 | -0.007 | 78 |
| 斯洛文尼亚 | | | | | | | | | -0.663 | 68 | -0.562 | 74 | -0.314 | 69 | -0.056 | 51 | 5.048 | 1 |
| 苏丹 | | | | | | | | | | | | | -0.238 | 66 | -1.077 | 95 | -1.404 | 163 |
| 苏里南 | 0.296 | 27 | | | -0.296 | 51 | 0.826 | 19 | | | | | | | | | -1.044 | 155 |
| 所罗门群岛 | 0.039 | 32 | -0.113 | 44 | | | -1.134 | 85 | | | -0.879 | 85 | 0.312 | 39 | | | -1.666 | 173 |
| 塔吉克斯坦 | | | | | | | | | 3.298 | 2 | 5.037 | 1 | 3.077 | 3 | 2.359 | 5 | 2.012 | 13 |
| 泰国 | 1.062 | 14 | 1.021 | 14 | 0.866 | 15 | 0.061 | 40 | -0.438 | 55 | | | 0.145 | 46 | 0.058 | 46 | 0.050 | 70 |
| 坦桑尼亚 | 2.319 | 4 | | | | | | | 1.941 | 7 | | | | | 0.833 | 18 | 0.997 | 31 |

续表

DPI 指数得分及排名

| 国家/地区 | 1975年 | 排名 | 1978年 | 排名 | 1980年 | 排名 | 1985年 | 排名 | 1990年 | 排名 | 1995年 | 排名 | 2000年 | 排名 | 2005年 | 排名 | 2010年 | 排名 | 2015年 | 排名 |
|---|---|---|---|---|---|---|---|---|---|---|---|---|---|---|---|---|---|---|---|---|
| 汤加 | | | 2.397 | 3 | | | 1.940 | 5 | | | | | 0.336 | 30 | | | | | 0.227 | 56 |
| 特立尼达和多巴哥 | | | | | | | -1.534 | 80 | | | | | | | | | | | -1.818 | 176 |
| 突尼斯 | -1.247 | 62 | -0.250 | 42 | -0.298 | 52 | 0.083 | 37 | 0.354 | 33 | 0.291 | 23 | 0.347 | 29 | 0.496 | 29 | 0.766 | 19 | 0.748 | 34 |
| 土耳其 | | | -1.209 | 66 | | | -1.131 | 84 | | | -0.729 | 73 | | | -0.886 | 92 | -0.569 | 78 | -0.319 | 116 |
| 土库曼斯坦 | | | | | | | | | | | | | | | | | | | -1.529 | 168 |
| 瓦努阿图 | | | | | | | | | | | | | -0.216 | 53 | | | | | 0.035 | 71 |
| 危地马拉 | 0.922 | 16 | -0.837 | 56 | | | -1.269 | 75 | | | -0.625 | 66 | | | | | | | -0.250 | 104 |
| 委内瑞拉 | -0.919 | 61 | | | -0.763 | 68 | -0.761 | 64 | -0.181 | 44 | | | -0.892 | 86 | | | | | | |
| 文莱 | | | | | | | | | | | | | -1.316 | 97 | -1.252 | 104 | -1.204 | 99 | -1.157 | 161 |
| 乌干达 | -1.031 | 59 | 1.421 | 8 | 5.657 | 1 | 0.678 | 20 | 0.395 | 30 | 0.065 | 32 | 0.713 | 23 | | | 0.470 | 24 | 1.401 | 21 |
| 乌克兰 | | | | | | | | | 0.549 | 25 | | | 1.546 | 12 | 0.567 | 27 | 0.511 | 23 | 1.083 | 29 |
| 乌拉圭 | 0.920 | 17 | | | | | | | 0.207 | 39 | | | -0.358 | 59 | 0.408 | 32 | -0.077 | 54 | -0.288 | 112 |
| 乌兹别克斯坦 | | | | | | | | | 1.224 | 12 | | | 1.288 | 14 | 2.091 | 8 | 0.907 | 17 | 0.460 | 46 |
| 西班牙 | -0.037 | 37 | -0.222 | 40 | 0.147 | 34 | 0.139 | 35 | -0.492 | 56 | -0.113 | 38 | -0.325 | 56 | -0.476 | 75 | 0.035 | 48 | 0.324 | 52 |
| 希腊 | 0.747 | 20 | -0.486 | 44 | -0.113 | 45 | -0.077 | 42 | -0.350 | 52 | -0.387 | 53 | -0.491 | 70 | -0.366 | 73 | -0.071 | 53 | 0.291 | 55 |
| 新加坡 | | | | | -0.215 | 46 | -0.570 | 55 | -0.579 | 60 | | | | | | | | | -1.418 | 164 |
| 新西兰 | 1.327 | 13 | | | | | | | | | -0.090 | 36 | -0.030 | 46 | -0.007 | 55 | 0.238 | 35 | -0.012 | 80 |
| 匈牙利 | | | | | | | | | | | -0.335 | 49 | -0.379 | 61 | -0.740 | 87 | -0.619 | 80 | -0.400 | 124 |
| 牙买加 | | | | | | | | | | | | | -0.701 | 77 | | | | | 0.201 | 59 |

DPI 指数得分及排名

| 国家/地区 | 1975年 | 排名 | 1978年 | 排名 | 1980年 | 排名 | 1985年 | 排名 | 1990年 | 排名 | 1995年 | 排名 | 2000年 | 排名 | 2005年 | 排名 | 2010年 | 排名 | 2015年 | 排名 |
|---|---|---|---|---|---|---|---|---|---|---|---|---|---|---|---|---|---|---|---|---|
| 亚美尼亚 | | | | | | | | | | | | | 1.652 | 9 | 0.817 | 21 | | | 0.364 | 50 |
| 也门共和国 | | | | | | | | | | | | | | | -0.021 | 57 | -0.511 | 73 | -0.451 | 130 |
| 伊拉克 | -1.139 | 61 | -0.904 | 60 | -1.438 | 75 | -1.610 | 83 | | | | | | | | | | | -1.087 | 158 |
| 伊朗伊斯兰共和国 | -2.297 | 70 | | | | | | | | | 0.177 | 28 | 0.178 | 37 | -0.145 | 61 | -0.129 | 56 | 0.494 | 45 |
| 伊斯瓦蒂尼 | | | | | -0.574 | 62 | 0.360 | 30 | | | | | -2.545 | 103 | -3.381 | 116 | | | -1.987 | 179 |
| 以色列 | -0.365 | 43 | -0.099 | 37 | 0.080 | 36 | | | -0.539 | 58 | -0.572 | 65 | -0.736 | 82 | -0.269 | 67 | | | -0.336 | 118 |
| 意大利 | 0.541 | 21 | -0.555 | 48 | -0.366 | 56 | -0.628 | 58 | -0.973 | 77 | -0.518 | 63 | -0.632 | 76 | -0.560 | 81 | -0.139 | 58 | -0.080 | 91 |
| 印度 | | | 2.016 | 5 | 1.736 | 4 | | | | | 1.171 | 13 | 0.821 | 21 | | | 0.432 | 27 | 0.604 | 39 |
| 印度尼西亚 | 1.711 | 11 | 1.206 | 12 | | | | | 0.759 | 21 | 0.230 | 24 | 0.599 | 25 | 0.354 | 37 | -0.397 | 69 | -0.293 | 114 |
| 英国 | -0.012 | 36 | -0.614 | 50 | -0.486 | 57 | -0.683 | 61 | -0.904 | 72 | | | -0.926 | 89 | -0.877 | 91 | -0.523 | 74 | -0.409 | 126 |
| 约旦 | 2.178 | 6 | 0.409 | 24 | 0.345 | 24 | 0.050 | 39 | 0.646 | 23 | | | 0.475 | 27 | 0.687 | 23 | 0.208 | 37 | 0.187 | 61 |
| 越南 | | | | | | | | | 7.610 | 1 | | 1 | | | | | | | 1.322 | 24 |
| 赞比亚 | -1.460 | 65 | -0.139 | 38 | | | | | -0.707 | 65 | | 65 | | | | | | | 0.159 | 63 |
| 乍得 | -2.172 | 69 | | | | | 0.654 | 21 | | | | | 1.547 | 11 | -1.867 | 112 | -2.411 | 105 | -0.480 | 132 |
| 智利 | 0.882 | 18 | 0.427 | 22 | 0.107 | 35 | 0.707 | 19 | | | | | 0.071 | 42 | 0.340 | 38 | 0.561 | 22 | 0.152 | 65 |
| 中非共和国 | -0.552 | 48 | 0.493 | 18 | 0.235 | 29 | 0.006 | 41 | -0.935 | 75 | | | | | | | | | 2.420 | 8 |
| 中国 | 2.013 | 8 | 4.959 | 1 | 4.766 | 2 | 2.924 | 2 | 2.663 | 3 | 1.281 | 12 | 0.819 | 22 | 0.827 | 19 | 0.431 | 28 | -0.168 | 97 |
| 中国澳门 | | | | | -0.055 | 42 | | | -0.580 | 61 | | | | | | | | | | |
| 中国香港 | 0.088 | 31 | | | | | | | | | | | | | | | | | -0.235 | 102 |

附表 3　各国 $IPI_N$ 指数得分及排名

| 国家/地区 | $IPI_N$ 指数得分及排名 | | | | | | | | | | | | | | | | | | |
| --- | --- | --- | --- | --- | --- | --- | --- | --- | --- | --- | --- | --- | --- | --- | --- | --- | --- | --- | --- |
| | 1975年 | 排名 | 1978年 | 排名 | 1980年 | 排名 | 1985年 | 排名 | 1990年 | 排名 | 1995年 | 排名 | 2000年 | 排名 | 2005年 | 排名 | 2010年 | 排名 | 2015年 | 排名 |
| 阿尔巴尼亚 | | | | | | | 1.74 | 9 | 1.46 | 8 | 1.00 | 87 | 1.50 | 22 | 1.49 | 36 | 1.58 | 24 | 1.55 | 41 |
| 阿尔及利亚 | | | | | | | | | 1.23 | 67 | 1.62 | 32 | | | 1.44 | 58 | 1.53 | 35 | 1.51 | 51 |
| 阿富汗 | 1.42 | 43 | 1.31 | 47 | | | | | | | | | 1.35 | 64 | | | | | 1.68 | 13 |
| 阿根廷 | 1.47 | 37 | 1.38 | 34 | 1.41 | 29 | 1.46 | 43 | | | | | | | 1.47 | 47 | 1.50 | 44 | 1.47 | 64 |
| 埃及 | 1.41 | 48 | 1.50 | 14 | 1.46 | 22 | 1.51 | 33 | 1.34 | 33 | | | | | | | 1.52 | 39 | 1.46 | 76 |
| 阿拉伯联合酋长国 | | | 1.02 | 73 | 1.02 | 83 | 1.01 | 85 | 1.09 | 93 | | | | | | | | | 1.30 | 163 |
| 叙利亚 | 1.54 | 27 | 1.37 | 37 | 1.39 | 39 | 1.46 | 44 | 1.36 | 24 | 1.74 | 19 | | | 1.56 | 21 | | | | |
| 阿鲁巴 | | | | | | | | | | | | | 1.18 | 99 | 1.22 | 110 | 1.31 | 100 | | |
| 阿曼 | | | 1.00 | 74 | 1.04 | 82 | 1.03 | 84 | 1.12 | 91 | 1.48 | 80 | | | 1.27 | 105 | | | 1.36 | 148 |
| 阿塞拜疆 | | | | | | | | | 1.28 | 50 | 1.81 | 13 | | | | | 1.38 | 95 | 1.38 | 139 |
| 埃塞俄比亚 | 1.70 | 15 | 1.28 | 53 | | | | | | | 1.95 | 6 | 1.80 | 4 | 1.97 | 3 | 1.82 | 5 | 1.64 | 18 |
| 爱尔兰 | | | | | 1.33 | 58 | 1.36 | 63 | 1.20 | 81 | 1.50 | 79 | 1.27 | 93 | 1.32 | 97 | 1.45 | 70 | 1.42 | 112 |
| 爱沙尼亚 | | | | | | | | | | | 1.59 | 43 | 1.35 | 67 | 1.36 | 88 | 1.43 | 75 | 1.40 | 128 |
| 安哥拉 | | | | | | | | | | | | | | | | | | | 1.34 | 152 |
| 安圭拉 | | | | | | | | | 1.00 | 94 | | | | | | | 1.01 | 106 | 1.23 | 177 |
| 安提瓜和巴布达 | | | | | | | | | 1.22 | 71 | | | | | | | 1.40 | 88 | 1.35 | 149 |
| 奥地利 | | | | | | | 1.33 | 67 | | | 1.51 | 78 | 1.29 | 88 | 1.32 | 99 | 1.42 | 82 | 1.39 | 132 |
| 澳大利亚 | | | | | | | | | | | 1.67 | 28 | 1.45 | 30 | 1.51 | 28 | 1.57 | 25 | 1.60 | 26 |
| 巴巴多斯 | | | | | | | 1.32 | 69 | 1.21 | 74 | | | 1.25 | 96 | | | 1.39 | 91 | 1.36 | 147 |
| 巴布亚新几内亚 | | | | | | | | | | | 1.46 | 83 | | | 1.50 | 33 | | | 1.34 | 150 |

续表

IPI_N 指数得分及排名

| 国家/地区 | 1975年 | 排名 | 1978年 | 排名 | 1980年 | 排名 | 1985年 | 排名 | 1990年 | 排名 | 1995年 | 排名 | 2000年 | 排名 | 2005年 | 排名 | 2010年 | 排名 | 2015年 | 排名 |
|---|---|---|---|---|---|---|---|---|---|---|---|---|---|---|---|---|---|---|---|---|
| 巴哈马 | 1.58 | 25 | | | 1.28 | 70 | 1.21 | 82 | | | 1.47 | 82 | | | | | | | 1.25 | 173 |
| 巴基斯坦 | 1.91 | 5 | 1.57 | 9 | 1.53 | 10 | | | 1.36 | 27 | | | | | 1.46 | 51 | | | 1.45 | 89 |
| 巴拉圭 | | | | | 1.40 | 35 | 1.55 | 24 | 1.28 | 51 | 1.58 | 45 | 1.42 | 40 | 1.52 | 25 | 1.51 | 43 | 1.40 | 129 |
| 巴林 | | | | | 1.23 | 73 | 1.28 | 73 | | | 1.54 | 69 | | | | | | | 1.34 | 151 |
| 巴拿马 | 2.00 | 2 | 1.45 | 20 | 1.43 | 24 | 1.45 | 47 | 1.31 | 44 | 1.62 | 34 | 1.38 | 56 | 1.44 | 56 | 1.48 | 60 | 1.37 | 146 |
| 巴西 | | | | | | | | | | | | | | | | | | | 1.56 | 37 |
| 白俄罗斯 | | | | | | | | | 1.34 | 34 | 1.67 | 26 | | | | | 1.44 | 72 | 1.44 | 102 |
| 百慕大 | | | | | 1.26 | 71 | | | | | | | | | | | 1.23 | 104 | | |
| 保加利亚 | 1.36 | 56 | | | 1.43 | 25 | 1.50 | 36 | 1.31 | 45 | 1.73 | 20 | 1.46 | 29 | 1.43 | 62 | 1.46 | 69 | 1.44 | 100 |
| 贝宁 | | | 1.38 | 32 | 1.33 | 57 | 1.58 | 17 | | | | | 1.40 | 49 | 1.43 | 60 | | | 1.58 | 33 |
| 比利时 | 1.67 | 18 | 1.24 | 58 | 1.32 | 62 | 1.37 | 60 | 1.24 | 64 | 1.56 | 60 | 1.35 | 66 | 1.34 | 95 | 1.43 | 76 | 1.47 | 67 |
| 比绍 | | | | | | | | | | | | | | | 1.47 | 46 | | | 1.59 | 31 |
| 冰岛 | 1.64 | 19 | 1.25 | 57 | 1.30 | 68 | 1.35 | 64 | 1.20 | 75 | 1.56 | 56 | 1.29 | 87 | 1.34 | 92 | 1.47 | 62 | 1.43 | 107 |
| 波多黎各 | | | | | | | | | | | | | | | | | 1.42 | 80 | | |
| 波兰 | | | | | | | | | 1.34 | 30 | 1.60 | 38 | 1.41 | 45 | 1.44 | 59 | 1.49 | 49 | 1.47 | 72 |
| 波斯尼亚和黑塞哥维那 | | | | | | | | | | | | | 1.39 | 51 | | | | | 1.50 | 55 |
| 玻利维亚 | | | | | 1.33 | 55 | | | | | | | | | | | | | 1.43 | 104 |
| 伯利兹 | | | | | | | | | | | 1.41 | 85 | | | 1.34 | 91 | 1.41 | 87 | 1.37 | 145 |
| 博茨瓦纳 | 1.44 | 41 | 1.36 | 38 | | | 1.42 | 54 | | | | | 1.00 | 105 | 1.06 | 115 | | | 1.27 | 168 |

续表

$IPI_N$ 指数得分及排名

| 国家/地区 | 1975年 | 排名 | 1978年 | 排名 | 1980年 | 排名 | 1985年 | 排名 | 1990年 | 排名 | 1995年 | 排名 | 2000年 | 排名 | 2005年 | 排名 | 2010年 | 排名 | 2015年 | 排名 |
|---|---|---|---|---|---|---|---|---|---|---|---|---|---|---|---|---|---|---|---|---|
| 不丹 | 1.48 | 35 | | | | | | | | | | | | | 1.40 | 72 | 1.47 | 63 | 1.44 | 94 |
| 布基纳法索 | 1.38 | 53 | 1.36 | 39 | 1.35 | 48 | 1.60 | 15 | 1.23 | 68 | | | | | 1.41 | 69 | 1.49 | 50 | 1.60 | 25 |
| 布隆迪 | | | | | 1.47 | 21 | | | 1.40 | 17 | | | | | 2.00 | 2 | 2.00 | 3 | 1.96 | 4 |
| 赤道几内亚 | | | | | | | | | | | | | 1.05 | 104 | | | | | 1.02 | 184 |
| 韩国 | 1.74 | 14 | 1.37 | 36 | 1.42 | 28 | 1.46 | 45 | 1.29 | 49 | 1.61 | 36 | 1.39 | 50 | 1.49 | 37 | 1.59 | 20 | 1.53 | 44 |
| 丹麦 | | | 1.26 | 55 | 1.31 | 64 | 1.31 | 70 | 1.19 | 86 | 1.52 | 74 | 1.26 | 95 | 1.30 | 101 | 1.38 | 94 | 1.41 | 114 |
| 德国 | | | | | | | | | | | 1.51 | 76 | | | | | | | 1.63 | 20 |
| 东帝汶 | | | | | | | | | | | | | | | | | 1.65 | 15 | 1.44 | 93 |
| 多哥 | 1.43 | 42 | 1.46 | 18 | 1.44 | 23 | | | 1.31 | 23 | 1.31 | 42 | 1.54 | 19 | 1.57 | 17 | | | 1.69 | 12 |
| 多米尼克 | | | | | | | | | | | | | | | | | | | 1.43 | 103 |
| 多米尼加共和国 | 1.42 | 44 | | | | | | | | | | | | | | | | | 1.41 | 120 |
| 俄罗斯 | | | | | | | | | 1.36 | 26 | 1.68 | 26 | | | 1.35 | 89 | | | | |
| 厄瓜多尔 | 1.41 | 47 | 1.33 | 61 | 1.33 | 59 | 1.43 | 53 | 1.32 | 37 | | | | | | | | | 1.45 | 86 |
| 厄立特里亚 | | | | | | | | | | | 1.83 | 10 | 1.59 | 11 | | | 1.64 | 17 | 1.46 | 74 |
| 法国 | 1.64 | 20 | 1.47 | 17 | 1.59 | 7 | 1.50 | 34 | 1.37 | 19 | 1.55 | 63 | 1.47 | 27 | 1.56 | 20 | 1.68 | 12 | 1.59 | 30 |
| 菲律宾 | 1.77 | 11 | 1.53 | 12 | 1.49 | 17 | 1.63 | 14 | | | 1.68 | 22 | | | 1.50 | 32 | | | 1.44 | 91 |
| 斐济 | 1.50 | 32 | | | 1.33 | 59 | 1.38 | 58 | | | | | | | | | | | 1.41 | 115 |
| 芬兰 | 1.36 | 55 | 1.24 | 59 | 1.32 | 63 | 1.33 | 68 | 1.20 | 68 | 1.54 | 68 | 1.32 | 80 | 1.34 | 93 | 1.41 | 85 | 1.41 | 119 |
| 佛得角 | | | | | | | | | | | | | 1.44 | 34 | 1.46 | 50 | 1.51 | 40 | 1.47 | 69 |

续表

IPI$_N$指数得分及排名

| 国家/地区 | 1975年 | 排名 | 1978年 | 排名 | 1980年 | 排名 | 1985年 | 排名 | 1990年 | 排名 | 1995年 | 排名 | 2000年 | 排名 | 2005年 | 排名 | 2010年 | 排名 | 2015年 | 排名 |
|---|---|---|---|---|---|---|---|---|---|---|---|---|---|---|---|---|---|---|---|---|
| 冈比亚 | 1.40 | 50 | | | | | | | | | 1.47 | 81 | | | | | 1.58 | 23 | 1.56 | 39 |
| 刚果（布） | 1.47 | 36 | 1.28 | 52 | | | | | 1.41 | 14 | | | | | | | | | 1.41 | 117 |
| 刚果（金） | | | 1.41 | 23 | 1.36 | 47 | 1.70 | 11 | | | | | | | | | | | 1.68 | 14 |
| 哥伦比亚 | | | | | 1.41 | 30 | 1.49 | 39 | | | 1.57 | 54 | 1.37 | 59 | 1.44 | 55 | | | 1.45 | 84 |
| 哥斯达黎加 | | | | | 1.42 | 27 | 1.53 | 29 | 1.31 | 43 | | | | | | | | | 1.46 | 83 |
| 格林纳达 | | | | | 1.50 | 14 | | | | | | | | | | | | | 1.41 | 116 |
| 格鲁吉亚 | | | | | | | | | | | 1.81 | 14 | 1.58 | 13 | 1.56 | 18 | | | 1.48 | 61 |
| 古巴 | 1.53 | 28 | 1.45 | 19 | 1.49 | 16 | 1.54 | 25 | 1.33 | 35 | 1.72 | 21 | 1.44 | 32 | 1.55 | 23 | 1.63 | 18 | 1.48 | 59 |
| 圭亚那 | | | | | | | 1.57 | 19 | | | | | | | 1.48 | 40 | 1.36 | 98 | 1.31 | 160 |
| 哈萨克斯坦 | | | | | | | | | 1.32 | 41 | | | 1.40 | 47 | | | | | 1.33 | 156 |
| 海地 | | | | | | | | | | | | | | | | | | | 1.54 | 43 |
| 荷兰 | 1.40 | 49 | 1.31 | 46 | 1.38 | 41 | 1.40 | 57 | 1.27 | 52 | 1.55 | 62 | 1.34 | 75 | 1.38 | 82 | 1.48 | 59 | 1.46 | 75 |
| 黑山 | | | | | | | | | | | | | | | 1.44 | 54 | 1.49 | 56 | 1.47 | 65 |
| 洪都拉斯 | 1.47 | 38 | 1.29 | 50 | 1.40 | 33 | 1.47 | 41 | | | | | | | | | 1.57 | 27 | 1.48 | 62 |
| 基里巴斯 | 1.46 | 40 | 1.34 | 41 | 1.50 | 15 | 1.70 | 12 | 1.41 | 12 | 1.67 | 27 | 1.41 | 43 | 1.47 | 44 | | | 1.50 | 57 |
| 吉布提 | | | | | | | | | | | | | 1.17 | 100 | 1.25 | 107 | | | 1.29 | 164 |
| 吉尔吉斯斯坦 | | | | | | | | | 1.43 | 9 | 1.85 | 8 | 1.78 | 5 | 1.75 | 9 | 1.70 | 9 | 1.64 | 19 |
| 几内亚 | | | | | | | | | 1.19 | 85 | 1.74 | 18 | 1.39 | 52 | 1.56 | 19 | | | 1.52 | 45 |
| 加拿大 | | | | | | | | | 1.36 | 23 | | | | | | | | | 1.50 | 54 |
| 加纳 | 1.35 | 58 | | | | | | | | | | | 1.56 | 16 | 1.51 | 30 | | | 1.39 | 131 |

续表

IPI_N 指数得分及排名

| 国家/地区 | 1975年 | 排名 | 1978年 | 排名 | 1980年 | 排名 | 1985年 | 排名 | 1990年 | 排名 | 1995年 | 排名 | 2000年 | 排名 | 2005年 | 排名 | 2010年 | 排名 | 2015年 | 排名 |
|---|---|---|---|---|---|---|---|---|---|---|---|---|---|---|---|---|---|---|---|---|
| 加蓬 | 1.00 | 73 | 1.03 | 72 | 1.08 | 81 | | | | | | | | | | | | | 1.25 | 174 |
| 柬埔寨 | | | | | | | | | | | | | 1.53 | 20 | | | | | 1.57 | 34 |
| 捷克 | | | | | | | | | | | 1.57 | 53 | 1.36 | 63 | 1.37 | 84 | 1.45 | 71 | 1.44 | 95 |
| 津巴布韦 | 1.51 | 30 | 1.32 | 45 | 1.33 | 56 | 1.57 | 18 | 1.26 | 57 | | | 1.16 | 101 | | | | | 1.41 | 121 |
| 喀麦隆 | 1.28 | 63 | | | 1.26 | 72 | 1.26 | 74 | 1.27 | 54 | | | 1.24 | 97 | 1.23 | 109 | | | 1.39 | 136 |
| 卡塔尔 | | | | | | | | | 1.18 | 89 | | | | | | | | | 1.24 | 176 |
| 科摩罗 | | | | | 1.14 | 80 | 1.22 | 79 | 1.18 | 88 | 1.51 | 75 | | | 1.19 | 113 | 1.23 | 103 | 1.47 | 71 |
| 科特迪瓦 | 1.09 | 71 | 1.10 | 71 | 1.15 | 78 | 1.26 | 76 | | | | | | | | | | | 1.21 | 180 |
| 科威特 | | | 1.11 | 70 | | | 1.21 | 83 | 1.18 | 87 | 1.45 | 84 | | | | | | | 1.27 | 169 |
| 克罗地亚 | | | | | | | | | | | | | | | | | | | 1.42 | 108 |
| 肯尼亚 | | | 1.50 | 15 | 1.50 | 13 | 1.73 | 10 | | | 1.55 | 64 | 1.31 | 82 | 1.36 | 86 | 1.43 | 74 | 1.51 | 52 |
| 拉脱维亚 | | | | | | | | | | | 1.57 | 49 | 1.34 | 73 | 1.43 | 63 | | | 1.37 | 144 |
| 莱索托 | 1.51 | 31 | 1.62 | 7 | 1.51 | 12 | 2.00 | 3 | 1.43 | 10 | 1.67 | 25 | 1.36 | 62 | 1.38 | 79 | 1.42 | 84 | 1.33 | 154 |
| 老挝 | | | | | | | 1.25 | 77 | 1.48 | 7 | 1.68 | 23 | 1.32 | 81 | 1.21 | 111 | | | 1.40 | 124 |
| 黎巴嫩 | | | | | | | | | | | | | 1.52 | 21 | 1.58 | 16 | 1.50 | 47 | 1.44 | 98 |
| 立陶宛 | | | | | | | | | | | 1.61 | 37 | 1.38 | 55 | 1.45 | 52 | 1.52 | 36 | 1.38 | 143 |
| 利比里亚 | | | 1.22 | 63 | | | | | | | | | 1.40 | 48 | 1.38 | 81 | 1.42 | 79 | 1.59 | 32 |
| 利比亚 | | | | | | | | | | | | | 1.70 | 7 | | | | | 1.42 | 113 |
| 列支敦士登 | | | | | | | | | | | | | | | | | 1.26 | 102 | 1.20 | 181 |
| 卢森堡 | 1.16 | 68 | 1.14 | 69 | 1.18 | 76 | | | | | 1.41 | 86 | 1.15 | 102 | | | 1.27 | 101 | 1.26 | 172 |

续表

$IPI_N$ 指数得分及排名

| 国家/地区 | 1975年 | 排名 | 1978年 | 排名 | 1980年 | 排名 | 1985年 | 排名 | 1990年 | 排名 | 1995年 | 排名 | 2000年 | 排名 | 2005年 | 排名 | 2010年 | 排名 | 2015年 | 排名 |
|---|---|---|---|---|---|---|---|---|---|---|---|---|---|---|---|---|---|---|---|---|
| 卢旺达 | | | 1.52 | 13 | 1.49 | 18 | 1.52 | 31 | 1.11 | 92 | | | 1.50 | 23 | 1.67 | 12 | 1.66 | 13 | 1.67 | 16 |
| 罗马尼亚 | | | | | | | | | 1.32 | 36 | 1.62 | 33 | 1.42 | 37 | 1.41 | 70 | 1.47 | 66 | 1.42 | 111 |
| 马达加斯加 | | | | | 1.35 | 49 | | | 1.36 | 22 | | | | | 1.78 | 8 | | | 1.90 | 7 |
| 马尔代夫 | | | | | | | | | | | | | 1.37 | 60 | | | | | 1.39 | 133 |
| 马耳他 | 1.53 | 29 | 1.38 | 33 | 1.39 | 37 | 1.47 | 40 | 1.25 | 60 | 1.58 | 46 | 1.33 | 76 | 1.39 | 76 | 1.49 | 57 | 1.41 | 122 |
| 马拉维 | 1.30 | 61 | 1.57 | 8 | 1.53 | 11 | 1.74 | 8 | 1.37 | 21 | 2.00 | 3 | 1.66 | 9 | 1.71 | 10 | 1.74 | 7 | 1.91 | 6 |
| 马来西亚 | | | | | 1.39 | 38 | 1.43 | 51 | 1.27 | 55 | 1.55 | 66 | 1.34 | 69 | 1.39 | 75 | 1.43 | 77 | 1.40 | 130 |
| 马里 | 1.18 | 67 | 1.40 | 26 | 1.33 | 54 | 1.57 | 20 | 1.22 | 70 | 1.60 | 40 | 1.41 | 42 | 1.47 | 42 | 1.47 | 64 | 1.46 | 81 |
| 毛里求斯 | | | 1.39 | 29 | 1.43 | 26 | 1.53 | 30 | 1.25 | 59 | | | 1.32 | 79 | 1.39 | 77 | 1.42 | 78 | 1.40 | 125 |
| 毛里塔尼亚 | | | | | | | | | 1.26 | 58 | 1.57 | 51 | | | 1.41 | 68 | 1.40 | 89 | 1.44 | 101 |
| 美国 | 2.67 | 1 | 2.42 | 1 | 2.59 | 1 | 2.51 | 1 | 2.38 | 1 | 3.25 | 1 | 2.41 | 1 | 2.52 | 1 | 2.71 | 1 | 2.63 | 1 |
| 蒙古国 | | | | | | | | | 1.24 | 63 | 1.52 | 73 | 1.49 | 24 | 1.52 | 27 | 1.48 | 58 | 1.42 | 109 |
| 孟加拉国 | | | | | 1.61 | 6 | 1.70 | 13 | 1.40 | 15 | | | | | 1.67 | 13 | 1.63 | 13 | 1.63 | 22 |
| 秘鲁 | 1.38 | 52 | | | 1.39 | 36 | 1.53 | 26 | 1.32 | 38 | 1.60 | 38 | 1.42 | 36 | 1.47 | 42 | 1.50 | 42 | 1.44 | 92 |
| 密克罗尼西亚 | | | | | | | | | | | | | | | | | 1.50 | 48 | 1.40 | 126 |
| 缅甸 | | | | | | | 1.25 | 78 | | | | | | | | | | | | |
| 摩尔多瓦 | | | | | | | | | 1.36 | 28 | 1.81 | 28 | 1.67 | 8 | 1.59 | 15 | 1.54 | 33 | 1.52 | 49 |
| 摩洛哥 | 1.23 | 66 | 1.27 | 54 | | | | | 1.24 | 61 | 1.56 | 59 | 1.36 | 61 | 1.43 | 64 | 1.52 | 38 | 1.52 | 50 |
| 莫桑比克 | | | | | | | | | | | 1.84 | 9 | 1.38 | 53 | 1.47 | 53 | 1.59 | 21 | 1.63 | 21 |

续表

IPI$_N$ 指数得分及排名

| 国家/地区 | 1975年 | 排名 | 1978年 | 排名 | 1980年 | 排名 | 1985年 | 排名 | 1990年 | 排名 | 1995年 | 排名 | 2000年 | 排名 | 2005年 | 排名 | 2010年 | 排名 | 2015年 | 排名 |
|---|---|---|---|---|---|---|---|---|---|---|---|---|---|---|---|---|---|---|---|---|
| 墨西哥 | 1.89 | 6 | 1.38 | 31 | 1.40 | 31 |  |  | 1.31 | 46 | 1.58 | 48 | 1.37 | 58 | 1.44 | 57 | 1.54 | 31 | 1.50 | 53 |
| 纳米比亚 |  |  |  |  |  |  |  |  |  |  | 1.58 | 47 |  |  | 1.13 | 114 |  |  | 1.27 | 167 |
| 南非 |  |  |  |  |  |  |  |  | 1.19 | 83 |  |  |  |  |  |  |  |  | 1.26 | 171 |
| 南苏丹 |  |  |  |  |  |  |  |  |  |  |  |  |  |  |  |  |  |  | 1.33 | 155 |
| 尼泊尔 | 1.25 | 64 | 1.81 | 3 |  |  | 1.86 | 5 | 1.51 | 6 | 1.96 | 5 | 1.71 | 6 | 1.80 | 6 | 1.79 | 6 | 1.73 | 10 |
| 尼加拉瓜 | 1.83 | 8 |  |  | 1.40 | 32 | 1.43 | 52 | 1.54 | 5 | 1.65 | 30 |  |  |  |  |  |  | 1.56 | 40 |
| 尼日尔 | 1.49 | 33 | 1.16 | 68 | 1.15 | 79 | 1.43 | 50 | 1.20 | 80 |  |  |  |  | 1.60 | 14 | 1.69 | 10 | 1.77 | 8 |
| 尼日利亚 |  |  | 1.19 | 67 | 1.18 | 77 | 1.30 | 72 |  |  |  |  | 1.30 | 85 | 1.24 | 108 |  |  | 1.18 | 182 |
| 挪威 | 1.36 | 57 | 1.25 | 56 | 1.31 | 65 |  |  | 1.20 | 79 | 1.52 | 72 | 1.29 | 89 | 1.32 | 100 | 1.39 | 92 | 1.38 | 138 |
| 帕劳 |  |  |  |  |  |  |  |  |  |  |  |  |  |  |  |  |  |  | 1.33 | 153 |
| 葡萄牙 | 1.41 | 46 | 1.34 | 40 | 1.37 | 44 |  |  | 1.23 | 65 | 1.57 | 52 | 1.35 | 68 | 1.38 | 80 | 1.47 | 65 | 1.46 | 77 |
| 马其顿 |  |  |  |  |  |  |  |  |  |  |  |  |  |  |  |  |  |  | 1.46 | 79 |
| 日本 | 1.99 | 3 | 1.79 | 4 | 1.86 | 4 | 1.79 | 6 | 1.82 | 3 | 1.52 | 70 | 1.82 | 3 | 1.80 | 5 | 1.95 | 4 | 1.74 | 9 |
| 瑞典 | 1.87 | 7 | 1.28 | 51 | 1.33 | 53 | 1.34 | 66 | 1.22 | 72 | 1.57 | 55 | 1.37 | 57 | 1.35 | 90 | 1.44 | 73 | 1.43 | 106 |
| 瑞士 |  |  |  |  | 1.30 | 66 | 1.31 | 71 | 1.20 | 77 | 2.24 | 2 | 1.27 | 92 | 1.32 | 98 | 1.41 | 86 | 1.38 | 137 |
| 萨尔瓦多 | 1.37 | 54 | 1.33 | 43 |  |  |  |  |  |  |  |  | 1.34 | 70 | 1.42 | 66 | 1.49 | 54 | 1.45 | 88 |
| 萨摩亚 |  |  |  |  |  |  |  |  |  |  |  |  | 1.41 | 44 |  |  |  |  | 1.45 | 87 |
| 塞尔维亚 |  |  |  |  |  |  |  |  |  |  |  |  |  |  | 1.45 | 53 | 1.49 | 51 | 1.44 | 97 |
| 塞拉利昂 | 1.09 | 72 | 1.22 | 64 |  |  | 1.41 | 55 | 1.37 | 20 |  |  |  |  |  |  |  |  | 1.96 | 5 |
| 塞内加尔 |  |  | 1.19 | 66 | 1.21 | 75 | 1.37 | 62 |  |  |  |  |  |  |  |  | 1.49 | 83 | 1.62 | 23 |

续表

IPI$_N$ 指数得分及排名

| 国家/地区 | 1975年 | 排名 | 1978年 | 排名 | 1980年 | 排名 | 1985年 | 排名 | 1990年 | 排名 | 1995年 | 排名 | 2000年 | 排名 | 2005年 | 排名 | 2010年 | 排名 | 2015年 | 排名 |
|---|---|---|---|---|---|---|---|---|---|---|---|---|---|---|---|---|---|---|---|---|
| 塞浦路斯 | | | 1.40 | 27 | 1.35 | 50 | 1.38 | 59 | 1.19 | 82 | 1.59 | 42 | 1.27 | 94 | 1.29 | 102 | 1.38 | 93 | 1.38 | 142 |
| 塞古尔 | | | | | | | | | | | | | | | 1.28 | 104 | 1.37 | 96 | 1.00 | 185 |
| 沙特阿拉伯 | | | | | | | | | | | | | | | 1.29 | 103 | | | 1.28 | 166 |
| 圣多美和普林西比 | | | | | | | | | | | | | | | 1.50 | 34 | 1.54 | 32 | 1.60 | 27 |
| 圣基茨和尼维斯 | | | | | | | | | | | | | | | | | | | 1.31 | 159 |
| 圣卢西亚 | | | | | | | 1.53 | 28 | | | | | | | 1.36 | 85 | | | 1.39 | 135 |
| 圣马力诺 | | | | | | | | | | | | | | | | | | | 1.12 | 183 |
| 圣文森特和格林纳丁斯 | | | | | | | | | | | | | 1.32 | 78 | | | | | 1.38 | 141 |
| 斯里兰卡 | | | | | | | 1.86 | 4 | | | | | | | | | 1.59 | 22 | 1.50 | 56 |
| 斯洛伐克 | | | | | | | | | | | 1.63 | 31 | 1.33 | 77 | 1.33 | 96 | 1.40 | 90 | 1.44 | 96 |
| 斯洛文尼亚 | | | | | | | | | | | 1.52 | 71 | 1.31 | 83 | 1.39 | 78 | 1.47 | 67 | 2.00 | 3 |
| 苏丹 | | | | | | | | | | | | | | | 1.39 | 74 | 1.36 | 97 | 1.28 | 165 |
| 苏里南 | | | | | | | | | 1.36 | 25 | | | | | | | | | 1.32 | 158 |
| 所罗门群岛 | 1.47 | 39 | | | | | | | 1.17 | 90 | | | | | 1.46 | 48 | | | 1.25 | 175 |
| 塔吉克斯坦 | | | | | | | | | | | 2.00 | 4 | 2.00 | 2 | 1.80 | 4 | 1.71 | 8 | 1.66 | 17 |
| 泰国 | 1.82 | 9 | 1.49 | 16 | 1.49 | 19 | 1.59 | 16 | 1.30 | 47 | 1.55 | 67 | | | 1.46 | 49 | 1.51 | 41 | 1.47 | 66 |
| 坦桑尼亚 | | | | | | | | | | | 1.83 | 11 | | | | | 1.56 | 28 | 1.55 | 42 |
| 汤加 | 1.66 | 6 | | | | | 1.74 | 7 | | | | | 1.42 | 38 | | | | | 1.46 | 78 |

续表

$IPI_N$ 指数得分及排名

| 国家/地区 | 1975年 | 排名 | 1978年 | 排名 | 1980年 | 排名 | 1985年 | 排名 | 1990年 | 排名 | 1995年 | 排名 | 2000年 | 排名 | 2005年 | 排名 | 2010年 | 排名 | 2015年 | 排名 |
|---|---|---|---|---|---|---|---|---|---|---|---|---|---|---|---|---|---|---|---|---|
| 特立尼达和多巴哥 | 1.28 | 62 | | | | | 1.22 | 80 | | | | | | | | | | | 1.23 | 178 |
| 突尼斯 | | | 1.31 | 48 | 1.33 | 60 | 1.46 | 42 | 1.32 | 40 | 1.66 | 29 | 1.43 | 35 | 1.49 | 38 | 1.55 | 29 | 1.52 | 47 |
| 土耳其 | | | 1.21 | 65 | | | | | 1.20 | 76 | 1.51 | 77 | | | 1.36 | 87 | 1.48 | 61 | 1.46 | 73 |
| 土库曼斯坦 | | | | | | | | | | | | | | | | | | | 1.26 | 170 |
| 瓦努阿图 | | | | | | | | | | | | | 1.35 | 65 | | | | | 1.44 | 99 |
| 危地马拉 | 1.60 | 21 | 1.23 | 62 | | | 1.26 | 75 | | | 1.56 | 57 | | | | | | | 1.41 | 118 |
| 委内瑞拉 | | | 1.24 | 60 | 1.30 | 67 | 1.35 | 65 | 1.27 | 53 | | | 1.28 | 90 | | | | | | |
| 文莱 | 1.31 | 59 | 1.53 | 11 | 2.00 | 3 | 1.55 | 22 | 1.32 | 39 | 1.62 | 35 | 1.22 | 98 | 1.27 | 106 | 1.34 | 99 | 1.30 | 161 |
| 乌干达 | | | | | | | | | 1.35 | 29 | | | 1.47 | 26 | 1.50 | 31 | 1.52 | 37 | 1.59 | 29 |
| 乌克兰 | | | | | | | | | | | | | 1.58 | 14 | 1.47 | 43 | 1.53 | 34 | 1.56 | 38 |
| 乌拉圭 | 1.60 | 22 | | | | | | | 1.30 | 48 | | | 1.34 | 72 | | | 1.46 | 68 | 1.41 | 123 |
| 乌兹别克斯坦 | | | | | | | | | 1.40 | 16 | | | 1.54 | 18 | 1.68 | 11 | 1.57 | 26 | 1.49 | 58 |
| 西班牙 | 1.55 | 26 | 1.39 | 28 | 1.48 | 20 | 1.53 | 27 | 1.34 | 31 | 1.59 | 44 | 1.42 | 39 | 1.48 | 39 | 1.61 | 19 | 1.57 | 36 |
| 希腊 | 1.60 | 24 | 1.29 | 49 | 1.37 | 45 | 1.45 | 48 | 1.27 | 56 | 1.57 | 50 | 1.34 | 74 | 1.40 | 73 | 1.49 | 55 | 1.48 | 60 |
| 新加坡 | | | | | | | | | | | | | | | | | | | 1.30 | 162 |
| 新西兰 | 1.67 | 16 | | | 1.34 | 52 | 1.37 | 61 | 1.23 | 66 | 1.59 | 66 | 1.38 | 54 | 1.43 | 61 | 1.51 | 42 | 1.45 | 90 |
| 匈牙利 | | | | | | | | | | | 1.56 | 58 | 1.34 | 71 | 1.34 | 94 | 1.42 | 83 | 1.40 | 127 |
| 牙买加 | | | | | | | | | | | | | 1.30 | 86 | | | | | 1.46 | 82 |

IPI_N 指数得分及排名

| 国家/地区 | 1975年 | 排名 | 1978年 | 排名 | 1980年 | 排名 | 1985年 | 排名 | 1990年 | 排名 | 1995年 | 排名 | 2000年 | 排名 | 2005年 | 排名 | 2010年 | 排名 | 2015年 | 排名 |
|---|---|---|---|---|---|---|---|---|---|---|---|---|---|---|---|---|---|---|---|---|
| 亚美尼亚 | 1.30 | 60 | | | | | | | | | | | 1.58 | 12 | 1.52 | 26 | | | 1.48 | 63 |
| 也门 | 1.15 | 69 | 1.23 | 61 | | | | | | | | | | | 1.42 | 67 | 1.42 | 81 | 1.39 | 134 |
| 伊拉克 | | | | | 1.21 | 74 | 1.22 | 81 | | | | | | | | | | | 1.32 | 157 |
| 伊朗 | | | | | | | | | | | 1.76 | 16 | 1.42 | 41 | 1.43 | 65 | 1.50 | 45 | 1.52 | 48 |
| 伊斯瓦蒂尼 | | | 1.33 | 42 | 1.29 | 69 | 1.50 | 35 | | | | | 1.07 | 103 | 1.00 | 116 | | | 1.21 | 179 |
| 以色列 | 1.42 | 45 | 1.43 | 22 | 1.37 | 43 | | | 1.24 | 61 | 1.55 | 62 | 1.31 | 84 | 1.40 | 71 | | | 1.42 | 110 |
| 意大利 | | | | | 1.53 | 9 | 1.49 | 38 | 1.42 | 65 | 1.55 | 11 | 1.45 | 31 | 1.54 | 24 | 1.66 | 14 | 1.57 | 35 |
| 印度 | 1.75 | 12 | 1.70 | 5 | 1.66 | 5 | | | | | 1.75 | 17 | 1.55 | 17 | | | 1.69 | 11 | 1.68 | 15 |
| 印度尼西亚 | 1.75 | 13 | 1.53 | 10 | | | | | 1.38 | 18 | 1.95 | 7 | 1.48 | 25 | 1.50 | 35 | 1.50 | 46 | 1.47 | 70 |
| 英国 | 1.67 | 17 | 1.43 | 21 | 1.56 | 8 | 1.49 | 8 | 1.41 | 13 | | | 1.46 | 28 | 1.55 | 22 | 1.64 | 16 | 1.61 | 24 |
| 约旦 | 1.79 | 10 | 1.39 | 30 | 1.40 | 34 | 1.46 | 34 | 1.34 | 32 | | | 1.44 | 33 | 1.51 | 29 | 1.49 | 52 | 1.46 | 80 |
| 越南 | | | 2.13 | 2 | | | | | 2.00 | 2 | | | | | | | | | 1.60 | 28 |
| 赞比亚 | 1.25 | 65 | 1.32 | 44 | 1.38 | 42 | 1.55 | 23 | 1.21 | 73 | | | 1.57 | 15 | | | | | 1.45 | 85 |
| 乍得 | 1.14 | 70 | | | | | 1.56 | 21 | | | | | | | 1.19 | 112 | 1.22 | 105 | 1.38 | 140 |
| 智利 | 1.60 | 23 | 1.40 | 25 | 1.38 | 40 | 1.45 | 49 | | | | | 1.40 | 46 | 1.48 | 41 | 1.55 | 30 | 1.47 | 68 |
| 中非共和国 | 1.38 | 51 | 1.40 | 24 | 2.02 | 2 | 2.03 | 2 | 1.19 | 84 | | | | | | | | | 1.71 | 11 |
| 中国 | 1.93 | 4 | | | | | | | 1.62 | 4 | 1.79 | 15 | 1.66 | 10 | 1.79 | 7 | 2.12 | 7 | 2.28 | 2 |
| 中国澳门 | | | | | | | | | 1.23 | 69 | | | | | | | | | | |
| 中国香港 | 1.48 | 34 | 1.36 | 46 | | | | | | | | | | | | | | | 1.43 | 105 |

**附表 4　各国 $IPI_F$ 指数得分及排名**

$IPI_F$ 指数得分及排名

| 国家/地区 | 1975年 | 排名 | 1978年 | 排名 | 1980年 | 排名 | 1985年 | 排名 | 1990年 | 排名 | 1995年 | 排名 | 2000年 | 排名 | 2005年 | 排名 | 2010年 | 排名 | 2015年 | 排名 |
|---|---|---|---|---|---|---|---|---|---|---|---|---|---|---|---|---|---|---|---|---|
| 阿尔巴尼亚 | 1.44 | 41 |  |  |  |  | 1.74 | 10 | 1.46 | 9 | 1.01 | 87 | 1.50 | 25 | 1.49 | 36 | 1.58 | 22 | 1.55 | 40 |
| 阿尔及利亚 |  |  |  |  |  |  |  |  | 1.25 | 60 | 1.77 | 27 |  |  | 1.46 | 48 | 1.55 | 28 | 1.54 | 43 |
| 阿富汗 |  |  | 1.32 | 44 |  |  |  |  |  |  |  |  |  |  |  |  |  |  | 1.72 | 13 |
| 阿根廷 | 1.47 | 38 | 1.38 | 30 | 1.41 | 27 | 1.47 | 39 |  |  |  |  | 1.36 | 28 | 1.49 | 37 | 1.50 | 46 | 1.47 | 69 |
| 埃及 | 1.46 | 39 | 1.56 | 10 | 1.51 | 12 | 1.57 | 21 | 1.40 | 19 |  |  |  |  |  |  | 1.59 | 20 | 1.53 | 47 |
| 阿拉伯联合酋长国 |  |  | 1.01 | 73 | 1.00 | 83 | 1.00 | 85 | 1.09 | 93 |  |  |  |  |  |  |  |  | 1.28 | 167 |
| 叙利亚 | 1.55 | 24 | 1.38 | 31 | 1.39 | 35 | 1.47 | 42 | 1.37 | 25 | 2.12 | 7 | 1.18 | 93 | 1.58 | 18 |  |  |  |  |
| 阿鲁巴 |  |  |  |  |  |  |  |  |  |  |  |  |  |  | 1.22 | 110 | 1.31 | 100 | 1.36 | 147 |
| 阿曼 |  |  | 1.00 | 74 | 1.04 | 82 | 1.03 | 84 | 1.12 | 92 | 1.48 | 84 |  |  | 1.27 | 106 |  |  | 1.39 | 135 |
| 阿塞拜疆 |  |  |  |  |  |  |  |  |  |  | 1.89 | 18 |  |  |  |  | 1.38 | 92 | 1.76 | 12 |
| 埃塞俄比亚 |  |  |  |  |  |  |  |  |  |  | 1.96 | 14 | 1.89 | 22 | 2.08 | 2 | 1.93 | 4 | 1.40 | 128 |
| 爱尔兰 | 1.69 | 13 | 1.27 | 52 | 1.32 | 59 | 1.36 | 63 | 1.19 | 81 | 1.54 | 76 | 1.26 | 63 | 1.31 | 98 | 1.43 | 74 | 1.40 | 131 |
| 爱沙尼亚 |  |  |  |  |  |  |  |  |  |  | 1.59 | 59 | 1.35 | 29 | 1.36 | 88 | 1.43 | 75 | 1.34 | 154 |
| 安道尔 |  |  |  |  |  |  |  |  |  |  |  |  |  |  |  |  |  |  |  |  |
| 安哥拉 |  |  |  |  |  |  |  |  | 1.01 | 94 |  |  |  |  |  |  | 1.02 | 106 | 1.25 | 176 |
| 安提瓜和巴布达 |  |  |  |  |  |  |  |  | 1.19 | 80 | 1.57 | 66 | 1.28 | 59 | 1.30 | 99 | 1.40 | 84 | 1.35 | 148 |
| 奥地利 |  |  |  |  |  |  | 1.32 | 68 | 1.21 | 74 | 1.67 | 46 | 1.42 | 26 | 1.46 | 50 | 1.39 | 91 | 1.37 | 142 |
| 澳大利亚 |  |  |  |  |  |  |  |  |  |  |  |  |  |  |  |  | 1.49 | 56 | 1.52 | 53 |
| 巴巴多斯 |  |  |  |  |  |  | 1.32 | 66 |  |  |  |  | 1.25 | 87 |  |  | 1.39 | 88 | 1.36 | 145 |
| 巴布亚新几内亚 |  |  |  |  |  |  |  |  |  |  | 1.46 | 85 |  |  | 1.51 | 31 |  |  | 1.35 | 149 |

续表

IPI$_F$ 指数得分及排名

| 国家/地区 | 1975年 | 排名 | 1978年 | 排名 | 1980年 | 排名 | 1985年 | 排名 | 1990年 | 排名 | 1995年 | 排名 | 2000年 | 排名 | 2005年 | 排名 | 2010年 | 排名 | 2015年 | 排名 |
|---|---|---|---|---|---|---|---|---|---|---|---|---|---|---|---|---|---|---|---|---|
| 巴哈马 | 1.69 | 14 | | | 1.28 | 69 | 1.21 | 82 | 1.48 | 8 | 2.09 | 8 | | | 1.61 | 13 | | | 1.25 | 174 |
| 巴基斯坦 | 1.91 | 5 | 1.67 | 5 | 1.64 | 5 | 1.55 | 24 | 1.28 | 47 | 1.61 | 55 | 1.42 | 77 | 1.53 | 25 | 1.51 | 41 | 1.62 | 27 |
| 巴拉圭 | | | | | 1.40 | 32 | | | | | | | | | | | | | 1.40 | 127 |
| 巴林 | | | | | 1.23 | 74 | 1.28 | 73 | | | 1.55 | 70 | | | | | | | 1.34 | 153 |
| 巴拿马 | 2.00 | 2 | 1.45 | 18 | 1.43 | 23 | 1.45 | 45 | 1.31 | 43 | 1.68 | 44 | 1.38 | 65 | 1.44 | 59 | 1.48 | 59 | 1.37 | 144 |
| 巴西 | | | | | | | | | | | | | | | | | | | 1.64 | 24 |
| 白俄罗斯 | | | | | | | | | 1.35 | 29 | | | 1.72 | 36 | | | 1.45 | 69 | 1.44 | 94 |
| 百慕大 | | | | | 1.26 | 71 | | | | | | | | | | | 1.23 | 103 | | |
| 保加利亚 | 1.37 | 54 | | | 1.43 | 22 | 1.51 | 36 | 1.31 | 42 | 1.74 | 32 | 1.46 | 86 | 1.44 | 61 | 1.46 | 67 | 1.44 | 95 |
| 贝宁 | 1.62 | 19 | 1.38 | 29 | 1.33 | 54 | 1.59 | 15 | | | | | 1.40 | 73 | 1.44 | 58 | | | 1.59 | 32 |
| 比利时 | | | 1.21 | 66 | 1.28 | 68 | 1.36 | 62 | 1.21 | 73 | 1.56 | 68 | 1.33 | 43 | 1.31 | 97 | 1.40 | 86 | 1.45 | 89 |
| 比绍 | | | | | | | | | | | | | | | 1.47 | 43 | | | 1.59 | 33 |
| 冰岛 | 1.64 | 17 | 1.24 | 55 | 1.30 | 62 | 1.35 | 65 | 1.20 | 76 | 1.78 | 26 | 1.29 | 34 | 1.34 | 91 | 1.47 | 64 | 1.43 | 103 |
| 波多黎各 | | | | | | | | | | | | | | | | | 1.41 | 81 | | |
| 波兰 | | | | | | | | | 1.37 | 24 | 1.66 | 47 | 1.42 | 54 | 1.44 | 55 | 1.49 | 53 | 1.47 | 76 |
| 波斯尼亚和黑塞哥维那 | | | | | | | | | | | | | 1.40 | 70 | | | | | 1.50 | 56 |
| 玻利维亚 | | | | | 1.33 | 56 | | | | | | | | | | | | | 1.44 | 93 |
| 伯利兹 | | | 1.36 | 35 | | | | | | | 1.45 | 86 | | | 1.34 | 90 | 1.41 | 82 | 1.37 | 143 |
| 博茨瓦纳 | 1.44 | 42 | | | 1.33 | 52 | | | | | | | 1.00 | 86 | 1.07 | 115 | | | 1.27 | 170 |

续表

IPI$_F$ 指数得分及排名

| 国家/地区 | 1975年 | 排名 | 1978年 | 排名 | 1980年 | 排名 | 1985年 | 排名 | 1990年 | 排名 | 1995年 | 排名 | 2000年 | 排名 | 2005年 | 排名 | 2010年 | 排名 | 2015年 | 排名 |
|---|---|---|---|---|---|---|---|---|---|---|---|---|---|---|---|---|---|---|---|---|
| 不丹 | 1.49 | 34 | | | 1.36 | 44 | 1.61 | 14 | 1.24 | 63 | | | | | 1.40 | 72 | 1.47 | 62 | 1.44 | 92 |
| 布基纳法索 | 1.38 | 52 | 1.37 | 34 | 1.48 | 18 | 1.53 | 31 | 1.40 | 18 | | | | | 1.42 | 65 | 1.51 | 42 | 1.62 | 25 |
| 布隆迪 | | | | | | | | | | | | | | | 2.01 | 3 | 2.01 | 3 | 1.97 | 4 |
| 赤道几内亚 | | | | | | | | | | | | | 1.05 | 14 | | | | | 1.02 | 184 |
| 韩国 | 1.78 | 11 | 1.40 | 26 | 1.44 | 20 | 1.48 | 38 | 1.28 | 50 | 1.81 | 25 | 1.37 | 24 | 1.44 | 57 | 1.54 | 33 | 1.48 | 64 |
| 丹麦 | | | 1.23 | 57 | 1.29 | 66 | 1.30 | 70 | 1.17 | 89 | 1.51 | 82 | 1.24 | 21 | 1.28 | 104 | 1.36 | 97 | 1.40 | 132 |
| 德国 | | | | | | | | | | | | | | | | | | | 1.46 | 79 |
| 东帝汶 | | | | | | | | | | | | | | | | | 1.65 | 13 | 1.44 | 91 |
| 多哥 | 1.44 | 43 | 1.46 | 16 | 1.45 | 19 | | | 1.32 | 40 | 1.54 | 77 | 1.54 | 95 | 1.57 | 19 | | | 1.70 | 15 |
| 多米尼克 | | | | | | | | | | | | | | | | | | | 1.43 | 102 |
| 多米尼加共和国 | 1.43 | 45 | | | | | | | | | | | | | | | | | 1.41 | 115 |
| 俄罗斯 | | | | | | | | | 1.41 | 17 | 2.46 | 4 | | | 1.42 | 66 | | | 1.49 | 58 |
| 厄瓜多尔 | 1.42 | 46 | | | 1.33 | 57 | 1.43 | 49 | 1.33 | 36 | | | | | | | | | 1.47 | 70 |
| 厄立特里亚 | | | | | | | | | | | 1.90 | 17 | 1.60 | 101 | | | 1.65 | 14 | | |
| 法国 | 1.43 | 44 | 1.28 | 51 | 1.35 | 49 | 1.41 | 55 | | | 1.92 | 15 | 1.36 | 9 | 1.40 | 73 | 1.50 | 50 | 1.47 | 72 |
| 菲律宾 | 1.83 | 7 | 1.58 | 8 | 1.55 | 7 | 1.70 | 11 | 1.44 | 12 | 1.68 | 45 | | | 1.59 | 16 | 1.59 | 16 | 1.53 | 49 |
| 斐济 | 1.50 | 31 | | | 1.33 | 58 | 1.38 | 57 | | | | | | | | | | | 1.41 | 116 |
| 芬兰 | 1.35 | 56 | 1.23 | 62 | 1.30 | 61 | 1.32 | 67 | 1.18 | 86 | 1.76 | 31 | 1.31 | 37 | 1.33 | 94 | 1.40 | 87 | 1.40 | 133 |
| 佛得角 | | | | | | | | | | | | | 1.44 | 85 | 1.46 | 51 | 1.51 | 43 | 1.47 | 75 |
| 冈比亚 | | | | | | | | | | | 1.49 | 83 | | | | | 1.58 | 21 | 1.56 | 38 |

续表

IPI_F 指数得分及排名

| 国家/地区 | 1975年 | 排名 | 1978年 | 排名 | 1980年 | 排名 | 1985年 | 排名 | 1990年 | 排名 | 1995年 | 排名 | 2000年 | 排名 | 2005年 | 排名 | 2010年 | 排名 | 2015年 | 排名 |
|---|---|---|---|---|---|---|---|---|---|---|---|---|---|---|---|---|---|---|---|---|
| 刚果（布） | 1.40 | 49 | 1.30 | 47 | 1.39 | 38 | 1.75 | 8 | 1.45 | 11 | | | | | | | | | 1.42 | 112 |
| 刚果（金） | 1.50 | 32 | 1.44 | 19 | 1.43 | 21 | 1.52 | 34 | | | 1.63 | 51 | 1.40 | 44 | 1.47 | 42 | | | 1.77 | 10 |
| 哥伦比亚 | | | | | 1.43 | 25 | 1.53 | 30 | 1.31 | 41 | | | | | | | | | 1.48 | 63 |
| 哥斯达黎加 | | | | | | | | | | | | | | | | | | | 1.46 | 84 |
| 格林纳达 | | | | | 1.50 | 14 | | | | | | | | | | | | | 1.41 | 117 |
| 格鲁吉亚 | | | | | | | | | | | 1.92 | 16 | 1.58 | 98 | 1.57 | 21 | | | 1.48 | 61 |
| 古巴 | 1.54 | 26 | 1.45 | 17 | 1.50 | 16 | 1.55 | 25 | 1.33 | 35 | 1.73 | 34 | 1.45 | 82 | 1.55 | 22 | 1.64 | 15 | 1.49 | 59 |
| 圭亚那 | | | | | | | 1.57 | 20 | | | | | | | | | 1.36 | 96 | 1.31 | 161 |
| 哈萨克斯坦 | | | | | | | | | 1.33 | 38 | | | 1.41 | 69 | | | | | 1.33 | 157 |
| 海地 | 1.34 | 57 | 1.25 | 54 | 1.31 | 60 | 1.37 | 60 | 1.23 | 69 | 1.55 | 71 | 1.30 | 27 | 1.33 | 95 | 1.42 | 78 | 1.55 | 41 |
| 荷兰 | | | | | | | | | | | | | | | | | | | 1.42 | 110 |
| 黑山 | | | | | | | | | | | | | | | 1.44 | 56 | 1.49 | 52 | 1.47 | 71 |
| 洪都拉斯 | 1.47 | 36 | 1.30 | 48 | 1.40 | 31 | 1.47 | 41 | | | | | | | | | 1.57 | 24 | 1.48 | 62 |
| 基里巴斯 | 1.46 | 40 | 1.34 | 38 | 1.50 | 15 | 1.70 | 12 | 1.41 | 12 | 1.70 | 16 | 1.41 | 78 | 1.47 | 44 | | | 1.50 | 57 |
| 吉布提 | | | | | | | | | | | | | 1.18 | 18 | 1.25 | 18 | | | 1.29 | 164 |
| 吉尔吉斯斯坦 | | | | | | | | | 1.43 | 13 | 1.89 | 13 | 1.79 | 104 | 1.76 | 8 | 1.70 | 9 | 1.65 | 21 |
| 几内亚 | | | | | | | | | 1.20 | 77 | 1.76 | 77 | | | | | | | 1.54 | 45 |
| 加拿大 | | | | | | | | | 1.27 | 52 | | | 1.32 | 20 | 1.57 | 20 | | | 1.42 | 111 |
| 加纳 | 1.36 | 55 | | | | | | | | | | | 1.58 | 92 | 1.53 | 26 | | | 1.42 | 113 |
| 加蓬 | 1.00 | 73 | 1.03 | 72 | 1.08 | 81 | | | | | | | | | | | | | 1.25 | 175 |

续表

IPI$_F$ 指数得分及排名

| 国家/地区 | 1975年 | 排名 | 1978年 | 排名 | 1980年 | 排名 | 1985年 | 排名 | 1990年 | 排名 | 1995年 | 排名 | 2000年 | 排名 | 2005年 | 排名 | 2010年 | 排名 | 2015年 | 排名 |
|---|---|---|---|---|---|---|---|---|---|---|---|---|---|---|---|---|---|---|---|---|
| 柬埔寨 | 1.51 | 28 | | | | | | | | | | | 1.54 | 90 | | | | | 1.59 | 34 |
| 捷克 | 1.29 | 62 | 1.32 | 45 | | | | | | | 1.62 | 52 | 1.36 | 57 | 1.36 | 85 | 1.44 | 71 | 1.44 | 101 |
| 津巴布韦 | | | | | 1.33 | 52 | 1.58 | 16 | 1.26 | 54 | | | 1.17 | 11 | | | | | 1.42 | 108 |
| 喀麦隆 | | | | | 1.27 | 70 | 1.27 | 74 | 1.28 | 48 | | | 1.26 | 13 | 1.25 | 108 | | | 1.41 | 121 |
| 卡塔尔 | | | | | 1.14 | 80 | 1.22 | 79 | 1.19 | 82 | 1.58 | 64 | | | 1.19 | 113 | 1.23 | 105 | 1.23 | 178 |
| 科摩罗 | | | | | | | 1.27 | 75 | 1.18 | 84 | | | | | | | | | 1.47 | 77 |
| 科特迪瓦 | 1.08 | 72 | 1.10 | 71 | 1.16 | 78 | | | | | | | 1.32 | 40 | 1.36 | 87 | | | 1.23 | 180 |
| 科威特 | | | 1.11 | 70 | | | 1.20 | 83 | 1.18 | 85 | 1.52 | 80 | 1.37 | 41 | | | | | 1.26 | 172 |
| 克罗地亚 | | | | | | | | | | | 1.55 | 72 | 1.36 | 62 | | | 1.43 | 73 | 1.42 | 106 |
| 肯尼亚 | | | 1.52 | 14 | 1.53 | 10 | 1.76 | 6 | | | 1.58 | 61 | 1.32 | 45 | 1.47 | 45 | 1.50 | 45 | 1.56 | 39 |
| 拉脱维亚 | | | | | | | | | | | | | 1.52 | 94 | 1.38 | 81 | 1.42 | 79 | 1.37 | 141 |
| 莱索托 | 1.51 | 30 | 1.62 | 7 | | | 2.00 | 2 | 1.43 | 14 | 1.68 | 43 | 1.38 | 67 | | | | | 1.34 | 155 |
| 老挝 | | | | | 1.51 | 11 | 1.26 | 78 | 1.48 | 7 | 1.71 | 37 | 1.40 | 74 | 1.21 | 111 | | | 1.41 | 118 |
| 黎巴嫩 | | | | | | | | | | | | | | | 1.58 | 17 | 1.52 | 38 | 1.44 | 96 |
| 立陶宛 | | | | | | | | | | | 1.65 | 48 | 1.71 | 103 | 1.45 | 53 | 1.42 | 77 | 1.37 | 140 |
| 利比里亚 | | | 1.23 | 63 | | | | | | | | | | | | | | | 1.59 | 31 |
| 利比亚 | | | | | | | | | | | | | | | 1.38 | 80 | | | 1.42 | 109 |
| 列支敦士登 | | | | | 1.17 | 77 | | | | | | | 1.15 | 16 | | | 1.26 | 102 | 1.20 | 182 |
| 卢森堡 | 1.15 | 69 | 1.14 | 69 | | | | | | | | | | | | | 1.26 | 101 | 1.25 | 173 |
| 卢旺达 | | | 1.53 | 13 | 1.50 | 17 | 1.53 | 28 | 1.12 | 91 | | | 1.50 | 89 | 1.68 | 12 | 1.68 | 11 | 1.68 | 17 |

续表

$IPI_F$ 指数得分及排名

| 国家/地区 | 1975年 | 排名 | 1978年 | 排名 | 1980年 | 排名 | 1985年 | 排名 | 1990年 | 排名 | 1995年 | 排名 | 2000年 | 排名 | 2005年 | 排名 | 2010年 | 排名 | 2015年 | 排名 |
|---|---|---|---|---|---|---|---|---|---|---|---|---|---|---|---|---|---|---|---|---|
| 罗马尼亚 | 1.53 | 27 | 1.38 | 32 | | | | | 1.34 | 32 | 1.70 | 39 | 1.44 | 72 | 1.42 | 67 | 1.47 | 61 | 1.42 | 104 |
| 马达加斯加 | | | | | 1.36 | 45 | | | 1.38 | 22 | | | | | 1.81 | 7 | | | 1.93 | 7 |
| 马尔代夫 | | | | | | | | | | | | | 1.37 | 66 | | | | | 1.39 | 136 |
| 马耳他 | | | | | 1.39 | 36 | 1.47 | 40 | 1.25 | 59 | 1.58 | 62 | 1.33 | 55 | 1.39 | 75 | 1.49 | 55 | 1.41 | 120 |
| 马拉维 | 1.30 | 61 | 1.58 | 9 | 1.54 | 9 | 1.75 | 7 | 1.38 | 21 | 2.07 | 9 | 1.67 | 99 | 1.73 | 9 | 1.76 | 6 | 1.94 | 6 |
| 马来西亚 | | | | | 1.40 | 34 | 1.44 | 48 | 1.28 | 49 | 1.65 | 50 | 1.35 | 38 | 1.41 | 71 | 1.44 | 72 | 1.41 | 122 |
| 马里 | 1.18 | 67 | 1.41 | 23 | 1.34 | 51 | 1.58 | 17 | 1.23 | 68 | 1.65 | 49 | 1.43 | 75 | | | 1.49 | 54 | 1.47 | 68 |
| 毛里求斯 | | | 1.39 | 27 | 1.43 | 24 | 1.53 | 32 | 1.25 | 57 | | | 1.32 | 50 | 1.39 | 76 | 1.42 | 76 | 1.40 | 125 |
| 毛里塔尼亚 | | | | | | | | | 1.26 | 55 | 1.58 | 63 | | | 1.42 | 68 | 1.41 | 83 | 1.44 | 97 |
| 美国 | 1.65 | 16 | 1.49 | 15 | 1.59 | 6 | 1.54 | 26 | 1.45 | 10 | 1.53 | 79 | 1.47 | 3 | 1.55 | 23 | 1.67 | 12 | 1.62 | 26 |
| 蒙古国 | | | | | | | | | 1.24 | 62 | 3.25 | 1 | 1.50 | 91 | 1.52 | 28 | 1.48 | 58 | 1.42 | 105 |
| 孟加拉国 | | | | | 1.74 | 4 | 1.84 | 5 | 1.53 | 6 | | | | | 1.84 | 4 | | | 1.80 | 8 |
| 秘鲁 | 1.39 | 50 | | | 1.41 | 29 | 1.55 | 23 | 1.34 | 33 | 1.62 | 54 | 1.45 | 71 | 1.50 | 33 | 1.52 | 40 | 1.46 | 80 |
| 密克罗尼西亚 | | | | | | | | | | | | | | | | | | | 1.40 | 129 |
| 缅甸 | | | | | | | | | | | | | | | | | | | | |
| 摩尔多瓦 | | | | | | | | | 1.36 | 26 | 2.57 | 3 | 1.68 | 102 | 1.59 | 15 | 1.54 | 34 | 1.57 | 36 |
| 摩洛哥 | 1.24 | 66 | 1.29 | 49 | | | | | 1.26 | 53 | 1.69 | 41 | 1.39 | 51 | 1.46 | 52 | 1.54 | 32 | 1.52 | 51 |
| 莫桑比克 | | | | | | | 1.26 | 76 | | | 1.87 | 22 | 1.40 | 60 | 1.49 | 35 | 1.62 | 16 | 1.55 | 42 |
| 墨西哥 | 1.92 | 4 | 1.41 | 20 | 1.41 | 28 | | | 1.34 | 30 | 1.72 | 35 | 1.39 | 6 | 1.46 | 47 | 1.57 | 25 | 1.67 | 19 |
| 纳米比亚 | | | | | | | | | | | 2.03 | 10 | 1.13 | 114 | | | | | 1.27 | 168 |

续表

IPI$_F$ 指数得分及排名

| 国家/地区 | 1975年 | 排名 | 1978年 | 排名 | 1980年 | 排名 | 1985年 | 排名 | 1990年 | 排名 | 1995年 | 排名 | 2000年 | 排名 | 2005年 | 排名 | 2010年 | 排名 | 2015年 | 排名 |
|---|---|---|---|---|---|---|---|---|---|---|---|---|---|---|---|---|---|---|---|---|
| 南非 | 1.27 | 64 | | | | | | | 1.21 | 72 | | | | | | | | | 1.29 | 165 |
| 南苏丹 | | | | | | | | | | | | | | | | | | | 1.34 | 152 |
| 尼泊尔 | 1.83 | 8 | 1.83 | 3 | | | 1.89 | 4 | 1.54 | 5 | 2.20 | 6 | 1.74 | 97 | 1.83 | 5 | 1.82 | 5 | 1.76 | 11 |
| 尼加拉瓜 | | | | | 1.40 | 30 | 1.43 | 50 | 1.54 | 4 | 1.77 | 28 | | | | | | | 1.56 | 37 |
| 尼日尔 | 1.49 | 33 | 1.17 | 68 | 1.16 | 79 | | | 1.20 | 75 | | | | | 1.61 | 14 | 1.71 | 8 | 1.80 | 9 |
| 尼日利亚 | | | 1.26 | 53 | 1.24 | 73 | 1.54 | 27 | | | | | 1.42 | 5 | 1.36 | 89 | 1.35 | 98 | 1.30 | 163 |
| 挪威 | 1.34 | 58 | 1.23 | 58 | 1.29 | 65 | 1.28 | 72 | 1.18 | 83 | 1.54 | 75 | 1.27 | 30 | 1.29 | 101 | | | 1.36 | 146 |
| 帕劳 | | | | | | | | | | | | | | | | | | | 1.33 | 156 |
| 葡萄牙 | 1.41 | 48 | 1.34 | 37 | 1.37 | 42 | | | 1.23 | 65 | 1.62 | 53 | 1.34 | 48 | 1.37 | 84 | 1.46 | 68 | 1.45 | 86 |
| 马其顿 | | | | | | | | | | | | | | | | | | | 1.46 | 81 |
| 日本 | 1.71 | 12 | 1.41 | 22 | 1.51 | 13 | 1.51 | 35 | 1.33 | 37 | 1.52 | 81 | 1.37 | 4 | 1.47 | 46 | 1.56 | 26 | 1.53 | 46 |
| 瑞典 | 1.80 | 9 | 1.24 | 56 | 1.28 | 67 | 1.31 | 69 | 1.18 | 87 | 1.61 | 56 | 1.34 | 52 | 1.32 | 96 | 1.40 | 85 | 1.40 | 126 |
| 瑞士 | | | | | 1.26 | 72 | 1.28 | 71 | 1.16 | 90 | 2.21 | 5 | 1.24 | 19 | 1.29 | 102 | 1.37 | 95 | 1.34 | 151 |
| 萨尔瓦多 | 1.37 | 53 | 1.33 | 40 | | | | | | | | | 1.34 | 58 | 1.43 | 63 | 1.50 | 51 | 1.46 | 85 |
| 萨摩亚 | | | | | | | | | | | | | 1.41 | 76 | | | | | 1.45 | 88 |
| 塞尔维亚 | | | | | | | | | | | | | | | | | | | 1.44 | 90 |
| 塞拉利昂 | 1.09 | 71 | | | | | 1.41 | 54 | 1.38 | 23 | | | | | 1.45 | 54 | 1.50 | 48 | 1.97 | 5 |
| 塞内加尔 | | | 1.20 | 67 | 1.22 | 75 | | | | | | | 1.27 | 31 | 1.38 | 79 | 1.50 | 44 | 1.64 | 23 |
| 塞浦路斯 | 1.40 | 25 | 1.40 | 25 | 1.35 | 48 | 1.38 | 58 | 1.19 | 78 | 1.57 | 65 | | | 1.29 | 100 | 1.38 | 93 | 1.38 | 139 |
| 塞舌尔 | | | | | | | | | | | | | | | 1.28 | 105 | 1.37 | 94 | 1.00 | 185 |

续表

IPI$_F$ 指数得分及排名

| 国家/地区 | 1975年 | 排名 | 1978年 | 排名 | 1980年 | 排名 | 1985年 | 排名 | 1990年 | 排名 | 1995年 | 排名 | 2000年 | 排名 | 2005年 | 排名 | 2010年 | 排名 | 2015年 | 排名 |
|---|---|---|---|---|---|---|---|---|---|---|---|---|---|---|---|---|---|---|---|---|
| 沙特阿拉伯 | | | | | | | | | | | | | | | 1.28 | 103 | | | 1.26 | 171 |
| 圣多美和普林西比 | | | | | | | | | | | | | | | 1.50 | 32 | 1.54 | 35 | 1.60 | 30 |
| 圣基茨和尼维斯 | | | | | | | | | | | | | | | | | | | 1.31 | 160 |
| 圣卢西亚 | | | | | | | 1.53 | 29 | | | | | | | 1.36 | 86 | | | 1.39 | 137 |
| 圣马力诺 | | | | | | | | | | | | | | | | | | | 1.12 | 183 |
| 圣文森特和格林纳丁斯 | | | | | | | 1.89 | 3 | | | | | 1.32 | 53 | | | | | 1.38 | 138 |
| 斯里兰卡 | 1.47 | 37 | 1.38 | 33 | 1.34 | 50 | 1.40 | 56 | | | | | | | | | 1.60 | 18 | 1.52 | 54 |
| 斯洛伐克 | | | | | | | | | | | 1.60 | 58 | 1.33 | 46 | 1.33 | 93 | 1.39 | 90 | 1.44 | 98 |
| 斯洛文尼亚 | | | | | | | | | | | 1.54 | 74 | 1.31 | 42 | 1.38 | 78 | 1.46 | 65 | 2.02 | 3 |
| 苏丹 | | | | | | | | | | | | | | | 1.43 | 62 | 1.39 | 89 | 1.31 | 159 |
| 苏里南 | | | | | | | | | 1.36 | 27 | | | | | | | | | 1.32 | 158 |
| 所罗门群岛 | | | | | | | | | 1.17 | 88 | | | 1.27 | 33 | 1.46 | 49 | | | 1.25 | 177 |
| 塔吉克斯坦 | | | | | | | | | | | 2.00 | 12 | 2.01 | 105 | 1.81 | 6 | 1.72 | 7 | 1.67 | 18 |
| 泰国 | 1.89 | 6 | 1.55 | 11 | 1.54 | 8 | 1.66 | 13 | 1.35 | | 1.55 | 73 | | | 1.51 | 30 | 1.55 | 30 | 1.51 | 55 |
| 坦桑尼亚 | | | | | | | | | | | 1.83 | 24 | | | | | 1.61 | 17 | 1.61 | 29 |
| 汤加 | | | 1.66 | 6 | | | 1.74 | 9 | | | | | 1.42 | 83 | | | | | 1.46 | 82 |
| 特立尼达和多巴哥 | | | | | | | 1.21 | 81 | | | | | | | | | | | 1.23 | 179 |

续表

IPI_F 指数得分及排名

| 国家/地区 | 1975年 | 排名 | 1978年 | 排名 | 1980年 | 排名 | 1985年 | 排名 | 1990年 | 排名 | 1995年 | 排名 | 2000年 | 排名 | 2005年 | 排名 | 2010年 | 排名 | 2015年 | 排名 |
|---|---|---|---|---|---|---|---|---|---|---|---|---|---|---|---|---|---|---|---|---|
| 突尼斯 | 1.28 | 63 | 1.31 | 46 | 1.33 | 55 | 1.47 | 43 | 1.32 | 39 | 2.00 | 11 | 1.43 | 80 | 1.49 | 34 | 1.56 | 27 | 1.53 | 48 |
| 土耳其 | | | 1.22 | 64 | | | | | 1.23 | 67 | 1.56 | 67 | | | 1.38 | 82 | 1.49 | 57 | 1.48 | 67 |
| 土库曼斯坦 | | | | | | | | | | | | | | | | | | | 1.27 | 169 |
| 瓦努阿图 | | | | | | | | | | | | | 1.35 | 61 | | | | | 1.44 | 99 |
| 危地马拉 | 1.61 | 21 | 1.23 | 59 | | | 1.26 | 77 | | | 1.85 | 23 | | | | | | | | |
| 委内瑞拉 | | | 1.23 | 60 | 1.29 | 60 | 1.35 | 64 | 1.28 | 46 | | | 1.30 | 17 | | | | | 1.42 | 107 |
| 文莱 | 1.32 | 59 | | | | | | | 1.34 | 34 | | | 1.22 | 23 | 1.27 | 107 | 1.34 | 99 | 1.30 | 162 |
| 乌干达 | | | 1.54 | 12 | 2.03 | 3 | 1.57 | 19 | 1.39 | 20 | 1.73 | 33 | 1.50 | 79 | 1.55 | 24 | 1.55 | 29 | 1.64 | 22 |
| 乌克兰 | 1.60 | 22 | | | | | | | 1.30 | 44 | | | 1.63 | 81 | 1.48 | 41 | 1.57 | 23 | 1.61 | 28 |
| 乌拉圭 | | | | | | | | | | | | | 1.34 | 56 | | | 1.46 | 66 | 1.40 | 123 |
| 乌兹别克斯坦 | 1.51 | 29 | 1.36 | 36 | | | | | 1.42 | 15 | 1.69 | 40 | 1.57 | 88 | 1.72 | 11 | 1.60 | 19 | 1.52 | 52 |
| 西班牙 | 1.59 | 23 | 1.28 | 50 | 1.42 | 36 | 1.52 | 33 | 1.28 | 51 | 1.69 | 57 | 1.38 | 36 | 1.41 | 70 | 1.52 | 37 | 1.52 | 50 |
| 希腊 | | | | | 1.36 | 47 | 1.45 | 47 | 1.26 | 56 | 1.87 | 20 | 1.33 | 39 | 1.39 | 77 | 1.47 | 63 | 1.48 | 65 |
| 新加坡 | | | | | | | | | | | | | | | | | | | 1.28 | 166 |
| 新西兰 | 1.66 | 15 | | | 1.33 | 53 | 1.36 | 53 | 1.23 | 66 | 1.61 | 66 | 1.38 | 68 | 1.42 | 64 | 1.50 | 47 | 1.44 | 100 |
| 匈牙利 | | | | | | | | | | | 1.69 | 42 | 1.34 | 49 | 1.34 | 92 | 1.41 | 80 | 1.40 | 130 |
| 牙买加 | | | | | | | | | | | | | 1.30 | 35 | | | | | 1.46 | 83 |
| 亚美尼亚 | | | | | | | | | | | | | | | 1.53 | 27 | | | 1.48 | 66 |
| 也门 | | | | | | | | | | | | | 1.59 | 100 | 1.44 | 60 | 1.44 | 70 | 1.41 | 119 |
| 伊拉克 | 1.31 | 60 | 1.23 | 61 | 1.21 | 76 | 1.22 | 80 | | | | | | | | | | | 1.35 | 150 |

续表

| 国家/地区 | $IPI_F$ 指数得分及排名 | | | | | | | | | | | | | | | | | | |
| --- | --- | --- | --- | --- | --- | --- | --- | --- | --- | --- | --- | --- | --- | --- | --- | --- | --- | --- | --- | --- |
| | 1975年 | 排名 | 1978年 | 排名 | 1980年 | 排名 | 1985年 | 排名 | 1990年 | 排名 | 1995年 | 排名 | 2000年 | 排名 | 2005年 | 排名 | 2010年 | 排名 | 2015年 | 排名 |
| 伊朗 | 1.16 | 68 | | | | | | | | | 1.87 | 21 | 1.48 | 47 | 1.48 | 40 | 1.54 | 36 | 1.58 | 35 |
| 伊斯瓦蒂尼 | | | | | 1.29 | 63 | 1.50 | 37 | | | | | 1.07 | 15 | 1.00 | 116 | | | 1.21 | 181 |
| 以色列 | 1.41 | 47 | 1.33 | 41 | 1.37 | 43 | | | 1.23 | 64 | | | 1.30 | 32 | 1.39 | 74 | | | 1.40 | 124 |
| 意大利 | 1.63 | 18 | 1.33 | 39 | 1.39 | 37 | 1.42 | 51 | 1.25 | 61 | 1.56 | 69 | 1.36 | 10 | 1.41 | 69 | 1.52 | 39 | 1.49 | 60 |
| 印度 | | | 2.72 | 2 | 2.66 | 2 | | | | | 1.77 | 29 | 2.72 | 2 | | | 2.91 | 2 | 2.93 | 1 |
| 印度尼西亚 | 1.96 | 3 | 1.72 | 4 | | | | | 1.57 | 3 | 1.99 | 13 | 1.70 | 8 | 1.72 | 10 | 1.68 | 10 | 1.66 | 20 |
| 英国 | 1.55 | 25 | 1.33 | 42 | 1.37 | 41 | 1.42 | 53 | 1.25 | 58 | | | 1.33 | 7 | 1.37 | 83 | 1.48 | 60 | 1.45 | 87 |
| 约旦 | 1.79 | 10 | 1.39 | 28 | 1.40 | 33 | 1.46 | 44 | 1.34 | 31 | | | 1.44 | 84 | 1.51 | 29 | 1.50 | 49 | 1.46 | 78 |
| 越南 | | | | | | | | | 2.12 | 2 | | | | | | | | | 1.69 | 16 |
| 赞比亚 | 1.25 | 65 | 1.32 | 43 | | | 1.56 | 22 | 1.22 | 71 | | | | | | | | | 1.47 | 74 |
| 乍得 | 1.14 | 70 | | | 1.38 | 40 | 1.57 | 18 | | | | | 1.58 | 96 | 1.20 | 112 | 1.23 | 104 | 1.39 | 134 |
| 智利 | 1.61 | 20 | 1.41 | 21 | 1.39 | 39 | | | | | | | 1.41 | 64 | 1.48 | 38 | 1.55 | 31 | 1.47 | 73 |
| 中非共和国 | 1.38 | 51 | 1.40 | 24 | | | 1.45 | 46 | 1.19 | 79 | | | | | | | | | 1.71 | 14 |
| 中国 | 3.52 | 1 | 4.00 | 1 | 3.80 | 1 | 3.79 | 1 | 3.06 | 1 | 3.02 | 1 | 2.96 | 1 | 3.05 | 1 | | | 2.83 | 2 |
| 中国澳门 | | | | | | | | | | | | | | | | | 3.03 | 1 | | |
| 中国香港 | 1.48 | 35 | | | 1.36 | 46 | | | 1.22 | 70 | | | | | | | | | 1.41 | 114 |

附表5　2015年182个国家及中国30个省份各指数得分及排名

| 国家/地区 | HCRAI | HCRAI 排名 | DPI | DPI 排名 | IPIN | IPIN 排名 | IPIF | IPIF 排名 |
|---|---|---|---|---|---|---|---|---|
| 阿尔巴尼亚 | 1.35 | 7 | 1.08 | 30 | 1.56 | 40 | 1.56 | 48 |
| 阿尔及利亚 | 0.69 | 29 | 0.40 | 53 | 1.50 | 75 | 1.53 | 61 |
| 阿富汗 | -0.09 | 135 | 2.07 | 12 | 1.66 | 16 | 1.70 | 17 |
| 阿根廷 | 0.03 | 117 | -0.55 | 150 | 1.43 | 129 | 1.43 | 135 |
| 阿拉伯联合酋长国 | -0.85 | 182 | -1.50 | 197 | 1.31 | 192 | 1.29 | 198 |
| 阿曼 | -0.34 | 153 | -0.94 | 182 | 1.35 | 185 | 1.35 | 187 |
| 阿塞拜疆 | 0.40 | 60 | 0.01 | 80 | 1.45 | 112 | 1.46 | 109 |
| 埃及 | 0.05 | 113 | -0.17 | 103 | 1.45 | 110 | 1.52 | 65 |
| 埃塞俄比亚 | -0.07 | 129 | 1.85 | 15 | 1.64 | 20 | 1.75 | 12 |
| 爱尔兰 | -0.20 | 145 | -0.87 | 176 | 1.37 | 173 | 1.36 | 182 |
| 爱沙尼亚 | 0.40 | 59 | -0.20 | 109 | 1.42 | 139 | 1.42 | 138 |
| 安道尔 | -0.02 | 123 | -0.67 | 162 | 1.37 | 175 | 1.37 | 173 |
| 安哥拉 | -1.89 | 205 | -2.18 | 207 | 1.22 | 208 | 1.24 | 207 |
| 安提瓜和巴布达 | -0.09 | 134 | -0.66 | 160 | 1.37 | 172 | 1.37 | 170 |
| 奥地利 | -0.05 | 126 | -0.70 | 168 | 1.40 | 158 | 1.38 | 168 |
| 澳大利亚 | 0.23 | 87 | -0.44 | 139 | 1.50 | 71 | 1.42 | 142 |
| 巴巴多斯 | -0.10 | 137 | -0.69 | 165 | 1.37 | 174 | 1.37 | 171 |
| 巴布亚新几内亚 | -0.97 | 188 | -1.02 | 186 | 1.34 | 187 | 1.34 | 188 |
| 巴哈马 | -0.64 | 174 | -1.28 | 191 | 1.31 | 191 | 1.31 | 193 |
| 巴基斯坦 | -0.19 | 144 | 0.30 | 57 | 1.50 | 76 | 1.68 | 19 |
| 巴拉圭 | 0.08 | 110 | -0.31 | 121 | 1.41 | 149 | 1.42 | 145 |
| 巴林 | -0.42 | 158 | -1.05 | 188 | 1.33 | 189 | 1.33 | 190 |
| 巴拿马 | 0.25 | 82 | -0.32 | 122 | 1.41 | 150 | 1.41 | 147 |
| 巴西 | -0.05 | 128 | -0.56 | 151 | 1.52 | 53 | 1.59 | 33 |
| 白俄罗斯 | 0.57 | 40 | 0.16 | 65 | 1.47 | 95 | 1.47 | 95 |
| 保加利亚 | 0.52 | 44 | 0.06 | 72 | 1.45 | 104 | 1.46 | 108 |
| 贝宁 | -0.74 | 179 | 0.72 | 39 | 1.52 | 54 | 1.53 | 57 |
| 比利时 | -0.01 | 119 | -0.66 | 159 | 1.41 | 152 | 1.38 | 165 |

| 国家/地区 | HCRAI | HCRAI 排名 | DPI | DPI 排名 | IPIN | IPIN 排名 | IPIF | IPIF 排名 |
|---|---|---|---|---|---|---|---|---|
| 比绍 | -1.11 | 190 | 1.05 | 32 | 1.55 | 41 | 1.56 | 49 |
| 冰岛 | 0.14 | 99 | -0.52 | 147 | 1.39 | 163 | 1.39 | 163 |
| 波兰 | 0.58 | 39 | 0.02 | 79 | 1.48 | 85 | 1.49 | 85 |
| 波黑 | 0.91 | 19 | 0.58 | 44 | 1.50 | 66 | 1.51 | 71 |
| 玻利维亚 | -0.01 | 120 | -0.16 | 102 | 1.43 | 131 | 1.44 | 125 |
| 伯利兹 | 0.14 | 98 | -0.21 | 113 | 1.42 | 140 | 1.42 | 139 |
| 博茨瓦纳 | -0.96 | 187 | -1.39 | 195 | 1.30 | 195 | 1.30 | 195 |
| 不丹 | -0.53 | 163 | -0.58 | 153 | 1.38 | 168 | 1.38 | 166 |
| 布基纳法索 | -0.90 | 185 | 1.34 | 25 | 1.58 | 33 | 1.60 | 31 |
| 布隆迪 | -0.49 | 162 | 4.36 | 4 | 1.90 | 6 | 1.91 | 7 |
| 丹麦 | -0.10 | 139 | -0.77 | 173 | 1.38 | 164 | 1.37 | 177 |
| 德国 | 0.23 | 86 | -0.43 | 137 | 1.66 | 17 | 1.48 | 88 |
| 东帝汶 | -0.46 | 159 | -0.48 | 142 | 1.39 | 159 | 1.39 | 159 |
| 多哥 | -0.36 | 154 | 1.94 | 14 | 1.65 | 18 | 1.66 | 22 |
| 多米尼克 | 0.49 | 47 | 0.02 | 77 | 1.44 | 118 | 1.44 | 119 |
| 多米尼加共和国 | -0.04 | 125 | -0.48 | 143 | 1.40 | 157 | 1.40 | 154 |
| 俄罗斯 | -0.09 | 133 | -0.61 | 155 | 1.49 | 80 | 1.53 | 59 |
| 厄瓜多尔 | 0.45 | 51 | 0.03 | 75 | 1.45 | 108 | 1.46 | 105 |
| 法国 | 0.31 | 71 | -0.34 | 124 | 1.60 | 28 | 1.47 | 92 |
| 菲律宾 | 0.25 | 83 | 0.14 | 67 | 1.48 | 84 | 1.57 | 40 |
| 斐济 | 0.13 | 101 | -0.22 | 114 | 1.42 | 143 | 1.42 | 140 |
| 芬兰 | -0.07 | 130 | -0.73 | 169 | 1.38 | 166 | 1.37 | 172 |
| 佛得角 | 0.03 | 116 | -0.10 | 91 | 1.43 | 132 | 1.43 | 133 |
| 冈比亚 | -0.62 | 173 | 1.08 | 31 | 1.56 | 39 | 1.56 | 46 |
| 刚果（布） | -0.48 | 161 | -0.19 | 105 | 1.43 | 137 | 1.43 | 132 |
| 刚果（金） | -0.13 | 140 | 2.56 | 9 | 1.72 | 12 | 1.81 | 9 |
| 哥伦比亚 | 0.08 | 111 | -0.34 | 125 | 1.43 | 134 | 1.46 | 110 |
| 哥斯达黎加 | 0.48 | 48 | -0.07 | 87 | 1.44 | 122 | 1.44 | 126 |
| 格林纳达 | -0.25 | 149 | -0.76 | 172 | 1.36 | 179 | 1.36 | 179 |
| 格鲁吉亚 | 1.06 | 13 | 0.82 | 37 | 1.53 | 50 | 1.53 | 54 |
| 古巴 | 1.33 | 8 | 0.85 | 36 | 1.54 | 47 | 1.54 | 51 |
| 危地马拉 | 0.11 | 103 | -0.15 | 99 | 1.43 | 130 | 1.44 | 121 |

续表

| 国家/地区 | HCRAI | HCRAI 排名 | DPI | DPI 排名 | IPIN | IPIN 排名 | IPIF | IPIF 排名 |
|---|---|---|---|---|---|---|---|---|
| 圭亚那 | -0.58 | 171 | -0.87 | 178 | 1.35 | 183 | 1.35 | 184 |
| 哈萨克斯坦 | -0.42 | 157 | -0.95 | 184 | 1.36 | 181 | 1.36 | 178 |
| 海地 | -0.14 | 141 | 1.24 | 28 | 1.57 | 34 | 1.59 | 34 |
| 韩国 | 0.60 | 35 | -0.03 | 83 | 1.55 | 43 | 1.49 | 80 |
| 荷兰 | 0.08 | 109 | -0.58 | 152 | 1.44 | 120 | 1.40 | 155 |
| 黑山 | 0.99 | 14 | 0.55 | 46 | 1.50 | 70 | 1.50 | 74 |
| 洪都拉斯 | 0.58 | 37 | 0.61 | 43 | 1.51 | 62 | 1.51 | 68 |
| 基里巴斯 | 0.15 | 96 | 0.57 | 45 | 1.50 | 65 | 1.50 | 73 |
| 吉布提 | -1.11 | 191 | -0.85 | 175 | 1.36 | 182 | 1.36 | 180 |
| 吉尔吉斯斯坦 | 1.58 | 4 | 2.39 | 10 | 1.70 | 13 | 1.70 | 16 |
| 几内亚 | -0.99 | 189 | 0.64 | 42 | 1.51 | 59 | 1.52 | 63 |
| 加拿大 | 0.37 | 67 | -0.29 | 119 | 1.53 | 49 | 1.45 | 113 |
| 加纳 | -0.67 | 176 | -0.42 | 136 | 1.41 | 153 | 1.43 | 131 |
| 加蓬 | -1.26 | 198 | -1.73 | 201 | 1.27 | 201 | 1.27 | 202 |
| 柬埔寨 | 0.27 | 78 | 1.02 | 33 | 1.55 | 42 | 1.57 | 42 |
| 捷克 | 0.51 | 45 | -0.09 | 89 | 1.45 | 115 | 1.44 | 118 |
| 津巴布韦 | -0.53 | 164 | 0.11 | 69 | 1.46 | 101 | 1.48 | 91 |
| 喀麦隆 | -1.25 | 196 | -0.70 | 167 | 1.38 | 170 | 1.40 | 156 |
| 卡塔尔 | -1.12 | 192 | -1.79 | 202 | 1.27 | 202 | 1.26 | 204 |
| 科摩罗 | -0.54 | 166 | 0.09 | 71 | 1.45 | 105 | 1.45 | 111 |
| 科特迪瓦 | -2.28 | 208 | -2.00 | 205 | 1.24 | 205 | 1.26 | 203 |
| 科威特 | -1.30 | 199 | -1.93 | 204 | 1.25 | 203 | 1.24 | 205 |
| 克罗地亚 | 0.54 | 43 | -0.01 | 81 | 1.45 | 117 | 1.45 | 117 |
| 肯尼亚 | 0.11 | 105 | 0.66 | 40 | 1.52 | 56 | 1.56 | 43 |
| 拉脱维亚 | 0.04 | 115 | -0.54 | 148 | 1.39 | 161 | 1.39 | 161 |
| 莱索托 | -1.67 | 203 | -0.91 | 180 | 1.35 | 184 | 1.36 | 181 |
| 老挝 | -0.54 | 165 | -0.45 | 141 | 1.40 | 156 | 1.40 | 153 |
| 黎巴嫩 | 0.69 | 28 | 0.19 | 62 | 1.46 | 97 | 1.47 | 100 |
| 立陶宛 | 0.17 | 95 | -0.41 | 135 | 1.41 | 154 | 1.41 | 151 |
| 利比里亚 | -0.30 | 151 | 1.39 | 23 | 1.59 | 32 | 1.59 | 32 |
| 利比亚 | -0.05 | 127 | -0.37 | 128 | 1.41 | 151 | 1.41 | 148 |
| 列支敦士登 | -1.22 | 194 | -1.91 | 203 | 1.24 | 204 | 1.24 | 206 |
| 卢森堡 | -0.64 | 175 | -1.32 | 192 | 1.31 | 193 | 1.30 | 194 |

| 国家/地区 | HCRAI | HCRAI排名 | DPI | DPI排名 | IPIN | IPIN排名 | IPIF | IPIF排名 |
|---|---|---|---|---|---|---|---|---|
| 卢旺达 | 0.28 | 76 | 1.96 | 13 | 1.65 | 19 | 1.66 | 20 |
| 罗马尼亚 | 0.40 | 61 | −0.11 | 92 | 1.45 | 116 | 1.45 | 112 |
| 马达加斯加 | 0.97 | 16 | 4.48 | 3 | 1.91 | 5 | 1.94 | 5 |
| 马尔代夫 | −0.16 | 143 | −0.68 | 163 | 1.37 | 177 | 1.37 | 175 |
| 马耳他 | 0.40 | 57 | −0.22 | 115 | 1.42 | 147 | 1.42 | 144 |
| 马拉维 | 0.39 | 63 | 4.35 | 5 | 1.90 | 7 | 1.92 | 6 |
| 马来西亚 | 0.19 | 91 | −0.33 | 123 | 1.43 | 127 | 1.44 | 123 |
| 马里 | −1.34 | 201 | 0.22 | 59 | 1.47 | 94 | 1.49 | 84 |
| 毛里求斯 | 0.00 | 118 | −0.51 | 146 | 1.39 | 162 | 1.39 | 162 |
| 毛里塔尼亚 | −0.59 | 172 | 0.17 | 64 | 1.46 | 98 | 1.47 | 102 |
| 美国 | −0.28 | 150 | −0.95 | 183 | 2.69 | 1 | 1.66 | 21 |
| 蒙古国 | 0.06 | 112 | −0.21 | 111 | 1.42 | 138 | 1.43 | 136 |
| 孟加拉国 | 0.83 | 22 | 1.53 | 19 | 1.62 | 24 | 1.79 | 10 |
| 秘鲁 | 0.37 | 66 | −0.04 | 85 | 1.45 | 106 | 1.47 | 96 |
| 密克罗尼西亚（联合国） | 0.28 | 75 | 0.15 | 66 | 1.46 | 100 | 1.46 | 107 |
| 缅甸 | −0.02 | 122 | 0.76 | 38 | 1.53 | 51 | 1.58 | 35 |
| 摩尔多瓦 | 1.42 | 5 | 1.65 | 17 | 1.62 | 23 | 1.62 | 29 |
| 摩洛哥 | 0.54 | 42 | 0.44 | 51 | 1.49 | 78 | 1.52 | 64 |
| 莫桑比克 | −0.81 | 181 | 1.69 | 16 | 1.62 | 22 | 1.65 | 23 |
| 墨西哥 | 0.25 | 80 | −0.26 | 117 | 1.51 | 64 | 1.54 | 52 |
| 纳米比亚 | −1.37 | 202 | −1.72 | 200 | 1.27 | 200 | 1.27 | 201 |
| 南非 | −1.22 | 193 | −1.63 | 199 | 1.30 | 197 | 1.33 | 191 |
| 南苏丹 | −1.30 | 200 | −0.16 | 101 | 1.43 | 128 | 1.44 | 120 |
| 尼泊尔 | 0.75 | 26 | 2.31 | 11 | 1.68 | 14 | 1.72 | 14 |
| 尼加拉瓜 | 0.99 | 15 | 1.10 | 29 | 1.56 | 38 | 1.56 | 44 |
| 尼日尔 | −0.47 | 160 | 3.48 | 6 | 1.81 | 8 | 1.83 | 8 |
| 尼日利亚 | −2.55 | 209 | −2.63 | 209 | 1.21 | 209 | 1.33 | 192 |
| 挪威 | −0.20 | 146 | −0.87 | 177 | 1.38 | 169 | 1.36 | 183 |
| 帕劳 | −0.09 | 136 | −0.67 | 161 | 1.38 | 171 | 1.38 | 169 |
| 葡萄牙 | 0.25 | 79 | −0.36 | 127 | 1.42 | 148 | 1.41 | 146 |
| 马其顿 | 0.75 | 27 | 0.40 | 52 | 1.49 | 82 | 1.49 | 83 |
| 日本 | 0.68 | 31 | 0.03 | 74 | 1.79 | 9 | 1.58 | 37 |

续表

| 国家/地区 | HCRAI | HCRAI 排名 | DPI | DPI 排名 | IPIN | IPIN 排名 | IPIF | IPIF 排名 |
|---|---|---|---|---|---|---|---|---|
| 瑞典 | 0.12 | 102 | −0.54 | 149 | 1.42 | 144 | 1.39 | 158 |
| 瑞士 | −0.01 | 121 | −0.69 | 166 | 1.42 | 145 | 1.38 | 167 |
| 萨尔瓦多 | 0.22 | 88 | −0.02 | 82 | 1.44 | 119 | 1.45 | 116 |
| 萨摩亚 | 0.93 | 17 | 0.64 | 41 | 1.51 | 60 | 1.51 | 69 |
| 塞尔维亚 | 0.58 | 38 | 0.21 | 61 | 1.47 | 92 | 1.47 | 94 |
| 塞拉利昂 | 2.72 | 1 | 4.92 | 2 | 1.95 | 4 | 1.96 | 4 |
| 塞内加尔 | 0.90 | 21 | 1.62 | 18 | 1.61 | 26 | 1.63 | 27 |
| 塞浦路斯 | 0.43 | 55 | −0.20 | 108 | 1.42 | 142 | 1.42 | 141 |
| 塞舌尔 | −3.74 | 210 | −4.32 | 210 | 1.00 | 210 | 1.00 | 210 |
| 沙特阿拉伯 | −1.77 | 204 | −2.38 | 208 | 1.24 | 206 | 1.22 | 209 |
| 圣多美和普林西比 | 0.92 | 18 | 1.27 | 27 | 1.57 | 35 | 1.57 | 39 |
| 圣基茨和尼维斯 | −0.75 | 180 | −1.35 | 193 | 1.30 | 196 | 1.30 | 196 |
| 圣卢西亚 | 0.14 | 97 | −0.37 | 129 | 1.40 | 155 | 1.40 | 152 |
| 圣文森特和格林纳丁斯 | −0.04 | 124 | −0.49 | 145 | 1.39 | 160 | 1.39 | 160 |
| 斯里兰卡 | 1.13 | 12 | 0.87 | 35 | 1.54 | 44 | 1.56 | 47 |
| 斯洛伐克 | 0.90 | 20 | 0.31 | 56 | 1.48 | 87 | 1.48 | 89 |
| 斯洛文尼亚 | 2.48 | 2 | 5.31 | 1 | 2.00 | 3 | 2.02 | 3 |
| 苏丹 | −1.23 | 195 | −1.25 | 190 | 1.32 | 190 | 1.35 | 185 |
| 苏里南 | −0.54 | 168 | −1.04 | 187 | 1.33 | 188 | 1.33 | 189 |
| 塔吉克斯坦 | 1.71 | 3 | 2.85 | 8 | 1.74 | 11 | 1.75 | 13 |
| 泰国 | 0.29 | 74 | −0.12 | 94 | 1.46 | 99 | 1.50 | 75 |
| 坦桑尼亚 | 0.17 | 94 | 1.41 | 21 | 1.60 | 27 | 1.65 | 24 |
| 汤加 | 0.79 | 25 | 0.50 | 49 | 1.50 | 74 | 1.50 | 77 |
| 特立尼达和多巴哥 | −0.88 | 184 | −1.49 | 196 | 1.29 | 199 | 1.29 | 199 |
| 突尼斯 | 0.60 | 36 | 0.34 | 54 | 1.48 | 89 | 1.49 | 81 |
| 土耳其 | −0.21 | 147 | −0.75 | 171 | 1.43 | 136 | 1.44 | 122 |
| 土库曼斯坦 | −0.56 | 170 | −0.99 | 185 | 1.34 | 186 | 1.35 | 186 |
| 瓦努阿图 | 0.31 | 73 | 0.21 | 60 | 1.46 | 96 | 1.46 | 103 |

| 国家/地区 | HCRAI | HCRAI 排名 | DPI | DPI 排名 | IPIN | IPIN 排名 | IPIF | IPIF 排名 |
|---|---|---|---|---|---|---|---|---|
| 文莱 | -0.73 | 178 | -1.38 | 194 | 1.30 | 198 | 1.30 | 197 |
| 乌干达 | -0.40 | 156 | 1.40 | 22 | 1.59 | 29 | 1.64 | 25 |
| 乌克兰 | 1.24 | 10 | 1.34 | 26 | 1.59 | 30 | 1.64 | 26 |
| 乌拉圭 | -0.14 | 142 | -0.73 | 170 | 1.37 | 176 | 1.37 | 176 |
| 乌兹别克斯坦 | 1.26 | 9 | 1.35 | 24 | 1.59 | 31 | 1.62 | 28 |
| 西班牙 | 0.43 | 54 | -0.20 | 110 | 1.51 | 58 | 1.47 | 101 |
| 希腊 | 0.56 | 41 | -0.04 | 84 | 1.45 | 109 | 1.45 | 115 |
| 中国香港 | 0.39 | 64 | -0.27 | 118 | 1.44 | 123 | 1.42 | 143 |
| 新加坡 | -0.87 | 183 | -1.54 | 198 | 1.30 | 194 | 1.29 | 200 |
| 新西兰 | 0.31 | 72 | -0.35 | 126 | 1.42 | 146 | 1.41 | 149 |
| 匈牙利 | 0.37 | 68 | -0.19 | 106 | 1.43 | 125 | 1.43 | 128 |
| 牙买加 | 0.81 | 24 | 0.46 | 50 | 1.49 | 79 | 1.49 | 78 |
| 亚美尼亚 | 1.15 | 11 | 0.92 | 34 | 1.54 | 45 | 1.54 | 53 |
| 也门 | -0.90 | 186 | -0.60 | 154 | 1.38 | 165 | 1.41 | 150 |
| 伊拉克 | -0.55 | 169 | -0.90 | 179 | 1.36 | 180 | 1.38 | 164 |
| 伊朗 | 0.68 | 30 | 0.33 | 55 | 1.51 | 61 | 1.56 | 45 |
| 伊斯瓦蒂尼 | -1.93 | 206 | -2.07 | 206 | 1.23 | 207 | 1.23 | 208 |
| 以色列 | 0.51 | 46 | -0.14 | 96 | 1.45 | 111 | 1.44 | 127 |
| 意大利 | 0.43 | 53 | -0.21 | 112 | 1.56 | 37 | 1.48 | 86 |
| 印度 | 0.19 | 92 | 0.54 | 47 | 1.67 | 15 | 2.93 | 1 |
| 印度尼西亚 | -0.10 | 138 | -0.29 | 120 | 1.48 | 88 | 1.68 | 18 |
| 英国 | 0.27 | 77 | -0.39 | 133 | 1.63 | 21 | 1.47 | 99 |
| 约旦 | 0.82 | 23 | 0.54 | 48 | 1.50 | 69 | 1.51 | 70 |
| 越南 | 1.37 | 6 | 1.49 | 20 | 1.61 | 25 | 1.71 | 15 |
| 赞比亚 | -0.54 | 167 | 0.05 | 73 | 1.45 | 107 | 1.47 | 98 |
| 乍得 | -2.09 | 207 | -0.62 | 157 | 1.38 | 167 | 1.40 | 157 |
| 智利 | 0.46 | 49 | -0.11 | 93 | 1.45 | 114 | 1.45 | 114 |
| 中非共和国 | -1.25 | 197 | 2.90 | 7 | 1.75 | 10 | 1.76 | 11 |
| 中国 | 0.10 | 106 | -0.38 | 131 | 2.26 | 2 | 2.80 | 2 |
| 北京 | 0.11 | 104 | -0.49 | 144 | 1.44 | 124 | 1.43 | 134 |
| 天津 | -0.09 | 132 | -0.69 | 164 | 1.48 | 83 | 1.48 | 90 |
| 河北 | 0.62 | 33 | 0.19 | 63 | 1.57 | 36 | 1.61 | 30 |

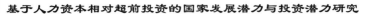

续表

| 国家/地区 | HCRAI | HCRAI排名 | DPI | DPI排名 | IPIN | IPIN排名 | IPIF | IPIF排名 |
|---|---|---|---|---|---|---|---|---|
| 山西 | 0.62 | 34 | 0.22 | 58 | 1.50 | 73 | 1.52 | 66 |
| 内蒙古 | −0.36 | 155 | −0.91 | 181 | 1.42 | 141 | 1.43 | 137 |
| 辽宁 | 0.39 | 65 | −0.15 | 98 | 1.46 | 103 | 1.47 | 97 |
| 吉林 | 0.09 | 108 | −0.40 | 134 | 1.48 | 90 | 1.49 | 82 |
| 黑龙江 | 0.33 | 69 | −0.10 | 90 | 1.51 | 63 | 1.53 | 60 |
| 上海 | 0.20 | 90 | −0.39 | 132 | 1.44 | 121 | 1.43 | 129 |
| 江苏 | 0.13 | 100 | −0.45 | 140 | 1.54 | 46 | 1.53 | 55 |
| 浙江 | 0.18 | 93 | −0.38 | 130 | 1.46 | 102 | 1.46 | 104 |
| 安徽 | 0.25 | 81 | −0.15 | 100 | 1.54 | 48 | 1.58 | 38 |
| 福建 | −0.08 | 131 | −0.62 | 156 | 1.43 | 126 | 1.44 | 124 |
| 江西 | 0.23 | 84 | −0.18 | 104 | 1.50 | 68 | 1.53 | 58 |
| 山东 | 0.39 | 62 | −0.14 | 97 | 1.50 | 77 | 1.52 | 67 |
| 河南 | 0.46 | 50 | 0.03 | 76 | 1.53 | 52 | 1.58 | 36 |
| 湖北 | 0.23 | 85 | −0.26 | 116 | 1.47 | 93 | 1.49 | 79 |
| 湖南 | 0.40 | 58 | −0.05 | 86 | 1.50 | 72 | 1.53 | 56 |
| 广东 | 0.67 | 32 | 0.12 | 68 | 1.50 | 67 | 1.52 | 62 |
| 广西 | 0.42 | 56 | 0.02 | 78 | 1.52 | 57 | 1.55 | 50 |
| 重庆 | −0.33 | 152 | −0.83 | 174 | 1.47 | 91 | 1.48 | 87 |
| 四川 | 0.33 | 70 | −0.08 | 88 | 1.52 | 55 | 1.57 | 41 |
| 贵州 | 0.45 | 52 | 0.11 | 70 | 1.45 | 113 | 1.47 | 93 |
| 云南 | 0.21 | 89 | −0.12 | 95 | 1.43 | 133 | 1.46 | 106 |
| 陕西 | 0.04 | 114 | −0.43 | 138 | 1.48 | 86 | 1.50 | 76 |
| 甘肃 | 0.10 | 107 | −0.20 | 107 | 1.49 | 81 | 1.51 | 72 |
| 青海 | −0.21 | 148 | −0.65 | 158 | 1.37 | 178 | 1.37 | 174 |
| 宁夏 | −0.68 | 177 | −1.14 | 189 | 1.43 | 135 | 1.43 | 130 |